MICHAEL MITTERAUER (HG.)
„GELOBT SEI, DER DEM SCHWACHEN KRAFT VERLEIHT"

Damit es nicht verlorengeht ...

14

Herausgegeben von Michael Mitterauer
und Peter Paul Kloß

Michael Mitterauer (Hg.)

„Gelobt sei, der dem Schwachen Kraft verleiht"

Zehn Generationen einer jüdischen Familie im alten und neuen Österreich

Vorwort von Dr. Rudolf Kirchschläger

1987

BÖHLAU VERLAG WIEN · GRAZ · KÖLN

Gedruckt mit Unterstützung durch das
Amt der Niederösterreichischen Landesregierung

Bildnachweis

Abb. 6, 8, 9: Aus Hugo Gold, Gedenkbuch der untergegangenen Judengemeinden Mährens, Tel Aviv 1974.
Abb. 21: Aus Retz anno dazumal, St. Pölten, 1980.
Alle übrigen Photos stammen aus dem Privatbesitz von Familienangehörigen.

CIP-Kurztitelaufnahme der Deutschen Bibliothek

„**Gelobt sei, der dem Schwachen Kraft verleiht**: 10 Generationen e. jüd. Familie im alten u. neuen Österreich / Michael Mitterauer (Hg.).
Vorw. v. Rudolf Kirchschläger. – Wien ; Köln : Böhlau, 1987.

(Damit es nicht verlorengeht ...; 14)
ISBN 3-205-06165-9

NE: Mitterauer, Michael [Hrsg.]; GT

ISBN 3-205-06165-9
Das Werk ist urheberrechtlich geschützt.
Die dadurch begründeten Rechte, insbesondere die der Übersetzung,
des Nachdruckes, der Entnahme von Abbildungen,
der Funksendung, der Wiedergabe auf photomechanischem
oder ähnlichem Wege und der Speicherung in Datenverarbeitungsanlagen,
bleiben, auch bei nur auszugsweiser Verwertung, vorbehalten.
Copyright © 1987 by Böhlau Verlag Gesellschaft m.b.H., Wien · Köln
Datenerfassung: Peter Paul Kloß
Satz: Manz, Wien 5
Druck: Missionsdruckerei St. Gabriel, 2340 Mödling

Inhaltsverzeichnis

Vorwort 7
Einleitung 9

DIE BIOGRAPHIEN
Raphael König 41
Jacob König 157
Theodor König 197
Karl König 301

Vorwort

von Dr. Rudolf Kirchschläger

Viel Böses, das in der Welt, in unserem Volk, in den Gemeinden und selbst in den Familien geschieht, bliebe ungetan, viel Mißverstehen bliebe vermeidbar, würden wir mehr miteinander und nicht nur nebeneinander leben.

Das Nebeneinander bewirkt, daß wir nur die weithin ins Auge fallenden Dinge bemerken und auch diese meist nur mit der Verzerrung eines das Außergewöhnliche treffenden grellen Lichtes. Das eigentliche Leben der Mitmenschen aber bleibt uns verborgen. Wir kennen uns ein Leben lang und wissen voneinander nichts.

Ein Großteil der Spannungssituationen und der feindseligen Akte zwischen den voneinander noch immer abgegrenzten Klassen, auch zwischen den Religionen und den Völkern, geht auf dieses Nichtwissen und damit im Zusammenhang stehend auch auf die Schein- und Feindbilder zurück, die sich über Generationen, ja manchmal selbst über Jahrhunderte erhalten.

Die vorliegende Familienaufzeichnung der Familie König scheint mir so wertvoll, weil sie einen freien Einblick in das tägliche Leben, aber auch in die Lebensziele einer jüdischen Gewerbe- und Handelsfamilie in einer österreichischen Kleinstadt gewährt. Sie ist nicht zweckgeschrieben für unsere Zeit und ihre geistige Not, sondern verfaßt vom Hausvater jeder Generation aufgrund eigenen Erlebens und unter Einbeziehung verläßlich Überkommenens von den Vorfahren. Es ist keine Anklage- und auch keine Verteidigungsschrift, sondern ein Tatsachenbericht – und eben deswegen so überzeugend. Denn beim Lesen dieser Familiengeschichte wird manchem, dem es bisher verborgen war, bewußt: diese jüdische Familie hat die ganze österreichische Geschichte in gleicher Weise miterlebt und miterlitten wie ihre nichtjüdischen Mitbürger auch, zumindest seit dem Toleranzpatent Josephs II. Und der Frühjahrsfrost in den Weingärten oder die Reblaus haben ihre wirtschaftlichen Erträge ähnlich vermindert wie jene der Weinhauer. Menschliche Liebe und Zuneigung, die Sorge um die Kinder und das Leid des Todes haben sie ebenso erfüllt wie ihre nichtjüdischen Mitmenschen. Unermüdlicher Fleiß, Pflicht- und Verantwortungsbewußtsein, Unternehmungslust und Redlichkeit waren für diese Familie ebenso unerläßliche Eigenschaften wie auch für nichtjüdische Familien, die vorwärts kommen, sich behaupten und das Erworbene bewahren wollten. Selbst im religiösen Bereich blieb einzelnen Mitgliedern der Familie jener innere Kampf nicht erspart, den auch Christen manchmal auf sich nehmen müssen, wenn zwischen menschlicher Liebe und religiösem Gebot ein Konflikt entsteht.

So formen die Aufzeichnungen der Familienväter König ein Bild einer jüdischen Familie über Generationen hinweg, das in seiner Natürlichkeit und Glaubwürdigkeit geeignet ist, Vorurteile durch ein Mehr an Wissen abzubauen. Der frühere Präsident der Israelitischen Kultusgemeinde von Wien, Dr. Feldsberg, hat die Schlußfolgerung dieses Buches vorweggenommen, wenn er bei der Trauerfeier für Josef König am 14. März 1967 in Retz unter anderem sagte:

„Er vergaß nie, daß Gott nur *einen* Menschen schuf, so daß sich niemand in der Welt darauf berufen kann, daß er sich durch seine Rassenzugehörigkeit, durch seine Nationalität, durch seine Abstammung oder durch seinen Glauben von den anderen unterscheide. Er war immer davon überzeugt, daß der Mensch zu seinem Mitmenschen gehöre, daß der andere derselbe Mensch sei wie er und daß die Würde, die ihn zum Menschen mache, auch die Menschenwürde des anderen sei."

Mögen das Wissen und die Einsicht, die dieses Buch vermitteln, ein für sich allein zwar bescheidener, aber doch die richtige Markierung anzeigender Wegweiser auf dem Weg zum *einen* Menschen sein!

Wien, im August 1987

Einleitung

Es dürfte selten vorkommen, daß in einer Familie Angehörige von drei aufeinanderfolgenden Generationen lebensgeschichtliche Aufzeichnungen hinterlassen. Die in diesem Band vorgelegten Autobiographien der Familie König stellen daher einen sehr ungewöhnlichen Quellenbestand dar. Alle drei Autoren erreichten ein hohes Alter: Raphael König starb 1894 mit sechsundachtzig Jahren, sein Sohn Jacob 1921 mit achtzig, sein Enkel Theodor 1957 mit neunundachtzig. Sie führten ihre Aufzeichnungen jeweils bis kurz vor ihr Lebensende fort. So entstand ein geschlossenes Bild, das fast eineinhalb Jahrhunderte Familiengeschichte in Selbstdarstellungen zeichnet.

Die Autobiographie des Raphael König stellt nicht nur Selbsterlebtes dar. Sie versteht sich vielmehr als „Familien-Biographie" und bringt dementsprechend auch Erinnerungen an die Vorfahren. Ausführlich wird über das Leben des Vaters Josef König berichtet. Aber auch der Großvater Salomon – der erste Träger des Familiennamens König – nimmt in der Schilderung des Enkels plastisch Gestalt an. Mit dem Urgroßvater Wolf Jakob Iritz und dessen Vater Jakob Iritz, von dem nur noch Name und Sterbedatum bekannt sind, reicht die Erinnerung bis in das ausgehende siebzehnte Jahrhundert zurück. In Hinblick auf diese einmalige Kontinuität autobiographisch-familiengeschichtlicher Darstellung lag es nahe, das Bild der Familiengeschichte durch Zeugnisse von Nachfahren zu ergänzen – zumal nicht nur ein genealogischer Zusammenhang, sondern auch ein beruflich-betrieblicher zu den Autoren gegeben ist. Schon Raphael König war Schlossermeister und Eisenhändler. Die von ihm für seinen Sohn Jacob 1864 begründete Eisenhandlung in Retz besteht unter der Leitung von dessen Enkel beziehungsweise Urenkel kontinuierlich bis zur Gegenwart. Der heutige Seniorchef des Hauses, Herr Karl König, schrieb eine biographische Skizze über das Leben seiner Eltern bis in die Zeit nach 1945. So entstand ein abgerundetes Bild der Familiengeschichte über viele Generationen – ein Überblick, wie er durch Selbstzeugnisse wohl nur selten zu erreichen ist.

Einmalig am vorgelegten Quellenbestand erscheint es, daß eine derartige Kontinuität autobiographischer Zeugnisse in einer jüdischen Familie gegeben ist. In vielen jüdischen Familien sind durch die physische Vernichtung ihrer Angehörigen im Holocaust Traditionslinien abgebrochen worden oder durch Verschleppung und Vertreibung schriftliche Materialien verlorengegangen. Auch die Familie König wurde von dieser schrecklichsten Zeit in der Geschichte des Judentums schwer getroffen. Theodor König berichtet darüber in seiner Biographie, die er nach der Rückkehr aus der Emigration niederschrieb. Die Biographie des Großvaters Raphael befand sich im Besitz seines Bruders Josef und wurde mit einigen anderen wertvollen Familiendokumenten gerettet. Josef und seine Gattin Therese haben das Konzentrationslager Theresienstadt wie durch ein Wunder überlebt.

Als Herausgeber möchte ich allen Angehörigen der Familie aufrichtig dafür danken, daß sie diese wertvollen Quellen der von mir begonnenen „Dokumentation lebensgeschichtlicher Aufzeichnungen am Institut für Wirtschafts- und Sozialgeschichte" in Kopie anvertraut und zur Publikation in der Reihe „Damit es nicht verlorengeht" freigegeben haben, ebenso für die tatkräftige Unterstützung bei der Bearbeitung der Manuskripte wie bei deren Drucklegung. Nach allem, was der Familie widerfuhr, ist ein solches Vertrauen nicht selbstverständlich. Eine Basis dafür war durch die freundschaftlichen

Beziehungen der Töchter von Theodor und Josef König zu meiner Mutter aufgrund der gemeinsam vor achtzig Jahren in Retz verbrachten Jugendzeit gegeben. Das Verhalten meiner Mutter in der Zeit nach 1938 mag dazu beigetragen haben, daß für den Sohn Jahrzehnte später die Möglichkeit bestand, an diese alten Beziehungen wieder anzuknüpfen. Solche Verbundenheit aus der eigenen Familiengeschichte macht mir die Edition dieses singulären Quellenbestands über das fachliche Interesse hinaus zu einem persönlichen Anliegen.

Die „Dokumentation lebensgeschichtlicher Quellen am Institut für Wirtschafts- und Sozialgeschichte der Universität Wien" sammelt primär solche Quellen, die von den Verfassern nicht mit dem Ziel der Veröffentlichung geschrieben werden. Dasselbe Kriterium liegt der Editionsreihe „Damit es nicht verlorengeht" zugrunde. Es geht hier nicht um Prominentenbiographien. Diejenigen, die schon zu ihren Lebzeiten von ihrer persönlichen Bedeutsamkeit überzeugt waren und aus diesem Bewußtsein schriftliche Reflexionen über ihre Vergangenheit anstellten, sind in Hinblick auf die alltags- und sozialgeschichtliche Zielsetzung der Reihe als Autoren von geringerem Interesse. Im Vordergrund stehen vielmehr solche Autorinnen und Autoren, die bloß für sich selbst oder einen engen Kreis von Familienangehörigen lebensgeschichtliche Aufzeichnungen verfaßten.[1])

Raphael, Jacob und Theodor König fügen sich mit ihren Autobiographien gut in diesen Zusammenhang. Sie haben ausschließlich für ihre Nachkommen geschrieben, Theodor König darüber hinaus noch für einige Verwandte und Freunde, mit Sicherheit aber nicht für eine breite Öffentlichkeit. Das wäre ihnen wohl als eine „Überhebung" erschienen, um ein von Raphael König zu Beginn

---

1 Vgl. dazu das Vorwort des Herausgebers zum ersten Band der Reihe, Maria Gremel, Mit neun Jahren im Dienst, S. 7 ff, sowie die ab dem zweiten Band (Kreuztragen, S. 133) erfolgten Sammelaufrufe.

seiner Niederschrift verwendetes Wort zu gebrauchen, das sein Enkel über ein Jahrhundert später am Ende der seinigen wieder aufgreift.[1]) So bedeutsam die Persönlichkeiten der drei Autoren aus unserer heutigen Sicht erscheinen mögen – ihr Selbstgefühl war von großer Bescheidenheit bestimmt. Diesem Selbstverständnis mag eher der Satz entsprechen, den sich ihr Ahnherr Josef zum Wahlspruch erwählt hat: „Gelobt sei, der dem Schwachen Kraft verleiht!"[2]) Er wurde als Zitattitel dieser Edition vorangestellt, weil er über die Familie der Autoren hinaus auch als Leitwort für jene Minderheitsgruppe stehen kann, in deren Schicksal die Familiengeschichte eingebettet ist.

Die Aussagekraft für die Geschichte des Judentums in Österreich ist sicher an erster Stelle zu nennen, wenn man Überlegungen über den Quellenwert der hier edierten Autobiographien anstellt.[3]) Als Beitrag zur Geschichte dieser Gruppe bleibt ihre Bedeutung nicht auf die Alltagsgeschichte beschränkt, für die die Reihe „Damit es nicht verlorengeht" primär Quellenmaterial aufzubereiten versucht. Politisch-historische Aspekte in einem engeren

---

1 In der 503 Seiten umfassenden Autobiographie Theodor Königs findet sich das fragliche Zitat auf S. 495. Da die Stelle auf den Großvater Bezug nimmt, wurde sie bei der Edition der thematischen Ordnung wegen in die Anfangskapitel aufgenommen.
2 Hebräisch: „Boruch hanaussen lajoef kauach." Die Übertragung der hebräischsprachigen Zitate folgt der alten deutsch-jüdischen Aussprache, wie sie in Mähren zur Zeit der Abfassung der Autobiographien üblich war. Ich danke Herrn Dr. Nikolaus Vielmetti vom Institut für Judaistik der Universität Wien für seine diesbezügliche Beratung bei der Editionsarbeit wie insgesamt für seine vielfältige fachliche Unterstützung sehr herzlich.
3 Zur Geschichte des Judentums in der Habsburgermonarchie im Überblick Wolfgang Häusler, Das österreichische Judentum zwischen Beharrung und Fortschritt, in: Die Habsburgermonarchie 1848–1918, hgg. v. Adam Wandruszka und Peter Urbanitsch, 4. Bd. Wien 1985, S. 633 ff mit weiterführender Literatur. Für die mährische Heimat der Familie insbesondere Wilma Iggers, Die Juden in Böhmen und Mähren. Ein historisches Lesebuch, München 1986.

Sinne sind etwa überall dort angesprochen, wo es um obrigkeitliche Maßnahmen geht, die das Leben von jüdischen Gemeinden, Familien oder Einzelpersonen beeinflußt haben. Hinweise in dieser Richtung durchziehen die lebensgeschichtlichen Aufzeichnungen der drei Autoren bis zurück ins achtzehnte Jahrhundert. So wird etwa das Toleranzpatent Kaiser Josephs II. in seiner grundsätzlichen Bedeutung für das Judentum der Habsburgermonarchie besprochen. Zugleich ist dieses Gesetzeswerk durch die Zulassung von Juden zum zünftischen Handwerk die Voraussetzung dafür, daß Raphael König zum ersten jüdischen Schlossermeister Österreichs werden konnte. Die Geschichte des Antisemitismus als eines allgemeinen Phänomens begleitet die biographische Selbstdarstellung vom achtzehnten zum zwanzigsten Jahrhundert. Gleichzeitig wird Antisemitismus als Einstellung und Verhaltensweise konkreter Personen im unmittelbaren Umfeld der Familie in seiner Alltäglichkeit faßbar – im Wirtshausgespräch, beim Hauskauf, beim Ausschluß von der Teilnahme an einem Vereinsfest.

In der Phase des Nationalsozialismus prägt der Terror des Regimes die Familiengeschichte total. Symbolhaft für diesen Zusammenhang ist der Bericht über den Wohnungsnachbarn Theodor Königs in Wien 2, Böcklinstraße 53: „Er hieß Eichmann, war in Palästina geboren und soll die hebräische Sprache und die Gebräuche unserer Religion gekannt haben wie ein religiöser Jude. Er stellte sich den Machthabern des Dritten Reichs zur Verfügung, leitete die Verhaftungen, Deportationen und Vernichtungen bis zum Zusammenbruch, und viele Millionen Glaubensgenossen fielen ihm zum Opfer, in allen Ländern, welche die NSDAP 1938 bis 1945 erobert und besetzt hatte. Und diesem Mann wurde eine Wohnung im Stockwerk unter uns eingeräumt. Ich begegnete ihm oft, ohne zu ahnen, welche verbrecherische Rolle er später spielen wird. Ich weiß nicht, wurde er von der irdischen Gerechtigkeit ereilt, oder konnte er sich, wie viele seinesgleichen, retten?" Theodor Königs Frage wurde erst Jahre später beantwortet.

Mindestens ebenso wichtig wie die Verflechtungen in politisch-weltgeschichtliche Zusammenhänge ist der Aussagewert der vorgelegten Autobiographien über jüdisches Gemeinde- und Familienleben. Vor allem in der Lebensgeschichte Raphael Königs spiegeln sich die großen Themen der Auseinandersetzung, die die Geschichte der Religionsgemeinschaft im neunzehnten Jahrhundert prägten. Der Autor kam als Schlossergeselle eben in jenem Jahr nach Wien, als hier das neue Bethaus in der Seitenstettengasse fertiggestellt wurde.[1]) Der Tempelbau war mit der Einführung reformierter Gottesdienstformen, des sogenannten „Wiener Ritus", verbunden. Raphael König lernte hier die führenden Reformer kennen, vor allem Isak Noah Mannheimer (1793–1865), den für das politische und religiöse Leben des Wiener Judentums in dieser Zeit wohl bedeutendsten Kopf, und Salomon Sulzer (1804–1890), den Erneuerer des Synagogengesangs.[2]) Beide holte er in seine Heimatgemeinde Misslitz, als es ihm gelungen war, auch hier einen Neubau des Tempels zu verwirklichen. Der Synagogenbau nimmt im Selbstverständis Raphael Königs, wie es uns seine Biographie überliefert, den zentralen Platz ein. Als wegweisender Reformschritt kommt ihm diese Bedeutung auch sicher aus der Perspektive der Nachwelt zu. In einer Vielzahl mährischer Judengemeinden wurden nach dem Vorbild von Misslitz neue Bethäuser errichtet und zugleich die Gottesdienstformen neu gestaltet. Die Ausein-

---

1 Sigmund Husserl, Gründungsgeschichte des Stadt-Tempels der israelitischen Kultusgemeinde Wien, mit einer Einleitung: Die zeitgeschichtlichen allgemeinen Verhältnisse der Wiener Juden, Wien–Leipzig 1906, 150 Jahre Wiener Stadttempel, Wien 1976, Der Wiener Stadttempel 1826–1976 (Studia Judaica Austriaca 6, Eisenstadt 1978).
2 Moses Rosenmann, Isak Noah Mannheimer. Sein Leben und Wirken, Wien–Berlin 1922; Hanoch Avanary, Walter Pass und Nikolaus Vielmetti, Kantor Salomon Sulzer und seine Zeit, Sigmaringen 1985.

andersetzung mit den Orthodoxen, die die Lebensgeschichte Raphael Königs wie ein Leitfaden durchzieht, ist sicher eine charakteristische Problematik jüdischen Gemeindelebens in dieser Zeit.

In der Zusammenschau mit den Autobiographien von Sohn und Enkel entsteht ein umfassendes Bild, das langfristige Prozesse innerhalb des österreichischen Judentums erkennen läßt. Es wird kaum ein vergleichbares Beispiel geben, das in ähnlicher Weise an Hand von Selbstzeugnissen den Prozeß der Assimilation einer jüdischen Familie beobachtbar macht. In formaler Hinsicht soll das später noch an der Gestaltung der drei Autobiographien dargestellt werden. Inhaltlich läßt sich dies an einer Vielfalt von Themenbereichen zeigen. Der Übergang von spezifisch jüdischen Lebensformen zu solchen, die sich der christlich-bürgerlichen Umwelt angleichen, wird am deutlichsten im Vergleich der Biographie Raphael Königs und seiner Vorfahren einerseits, seiner Nachkommen Jacob und Theodor andererseits faßbar. Während Raphael bis zu seinem Tode in der großen Judengemeinde des südmährischen Marktorts Misslitz lebte,[1] verbrachte Jacob hier nur seine Jugendzeit und übersiedelte mit dreiundzwanzig Jahren in die niederösterreichische Kleinstadt Retz, deren Bürger mosaischen Glaubens zur Kultusgemeinde des zwanzig Kilometer entfernten Hollabrunn gehörten. Allein schon diese räumliche Situation mag dazu beigetragen haben, daß sich die Lebensweise der Familie änderte.

---

1 Über die Judengemeinde von Misslitz Hugo Gold, Die Juden und Judengemeinden Mährens in Vergangenheit und Gegenwart, Brünn 1929. Derselbe, Gedenkbuch der untergegangenen Judengemeinden Mährens, Tel Aviv 1974, S. 89 ff. Die Misslitzer Gemeinde unterstand seit der Mitte des 17. Jahrhunderts der Herrschaft des Prämonstratenserklosters Bruck bei Znaim. Mit dieser herrschaftlichen Gegebenheit dürfte es zusammenhängen, daß die Vorfahren der Familie König von Misslitz nach Edelspitz bei Znaim übersiedelten und Wolf Jakob Iritz zum Hoffaktor dieses Klosters wurde.

Ein derartiger Wandel von Verhalten und Einstellung entsprach aber auch den allgemeinen kulturellen Veränderungsprozessen im Judentum der Sudetenländer, dem die Familie König ihrer Herkunft nach zuzuordnen ist.[1]) Kleinstädisch-bürgerliche Lebensformen einer in Handel und Gewerbe engagierten Familie, die sich wenig von anderen Familien gleichen Standes in ihrer Umwelt unterscheidet, traten an die Stelle der alten jüdischen Traditionen. Symptomatisch für diesen Wandel sind etwa die Verkehrskreise der drei Autoren – Jacob König besuchte in Retz die bürgerliche „Schießstätte" und wurde Mitglied des Gesangsvereins; sein Sohn Theodor trat schon mit sechzehn Jahren aufgrund einer Ausnahmeregelung dem prononciert deutschnational ausgerichteten Turnverein bei und unternahm mit seinen Turnfreunden Reisen. Großvater Raphael hingegen war mit seinem öffentlichen Engagement ganz im Leben der jüdischen Gemeinde aufgegangen. Synagogenbau und Rabbinerbestellung, Schulverwaltung, Armenfonds und Totenbruderschaft sind Themen, wie sie die öffentliche Seite seiner Lebenslaufdarstellung durchziehen.

Für eine Sozialgeschichte des Judentums in Österreich sind beide Pole der Entwicklung wichtig: sowohl die durch die religiöse Besonderheit geprägte Frühphase als auch das Stadium der Angleichung. Auch die Assimilationsprozesse sind ein wichtiger Teilaspekt dieser Geschichte. Um spezifisch jüdische Tradition besser verständlich zu machen, mag jedoch die Biographie Raphael Königs mit ihren weit in die Familiengeschichte zurückgreifenden Berichten von besonderem Wert sein: Der Hofjude des Klosters Bruck Wolf Jacob Iritz, der die bei den Fastentafeln übriggebliebenen Fischreste unter die armen Juden verteilt, seine Söhne Jacob und Salomon, die sich in der josephinischen Zeit ihre Familiennamen nach ihren alttestamentarischen Namensvorbildern aussuch-

---

1 Iggers, Juden, S. 144 ff und 210 ff.

ten, der Enkel Josef, der bei seiner wunderbaren Errettung von einem verfolgenden Ulanen an einen Bibelspruch denkt und in Hinblick darauf den Namen seines kurz darauf geborenen Sohnes wählt, Raphael König selbst, der – wie es der Talmud empfiehlt – zunächst mit seiner Schwestertochter verheiratet werden soll, weil das die Eltern ein angenehmeres Zusammenleben im Alter erhoffen läßt – alles das sind Bilder aus einer fernen, fremden Welt, die heute schwer verständlich erscheint.

Gerade die Begegnung mit Fremdem in der jüdischen Tradition mag für die Bewußtseinsbildung durch Geschichte von besonderer Bedeutung sein. So wichtig es ist, sich mit der Geschichte des Antisemitismus und der Judenverfolgung bis hin zu ihrem grauenvollen Höhepunkt im Holocaust auseinanderzusetzen – ein Lernen aus Geschichte im Sinne veränderten Verhaltens dürfte nicht nur auf dieser Ebene angestrebt werden. Auch die Begegnung mit Fremdheit im Alltäglichen und der Versuch, diese Fremdheit mit Verständnis anzunehmen, kann einen wichtigen Lernschritt darstellen. Solche Formen des Lernens stehen in der öffentlichen Bildungsarbeit – in den Schulen, in der Erwachsenenbildung, in den Massenmedien – weniger im Vordergrund als die Versuche der Vergangenheitsbewältigung durch die Konfrontation mit verbrecherischem Handeln und erlittenem Leid. Welcher der beiden Wege besser geeignet ist, zu Verhaltensänderungen in Gegenwart und Zukunft zu führen, soll hier nicht gegeneinander abgewogen werden. Es geht bloß darum, darauf hinzuweisen, daß auch die reiche Fülle an anschaulichen Darstellungen aus dem jüdischen Alltagsleben, wie sie gerade die Biographie Raphael Königs bringt, Lernmöglichkeiten aus der Beschäftigung mit jüdischer Geschichte eröffnet. Es ist zu wünschen, daß die Edition in diesem Sinne im Schulunterricht eingesetzt wird. Die Situation, in der ich diesen interessanten Quellenbestand kennenlernte, hat mich persönlich sehr betroffen gemacht. Es war mitten in den Auseinandersetzungen des österreichischen Bundespräsidentenwahlkampfs 1986, als mir die drei Autobiographien anvertraut wurden. Wenn ich mich um eine rasche Publikation bemühte, so nicht zuletzt in Hinblick auf die Anzeichen eines wiedererwachenden Antisemitismus in unserem Lande. Der Beitrag, den die Veröffentlichung zur Bewußtseinsbildung leisten könnte, liegt freilich auf einer anderen, stärker vermittelten Ebene als jener, auf der die Vergangenheitsbewältigungsdiskussionen derzeit geführt werden.

Der Informationsgehalt der hier edierten Autobiographien für die Geschichte jüdischen Alltagslebens läßt sich nicht trennen von ihrem Aussagewert für alltagsgeschichtliche Themenbereiche insgesamt. So wird etwa der an historischer Familienforschung interessierte Leser auf eine Vielfalt einschlägig bedeutsamer Hinweise stoßen. Viel wird über das Zustandekommen von Ehen berichtet. Zumeist handelt es sich um sogenannte „beredte Partien", bei denen sich die Partner erst bei der „Beschau" kennenlernten. Aufschlußreich ist auch der Bericht Raphael Königs über seine Wiederverehelichung als Witwer mit „einer Person, die weiter keinen Anspruch machte, als in einem ordentlichen Haus Unterkunft zu finden" und als deren einzige Qualitäten hervorgehoben werden, daß sie „für meine Reinlichkeit und für die gute hausmännische Erziehung der Tochter ganz geeignet" erschien. Zahlreich sind auch die direkten oder indirekten Hinweise auf die Qualität der Eltern-Kind-Beziehungen. Respekt und Fürsorge im Alter wird als religiös fundierte Grundforderung herausgestellt. Das Problem des „Lieblingssohns" behandelt Raphael König aufgrund persönlicher Erfahrung wie auch in Anlehnung an biblische Vorbilder. Die besondere Bedeutung von Söhnen in der jüdischen Familie wird auch noch in Zeiten erkennbar, in denen die religiösen Bedingungen dieser Bevorzugung zurücktreten. So geht das mit der Familientradition eng verknüpfte Original der „Familien-Biographie" entgegen dem Erstgeburtsrecht von Jacob König auf dessen zweiten Sohn, Josef, über, als diesem 1916 ein Stammhalter geboren wird. Der älteste Bruder, Theodor, der „nur" Töchter hatte, identifiziert sich durchaus mit diesem Standpunkt. Als er in seiner Lebensgeschichte auf eine andere traditionsreiche Firma seiner Heimatstadt Retz zu sprechen kommt, stellt er das von deren Inhaber beanspruchte Alter in Frage, weil die Besitzkontinuität nur in weiblicher Linie gegeben ist.

Bei einer Abfolge von Autobiographien aus einer Schlosser- und Eisenhändlerdynastie könnte man erwarten, daß über die Familiengeschichte hinaus gewerbegeschichtliche Informationen eine zentrale Rolle spielen. Dies ist nur in begrenztem Maß der Fall. Raphael König behandelt Berufliches primär im Zusammenhamg mit seinen Lehr- und Gesellenjahren in Znaim und Wien. Sein eigenes Geschäft in Misslitz sowie das für seinen Sohn in Retz gegründete finden nur am Rande Erwähnung. Die meisten Hinweise auf den Betrieb bringt die kurze Autobiographie Jacob Königs. Die Interessen Theodor Königs scheinen andere Schwerpunkte gehabt zu haben. Familiengeschichte als Geschichte des Familienbetriebs zu schreiben, war nicht seine Absicht.[1]) Trotzdem finden sich in die Schilderung des Alltagslebens eingestreut eine Fülle von Bemerkungen, die für die Geschichte des Eisenhandels und der Eisenbearbeitung interessant erscheinen. Als Beispiel sei auf die enge Verflechtung von Eisen- und Weinwirtschaft verwiesen, wie sie für die Weinbaustadt Retz typisch gewesen zu sein scheint. Die Konjunktur des Weinhandels bestimmt den Geschäftsgang des Betriebs. In guten Weinjahren stieg der Verkauf von Eisenwaren an die Weinbauern. Die Eisenhandlung mußte auf die Vielfalt unterschiedlicher Bodenbedingungen in ihrem Einzugsbereich Rücksicht nehmen. Jedes

---

1 Einen gerafften Überblick über die Geschichte des Familienbetriebs bietet die Diplomarbeit Wolfgang Schneider, Historische Betriebsanalysen eines niederösterreichischen Handelsbetriebes (110 Jahre Firma Jacob König 1864–1974), masch. MS, Wien 1975. Die autobiographischen Quellen wurden für diese Firmengeschichte nicht herangezogen.

lokale Weinbaugebiet erforderte andere Formen von Hauen zur Bearbeitung. Neuerungen bei den Geräten der Weingartenbearbeitung waren bei den traditionsverankerten Weinhauern schwer durchzusetzen. Der Umbruch, den die Reblaus im Weinbau bedeutete, hatte auch auf den Geschäftsbetrieb massive Auswirkungen.

Ein weiterer Schwerpunkt der Aussagen des edierten Quellenbestands liegt im Bereich der Lokalgeschichte. Der mit der Stadt Retz verbundene Leser wird eine Menge Hinweise auf Häuser und andere Baulichkeiten finden, die sich bis heute so erhalten haben, wie sie die Autoren schildern. Das historische Erscheinungsbild der alten Stadt hat sich ja in den letzten Jahrzehnten nur wenig verändert. Auch manche der genannten Personen werden der älteren Generation noch vertraut sein. Durch die Verknüpfung von Personen und Häusern mit lebensgeschichtlichen Episoden gewinnen diese Streiflichter aus dem Leben einer alten Stadt an Farbigkeit. Die Autobiographien von Jacob und Theodor König bringen so gewisse Perspektiven eines Heimatbuchs besonderer Art. Zum Unterschied von der Sichtweise des Ortschronisten ist die des Biographen um persönliche Momente bereichert. Vielfach sind es die gleichen Themen, die auch die Autoren der Retzer Heimatbücher behandeln: die Jahrmärkte der Stadt, der Durchmarsch der preußischen Armee 1866, das große Unwetter von 1874, der Bau der Nordwestbahn, der Besuch von Kronprinz Rudolf, die Gründung des Turnvereins, der Bau der Wasserleitung etc.[1]) Die subjektive Seite persönlicher Wahrnehmung dieser Ereignisse bieten nur die Biographien. So ist es über den objektiven Tatbestand des Kronprinzenbesuchs hinaus von Interesse, welche Empfindungen damals ein junger Mann hatte, der erstmals seinen zukünftigen

---

1 J. K. Puntschert, Denkwürdigkeiten der Stadt Retz, 2. Aufl. Wien 1894, S. 236f, 112ff, 339, 126; Rudolf Resch, Retzer Heimatbuch 1, Retz 1936, S. 473, 436, 457ff, 448, 466, 468ff.

Herrscher von Angesicht zu Angesicht sah. Hier wird Lokalgeschichte auch für denjenigen interessant, dem der persönliche lokale Bezug zum Ort der Handlung fehlt. Das gilt auch für die verschiedenen Schilderungen aus dem Retzer Alltagsleben vergangener Zeiten, in denen verallgemeinerbare Züge stecken. So sind es oft sehr typische Gestalten aus dem Kleinstadtmilieu verganger Tage, die in den Autobiographien lebensnah skizziert werden: der Bürgerschuldirektor, der Herr Apotheker, der Schankwirt, der besoffene Schlossergehilfe, die „Wasserresi" etc. Lokalgeschichtliches gewinnt hier überlokale Bedeutung, wenn es im Gesamtzusammenhang einer spezifischen Arbeits- und Lebenswelt gesehen wird.

Es kann nicht Aufgabe der Einleitung zu einer Quellenedition sein, alle möglichen Perspektiven der Auswertung des vorgelegten Materials zu skizzieren. Diesbezügliche Hinweise können nur Schwerpunkte setzen und exemplarischen Charakter haben. Notwendig erscheint es darüber hinaus, auf die Überlieferung der Quellen einzugehen, deren spezifische Eigenart zu beschreiben und die Grundzüge der Bearbeitung offenzulegen. In Hinblick auf das Herkunftsmilieu der drei Lebensgeschichten erscheint mir weiters die Frage von Bedeutung, ob es typische Merkmale gibt, die sich aus der religiösen Tradition des Judentums erklären lassen. Dies führt zum allgemeineren Problem der Stellung der edierten Quellen im Rahmen der Entwicklung der Autobiographie als Literaturgattung.

Die von Raphael König angelegten und von ihm selbst in der Einleitung als „Familien-Biographie", gegen Schluß aber als „Memoiren" bezeichneten lebensgeschichtlichen Aufzeichnungen sind in vollem Umfang im Original überliefert. Auszüge dieser Autobiographie wurden in einer stark überarbeiteten Fassung 1913 von Max Grunwald in seiner Arbeit „Die Feldzüge Napoleons nach Aufzeichnungen jüdischer Teilnehmer und Augenzeugen" veröffentlicht.¹) Der als Historiker und Volkskundler tätige Rabbiner Max Grunwald hatte Raphaels Sohn Jacob nach dessen Übersiedlung nach Wien im Jahre 1906 kennengelernt und war von diesem auf die einmalige Quelle aufmerksam gemacht worden. Abschriften dieser überarbeiteten Fassung gingen an verschiedene Familienangehörige über. Auch der Enkel Theodor nimmt in seinen „Erinnerungen" auf diese Version Bezug. Dementsprechend wurde in die „Dokumentation lebensgeschichtlicher Aufzeichnungen" zunächst die Kopie der Druckfassung aufgenommen. Erst bei den Vorbereitungen der Edition stellte sich heraus, daß im Büro des Stammhauses in Retz nicht nur eine ausgezeichnete maschinschriftliche Transkription, sondern auch das Originalmanuskript vorhanden ist. Dieses umfaßt drei unnumerierte und 177 durchnumerierte Seiten sowie acht Beilagen, die Zusätze zu bestimmten Seiten enthalten. Das in der Grunwald-Edition der Autobiographie als Motto vorangestellte Goethe-Zitat „Wohl dem, der seiner Väter gern gedenkt, der froh von ihren Taten, ihrer Größe, den Hörer unterhält, und still sich freuend, ans Ende dieser schönen Reihe sich geschlossen sieht" wurde nach Meinung des Schreibers der Transkription von fremder Hand im Original Raphael Königs hinzugefügt. Ein Schriftvergleich läßt diesbezüglich kein eindeutiges Urteil zu. Jedenfalls bezieht sich das Motto nicht, wie die Grunwald-Edition vermuten läßt, auf die Biographie selbst, sondern auf eine vorangestellte genealogische Notiz, die Namen von Vorfahren und Verwandten ohne näheren Kommentar aufzählt. Auf diese Notiz und das ihr nachgestellte Motto folgen auf der Rückseite des ersten Blattes die Grabschriften des Urgroßvaters Wolf Jacob Iritz, des Großvaters Salomon König und des Vaters Josef König. Erst dann setzt die eigentliche Biographie ein.

---

1 Max Grunwald, Die Feldzüge Napoleons nach Aufzeichnungen jüdischer Teilnehmer und Augenzeugen, Wien-Leipzig, S. 265 ff.

Raphael König begann seine lebensgeschichtlichen Aufzeichnung, wie er im Vorwort vermerkt, am 4. April 1852, also im Alter von vierundvierzig Jahren. Beim Bericht über die Geschehnisse des Jahres 1826 wechselt er von der Darstellung in der dritten Person zur Ich-Form. An dieser Stelle schreibt er: „Von da weiter wollen wir ihn laut seinem Tagebuch selbst die Sprache seiner Begebenheiten und Erlebnisse führen lassen." Die Formulierung könnte nahelegen, daß es ein von der Autobiographie unabhängig geführtes Tagebuch gab. Unter den vom Enkel Theodor in seinen Erinnerungen einzeln angeführten alten Schriftstücken der Familie findet sich jedoch kein solches Manuskript. Theodor charakterisiert die Biographie selbst ausdrücklich als „Großvaters Tagebuch". In den späteren Jahren nimmt die Lebensgeschichte auch tatsächlich tagebuchähnlichen Charakter an. Die Eintragungen sind nicht mehr bloß nach Jahren geordnet, sondern zum Teil genau mit bestimmten Tagen datiert. Die letzten Sätze hat Raphael König offenbar im Jahr vor seinem Tod am 25. November 1894 geschrieben.

Die Schreibweise Raphael Königs enthält viele altertümlichen Züge. Bemerkenswert erscheint, daß der deutschsprachige Text immer wieder von Worten beziehungsweise Sätzen in hebräischen Zeichen unterbrochen ist. Die Stellen in hebräischer Sprache oder Schrift betreffen Eigennamen von Verwandten, deren Wahlsprüche sowie kultische Gegenstände und Einrichtungen. Dazu paßt auch der Wechsel in den chronologischen Angaben. Während bei profanen Angelegenheiten die geläufige Zeitrechnung nach dem gregorianischen Kalender verwendet wird, sind die Todesdaten der Familienangehörigen nach der auf die Erschaffung der Welt bezogenen jüdischen Chronologie vermerkt. Für die deutschsprachige Ausdrucksweise Raphael Köngis ist eine Bemerkung seines Sohnes Jacob interessant, daß „mauscheln" – also die Vermischung des Deutschen mit judendeutschen oder jiddischen Ausdrücken beziehungsweise grammatikalischen Formen – in seinem Elternhaus verpönt gewesen sei.

In der Bearbeitung des Textes für die Edition konnten nicht alle sprachlichen Eigenheiten des Autors beibehalten werden. Belassen wurde im wesentlichen der Sprachduktus; Orthographie und Interpunktion hingegen sind der heutigen Schreibweise angeglichen. Wo es zum Verständnis notwendig erschien, wurden einzelne Worte ergänzt. Von der durch Max Grunwald vorgenommenen Teiledition unterscheidet sich die vorgelegte durch mehr Nähe zum Originalmanuskript. Wenn auch dadurch die Lektüre mitunter schwieriger gemacht wird, so gelingt es so vielleicht doch besser, die originelle Persönlichkeit des Autors in seinem zeitgenössischen und milieuspezifischen Kolorit faßbar zu machen.

Die Autobiographie Jacob Königs ist ebenso im handschriftlichen Original erhalten. Das Manuskript umfaßt einundachtzig Seiten in einem etwas kleineren Format als die Aufzeichnungen des Vaters. Die Handschrift ging über den ältesten Sohn Theodor an dessen Töchter Flora Kämpf-König und Hilda König über. Zum Unterschied von seinem Vater Raphael hat Jacob König sehr spät mit lebensgeschichtlichen Aufzeichnungen begonnen, und zwar erst nach seinem Rückzug aus dem Geschäftsleben im Jahre 1906, mit fünfundsechzig Jahren. Auch er hat bis in die letzte Lebensphase seine Eintragungen weitergeführt. 1921 bricht das Manuskript mitten im Satz ab.

Für eine Edition wirft der Text der Autobiographie Jacob Königs keine besonderen Probleme auf. Die Originalfassung erscheint durchgehend verständlich. Daß die Sprache selbst in der eigenen Familie nicht als reines Hocheutsch empfunden wurde, zeigt jedoch die Fassung, in der der bildungsbewußte Sohn Theodor Auszüge aus der väterlichen Lebensgeschichte in seine eigene übernahm. Unter wörtlichem Zitat finden sich hier Formulierungen, die im Original ganz anders lauten. Ein Beispiel: Jacob König formuliert (Seite XX) „Ich kann nicht unterlassen, einer Episode zu gedenken, welche einesteils zeugte von der Menschenkenntnis meines seligen Vaters, andererseits von dem Neide und der Mißgunst des Publikums." Bei Theodor König (Seite 13) lautet die Passage: „Von der Menschenkenntnis und Energie meines Vaters einerseits und der Mißgunst andererseits zeugt folgende Episode." Die Eingriffe des Sohnes bei der Abschrift gehen jedoch viel weiter. So wird beim Bericht über die Hochzeit einfach ausgelassen, daß die „Zukünftige" von einem Onkel ausgesucht worden war und daß seitens des Bräutigams eine „Beschau" stattgefunden hatte (Biographie Jacob König Seite XXIV f, Theodor König Seite 14). Solche Textvergleiche zeigen nicht nur das, was sprachlich, sondern auch, was inhaltlich in der nächsten Generation bereinigenswert erschien.

Die Autobiographie Theodor Königs hat, obwohl nach eigener Aussage am Vorbild des Vaters und Großvaters orientiert, einen völlig anderen Charakter als deren Aufzeichnungen. Als wichtigster Unterschied erscheint, daß der Abfolge der einzelnen Berichte keine zeitliche Ordnung zugrunde liegt. So finden sich zwischen Überlegungen zu aktuellen Anlässen der fünfziger Jahre immer wieder Kindheits- und Jugenderinnerungen. Auch innerhalb einzelner Erzählpassagen kommt es häufig zu zeitlichen Sprüngen, etwa wenn der Autor die Erwähnung einer Person zum Anlaß nimmt, ein Jahrzehnte später erfolgtes Wiedersehen zu vermerken. In der Regel hat jede solche Erzählpassage ein verbindendes Thema, das vielfach durch einen entsprechenden Zwischentitel hervorgehoben wird. Manchmal jedoch setzen sich die Assoziationsketten fort, ohne zum gedanklichen Ausgangspunkt zurückzukehren. Eine strukturelle Eigenart der von ihm selbst als „Erinnerungen" charakterisierten lebensgeschichtlichen Aufzeichnungen Theodor Königs ist der breite Raum, den in ihnen in voller Länge zitierte Schriftstücke einnehmen. Oft handelt es sich dabei um Briefe aus dem Kreis der Verwandten und Bekannten. Aber auch Zeitungsartikel und Buchauszüge finden sich häufig eingestreut. Sie sind insoferne als Teil der Autobiographie zu betrachten, als der Verfasser in der Regel einen Bezug der zitierten Stellen zu seinem eigenen Leben herstellt und sie dementsprechend kommentiert.

Theodor König hat seine lebensgeschichtlichen Aufzeichnungen erst sehr spät begonnen, nämlich nach seiner Rückkehr aus der Emigration nach Buenos Aires, im Alter von etwa achtzig Jahren. Die letzen Eintragungen stammen aus seinem neunundachtzigsten Lebensjahr. Die Arbeit an seinen „Erinnerungen" hat ihn so ausgefüllt, daß es darüber – wie er selbst berichtet – zu Unstimmigkeiten mit seiner Frau gekommen ist. Das Resultat dieser Arbeit ist beeindruckend: Ein Opus von 503 Seiten, mit Schreibmaschine eng beschrieben. Schon zu Lebzeiten des Verfassers wurden Kopien angefertigt und an Freunde und Verwandte verschickt. Das Interesse an diesen Aufzeichnungen war so groß, daß einzelne Seiten herausgenommen und weitergegeben wurden. Trotz der Existenz mehrerer Exemplare konnte für die Bearbeitung keine vollständige Fassung des Originalmanuskripts rekonstruiert werden.

Aufgrund von Struktur und Umfang stellten sich bei der Edition dieser Autobiogrphie vielfältige Probleme. Es galt zunächst auszuwählen und das Manuskript auf einen Umfang zu reduzieren, der in etwa zu einem Gleichgewicht zwischen den drei gemeinsam publizierten Lebensgeschichten führt. Inhaltlich waren für die Selektion folgende Kriterien maßgeblich: Es wurden bevorzugt Stellen aufgenommen, die auf Vater und Großvater Bezug nahmen, weiters Notizen, die über andere Familienmitglieder berichten, dann Episoden, die das Arbeits- und Geschäftsleben der Firma zum Gegenstand hatten – Berichte über Mitarbeiter, über Produkte der Schlosserei, über Handelsbeziehungen und Geschäftsreisen, ein thematischer Schwerpunkt, der insgesamt zu Alltagsschilderungen aus dem Kleinstadtleben von Retz im ausgehenden neunzehnten und frühen zwanzigsten Jahrhundert hinüberführte –, und schließlich das Schicksal der Familie in der Zeit des Nazi-Terrors: „Arisierung" der Firma,

Verhaftung, Emigration. Die Konzentration auf diese thematischen Schwerpunkte soll es ermöglichen, Verbindungslinien zu den beiden anderen Autobiographien herzustellen. Die ausgewählten Stellen wurden in der Regel nach chronologischen Gesichtspunkten geordnet. Das war nicht immer leicht, da der Autor – wie schon erwähnt – mitunter innerhalb einer Erzählung den Zeithorizont wechselt. Berücksichtigt wurden bei der Selektion nur solche Stellen, in denen der Verfasser selbst erzählt. In sprachlicher Hinsicht ergab sich bei dieser Lebensgeschichte kein Bearbeitungsproblem. Die vom Verfasser eingefügten Zwischentitel konnten zum Teil beibehalten werden; wo es im Hinblick auf die Gliederung des Textes wünschenswert erschien, wurden neue hinzugefügt.

Die inhaltliche Gestaltung der drei hier vorgelegten Autobiographien wird aufgrund der jeweiligen Schreibmotivation und der Adressatenkreise, an die sie gerichtet sind, verständlich. Diesbezüglich lassen sich in der Generationenabfolge gewisse Verschiebungen erkennen. Aber auch grundsätzliche Gemeinsamkeiten werden erkennbar. Einige spezifische Merkmale unterscheiden sie von anderen lebensgeschichtlichen Aufzeichnungen dieses Zeitraums, wodurch sich die Frage noch einer typologischen Einordnung stellt.

Am klarsten formuliert Raphael König seine Zielsetzungen in der Vorrede seiner Niederschrift: „In dieser Broschüre soll und wird eine Familien-Biographie dargestellt werden. Dieselbe wird teils nach mündlichen Daten, teils auf Überlieferungen usw. verzeichnet. Es ist keineswegs damit ein anderer Zweck zu erreichen, als der, daß die Nachkommen ihre Ahnen, so weit es zurück zu zählen möglich war, mit Namen und Charakter kennenlernen, von ihrem Tun und Lassen Kenntnis nehmen, ihre guten Sitten und Charakterfestigkeit zum Vorbild nehmen und durch deren verschiedenartige Erlebnisse zum Gesamtwohl den besten Nutzen schöpfen können." Obwohl von seinen Kindern zum Zeitpunkt, als er diese Zeilen schrieb, noch keines verheiratet war, wendet er sich über die Kinder hinaus an Enkel und Urenkel und formuliert die Auffassung, daß ein „Sprößling selten einen starken Fehltritt begeht", wenn er sich stolz seiner „zum Wohle ihrer Nebenmenschen beflissenen Eltern und Ureltern" bewußt ist. Hauptziel seiner Aufzeichnungen ist das gute Beispiel: „Daher ich diese Zeilen nebst Nachfolgendem meinen Nachkommen anempfehle, mit dem innigsten Wunsche begleitet, daß sie nach diesem Vorbilde sowohl was Menschenliebe als auch was wahre Religiosität anbelangt ihr Leben und Wirken einrichten mögen."

Dieser Zielsetzung entsprechend beginnt die Autobiographie nicht mit der eigenen Kindheitsgeschichte, sondern als Familienchronik. Über die äußeren Daten aus dem Leben der Vorfahren und Verwandten hinaus wird deren Persönlichkeit durch charakteristische Eigenschaften skizziert. Episoden aus den einzelnen Lebensgeschichten dienen primär dazu, diese Charakteristik zu belegen. Die Person des Verfassers tritt zunächst stark zurück. Er berichtet von sich in der dritten Person. Erst mit der Verselbständigung gegenüber dem Vaterhaus durch seine Übersiedlung nach Wien im Jahre 1826 geht er zur Darstellung in der Ich-Form über. Was er aus dem eigenen Leben berichtet, läßt deutliche Schwerpunktsetzungen erkennen. Breiten Raum nimmt der Synagogenbau in Misslitz sowie die Einrichtung und Verbesserung der jüdischen Schule ein. Es mag überraschen, wenn er mit der Darstellung seines intensiven Engagements für die jüdische Gemeinde seines Heimatorts den Zweck verfolgt, seine Nachkommen gerade nicht zu einem ähnlichen Einsatz zu ermuntern, sondern sie im Gegenteil davor zu warnen. An zwei Stellen ist dies deutlich ausgesprochen, besonders klar in einem Nachtrag zum Jahr 1870, der mit der Bemerkung schließt: „Daher hütet euch, meine Nachkommen, ein Gemeindeamt anzunehmen." Das Moment der Warnung spielt auch in den Berichten aus dem Familienleben eine Rolle. Die Konflikte mit den Söhnen des älteren Bruders werden zum Anlaß dafür genommen, eine indirekte Kritik am Verhalten des Vaters anzubringen, der Raphael als seinen Lieblingssohn behandelte und dadurch die Eifersucht der Geschwister und deren Nachkommen erweckte.

Vorbild und Warnungen auf Grund eigener Lebenserfahrungen stellen das Leben in Familie und Gemeinde in den Vordergrund der Darstellung. Allgemeines Zeitgeschehen wird meist nur insofern behandelt, als die primäre Umwelt des Autors davon betroffen ist. Wenn er darüber hinausgeht, entschuldigt er sich gleichsam, daß er den Rahmen der „Familien-Biographie" überschreitet. Bei der Darstellung des Jahres 1866 schildert er zunächst, wie er seine Kinder vor den preußischen Soldaten versteckt. Als er dann den Aufmarschplan der preußischen Armee skizziert, leitet er mit den Worten über: „Obzwar diese Geschichte mehr der Weltgeschichte als der Familie angehört, sei es mir gegönnt, einiges hierüber anzumerken." Solche Formulierungen lassen die Konzeption des Verfassers deutlich erkennen. Als politischer Kopf, der das Zeitgeschehen mit wachen Augen verfolgt, hat er sich jedoch immer wieder in allgemeine Ausführungen eingelassen, die weit über den Horizont des Familien- und Gemeindelebens hinausführten.

Jacob König hat es unterlassen, die Zielsetzungen seiner lebensgeschichtlichen Aufzeichnungen explizit zu formulieren. Vielleicht hätte er gar nicht zur Feder gegriffen, wäre nicht das eindrucksvolle Beispiel der Biographie seines Vaters vorgelegen. Welchen Wert diese für ihn besaß, zeigt seine ausdrückliche Verfügung, daß sie im Mannesstamm weitergegeben werden sollte. Die mit der Niederschrift angestrebten Ziele dürften sich nicht wesentlich von denen seines Vaters unterschieden haben. Die positiven Charaktereigenschaften und das nachahmenswerte Verhalten der Vorfahren sollten den Nachfahren überliefert werden. So leitet Jacob König gleich zu Beginn seiner Aufzeichnungen eine Episode mit den Worten ein: „Als Beweis, daß mein seliger Vater für das Allgemeine zu wirken bestrebt war, möge folgendes zeigen." Eine unmittelbare Anrede der Nachkommen – sei es der Hinweis auf ein Vorbild, sei es im Sinne einer Warnung – fehlt bei ihm jedoch.

Für die inhaltliche Gestaltung der Darstellung scheint hingegen ein neues Moment hinzuzukommen. Bevor er die Essensgewohnheiten in seiner Kindheit bespricht, formuliert er: „Ich will es hier nicht unterlassen, das damalige Leben teilweise zu schildern, um zu zeigen, mit wie Wenigem eine Familie haushalten mußte." Es ist dies eine Schreibmotivation, die sich bei Verfassern von Autobiographien häufig findet, vor allem solchen, die entweder persönlichen sozialen Aufstieg erfahren haben oder die in einer Zeit des Wandels zu allgemeinem größerem Wohlstand lebten. Den Kindern und Enkeln – oder allgemeiner der „heutigen Jugend" – soll dann vor Augen geführt werden, wie gut es ihnen im Vergleich zu vergangenen Generationen geht. Jacob König hat seine Autobiographie in einer Zeit geschrieben, die nach einer großen Aufschwungphase des Familienbetriebs liegt. Das mag die Akzentsetzungen seiner lebensgeschichtlichen Darstellung beeinflußt haben.

Theodor König – als Sohn und Enkel von Verfassern lebensgeschichtlicher Aufzeichnungen – stand bereits in einer Familientradition mit prägenden Vorgaben. Trotzdem hat seine Autobiographie eine ganz andere Gestalt angenommen als die seiner beiden Vorfahren. Er nennt sie „Erinnerungen" und stellt ihnen als Motto ein Zitat von Jean Paul voraus: „Die Erinnerung ist das einzige Paradies, woraus wir nicht vertrieben werden können. Sogar die ersten Menschen waren nicht daraus zu bringen." Dieses Leitwort dürfte wohl auf die Vertreibung der Familie in die Emigration im Jahre 1940 zu beziehen sein. Die „Erinnerungen" bedeuten so gleichsam ein Einholen der glücklicheren Zeit, die vor den tragischen Ereignissen der NS-Zeit liegt. Das Rückbesinnen auf die Lebensphase vor der Katastrophe könnte ein wichtiger Faktor für die spezifische Gestaltung des Manuskripts sein. Im Mittelpunkt der Darstellung steht immer wieder Retz, vor allem die Kindheit und Jugendzeit, die der Autor in seiner Heimatstadt verbracht hat. Diese Vergangenheit wachzurufen, ist ihm ein besonderes Anliegen, wenn er sich an seine „Leser in Buenos Aires, Johannesburg und Marseille" wendet.[1]) Gemeint sind hier seine in alle Welt verstreuten Verwandten, die den Holocaust überlebt haben und die durch die gemeinsame Herkunft verbunden sind. Aber auch Freunde, wie der aus Retz stammende Oberst Stohl oder der Lokalhistoriker Resch, erhalten das Manuskript übersandt.

Die eigenen Nachkommen sind nicht mehr in gleicher Weise angesprochen wie in den vorangegangenen Generationen, jedenfalls nicht mehr in einer intentionalen Haltung, daß das Herausarbeiten vorbildhaften Handelns ein Hauptmotiv der Darstellung bildet. Sicher will auch Theodor König nach der „Schande des Nationalsozialismus" seinem Vorfahren Raphael ein „Grabmal" setzen. Und noch aus Anlaß seines achtundachtzigsten Geburtstags betont er 1956, daß er sich „dem Beispiel der Vorväter gemäß [...] bemüht [hat], in der Jugend bis ins Alter zu arbeiten und zu sorgen, wie es meine Eltern und Voreltern mich lehrten". Den Gedanken, daß seine eigene Biographie für seine Nachfahren exemplarische Wirkung haben könnte, formuliert er freilich nirgends. Wenn er sich an die „heutige Jugend" wendet, so in einem allgemeineren Verständnis, indem er über vergangene Bräuche und Sitten berichtet, die für sie nicht mehr vorstellbar erscheinen. Auch bei Theodor König spielt, wie bei seinem Vater, das Motiv, die Erinnerung an verschwundene Verhältnisse früherer Zeiten für die Nachwelt zu erhalten, für die inhaltliche Gestaltung der Autobiographie eine Rolle, insgesamt wohl noch stärker als bei jenem.

---

1 Über jüdische Autobiographien, die nach 1945 abgefaßt wurden, als „einer der wenigen gemeinsamen Bezugspunkte einer inzwischen über mehrere Länder verstreuten Familie" schreibt Monika Richarz, Jüdisches Leben in Deutschland 1, Selbstzeugnisse zur Sozialgeschichte 1780–1871, New York 1976, Einführung, S. 13.

Kontinuität und Wandel zwischen den drei Autobiographien der Familie König führen zu der Frage, wie es in dieser Familie überhaupt zu einer so ausgeprägten Schreibtradition gekommen ist. Die für Sohn und Enkel vorbildhafte Lebensgeschichte des Großvaters Raphael reicht immerhin in eine Zeit zurück, in der es keineswegs allgemein verbreitet war, derartige biographische Reflexionen zu Papier zu bringen, noch dazu im Milieu eines kleinen Marktorts in Südmähren, weit abseits der Kultur- und Bildungszentren des Landes. Daß und wie Raphael König schrieb, bedarf wohl einer Erklärung, die über die Bedingungen in seinem individuellen Lebensweg hinausgehen muß.

Die in der Familie König so stark entwickelte Schreibtradition läßt sich noch eine Generation zurückverfolgen. Raphael König berichtet von seinem Vater Josef, „daß dieser Mann nebst seinem geordneten Handelsbuche noch ein Buch führte, nämlich über sein Zehentgeben; er opferte den zehnten Teil seines Gewinstes an Arme und Wohltätigkeitsanstalten mit Gewissenhaftigkeit, als ob er für jeden Kreuzer von der weltlichen Behörde genau zu verzeichnen verantwortlich gemacht worden wäre, und dieses führte er bis in seine letzten Jahre, in welchen er Geschäfte machte, fortwährend verzeichnend". Schon das Handelsbuch ist eine Form der schriftlichen Quelle, die eine gewisse Affinität zur Autobiographie hat. In frühen Kaufbüchern wurden mitunter neben geschäftlichen Daten auch familiäre eingetragen,[1]) so daß hier ein Übergang zur Hauschronik und damit zur Selbstbiographie gegeben war. Das von Josef König parallel dazu geführte Almosenbuch kommt jedoch dem Typus lebensgeschichtlicher Aufzeichnungen noch näher. Es dient nicht wie

---

1 Ein frühes Beispiel für ein Handelsbuch mit familienbezogenen Eintragungen bietet Ferdinand Tremel, Das Handelsbuch des Judenburger Kaufmannes Clemens Körbler, Beiträge zur Erforschung steirischer Geschichtsquellen, 47. Heft, Graz 1960.

jenes der wirtschaftlichen, sondern der religiösen Selbstkontrolle.

Wir wissen, daß die religiöse Selbstbeobachtung in der christlichen Tradition eine entscheidende Wurzel aller Formen lebensgeschichtlicher Literaturgattungen darstellt, insbesondere des Tagebuchs und der Autobiographie.[1]) Moralisierend-asketische Strömungen haben hier stets das Entstehen solcher Zeugnisse der Selbstreflexion gefördert. Für die Entwicklung der Autobiographie scheint insbesondere der Pietismus mit seinen Tendenzen kontinuierlicher Selbstbeobachtung auf dem Weg zum angestrebten Bekehrungserlebnis entscheidende Bedeutung gehabt zu haben. Im orthodoxen Judentum des ausgehenden achtzehnten Jahrhunderts darf eine unmittelbare Entsprechung dazu nicht erwartet werden. Wenn Josef König „mit Gewissenhaftigkeit" die von ihm geleisteten Almosen in einem eigens dafür angelegten Buch verzeichnete, so handelte es sich aber auch hier um eine kontinuierlich ausgeübte Form schriftlicher Selbstkontrolle des religiösen Verhaltens – freilich auf der Basis ganz anderer Verhaltensvorschriften. Es könnte dabei eine spezifisch jüdische Wurzel von schriftlichen Formen der Selbstbeobachtung vorliegen.

Über die beiden vom Sohn erwähnten kontinuierlich geführten Bücher hinaus ist von Josef König noch ein Schriftstück überliefert, das als lebensgeschichtliche Aufzeichnung im engeren Sinn bezeichnet werden kann. Die Übertragung aus dem hebräischen Original ist in den Erinnerungen Theodor Königs überliefert:

„Dorf Edelspitz an der Thaya bei Znaim in Mähren. Sonntag den 9. Schebat 5570 (1810) wurde mir von meiner züchtigen und teuren Frau Hindel – sie lebe! – um

---

1 Werner Marholz, Deutsche Selbstbekenntnisse. Ein Beitrag zur Geschichte der Selbstbiographie von der Mystik bis zum Pietismus, Berlin 1919; Peter Sloterdijk, Literatur und Lebenserfahrung, Autobiographien der Zwanziger Jahre, München 1978, S. 21 ff.

zwei Uhr nachmittags ein Knabe geboren. Ich sandte um einen Mohel (Beschneider) nach Meseritsch, um den vornehmen und gelehrten Herrn Hersch Löwenstein und ebenso nach Mislop (Misslitz) um Herrn Rabbiner Salomo Frankl, und Gevatter war der vornehme Herr Hersch Leb Herzog. Sie kamen in mein Gehöft mit meinem Vetter, dem Ober-Rabbiner Jakob Schäfer, Freitag, den 15. Schebat. Ich bereitete tags darauf, am Sabbat, ein großes Mahl und nannte das Kind Michael. Damals nämlich kämpfte unser Kaiser Franz mit dem Kaiser Napoleon von Frankreich, zuerst in Bayern, dann in Österreich, schließlich in Mähren bei Znaim am 13. Juni 1809. Ich geriet mit Hab und Gut und meinem Leben in große Gefahr, indem ein Ulan mich verfolgte und von mir verlangte, daß ich mit ihm auf das Schlachtfeld gehe. Aber Gott errettete mich, und deshalb nannte ich dieses Kind Michael (Wer ist wie Gott?). Es war der dritte Sohn, den ich nach einem Erzengel nannte, einer heißt Gabriel, ein anderer Raphael. Gepriesen sei Gott für die vier Söhne, darunter auch mein Sohn Wolf."

Raphael König hat die Begebenheit mit dem Ulanen ebenso wie die dadurch bedingte Namengebung in ausführlicher Darstellung in den ersten Teil seiner „Familien-Biographie" übernommen. Dieser erste Teil seiner Aufzeichnungen zeigt überhaupt manche Parallelen zu der kurzen Notiz, die vom Vater überliefert ist – sowohl inhaltlicher als auch in stilistischer Hinsicht. Der Bericht über die Beschneidungsfeier des kleinen Michael König beschäftigt sich mit einem religiös bedeutsamen Ereignis der Familiengeschichte und verbindet es mit profanem Geschehen.[1]) Auch in Raphael Königs Darstellung seiner Vorfahren ist die religiös relevante Komponente deutlich

---

1 Es könnte sich bei dieser kurzen lebensgeschichtlichen Aufzeichnung um eine Parallelnotiz zur Anfertigung eines Thorawimpels gehandelt haben, wie er in vornehmeren Familien anläßlich der Beschneidung angefertigt wurde. Den Hinweis auf diesen möglichen Zusammenhang verdanke ich Herrn Dr. Nikolaus Vielmetti.

faßbar. Bei der Beschreibung jeder Person wird darauf eingegangen, in welcher Hinsicht sie gemäß den Grundsätzen des Glaubens gehandelt hat. Religiöse Leitsprüche werden angeführt, mitunter auch Grabinschriften. Bemerkenswert erscheint vor allem, daß Raphael König bei seinen Vorfahren in männlicher Linie durch drei Generationen den genauen Todestag nach jüdischer Chronologie angibt, in ähnlicher Weise auch bei anderen Angehörigen des eigenen Mannesstammes. Beim Großvater mütterlicherseits hingegen fehlt ein derartiger Hinweis. Als sein Bruder Daniel 1891 kinderlos stirbt, berichtet Raphael, daß er für ihn das Kaddisch-Gebet übernommen habe. Es könnte ein Zusammenhang zwischen Totenkult und Überlieferung von Wissen über die Vorfahren bestehen, der die Entstehung schriftlicher Aufzeichnungen über die Familie begünstigte. Die Hauschronik als Vorstufe der Autobiographie findet ja überall dort gute Voraussetzungen, wo es ein ausgeprägtes Ahnenbewußtsein gibt.

Nimmt man an, daß die Frühformen autobiographischer Darstellung in der Familie König mit religiösen Bedingungen der jüdischen Tradition in Zusammenhang gebracht werden können, so stellt sich die Frage, ob es in der Geschichte der Literaturgattung Autobiographie im allgemeinen eine spezifisch jüdische Entwicklungslinie gibt. Diese Frage bezieht sich nicht auf Inhalte der Darstellung, sondern auf die Zugangsweise des Schreibens. Selbstverständlich begegnet in lebensgeschichtlichen Aufzeichnungen jüdischer Autoren eine Fülle milieuspezifischer Besonderheiten – etwa des Familien- und Gemeindelebens. Das Problem ist, ob es auch eine religiös begründete spezifisch jüdische Art der Beschäftigung mit der eigenen Familie beziehungsweise der eigenen Person gibt, die in Autobiographien ihren Niederschlag findet. Das Judentum als Religion mit ausgeprägter Schriftlichkeit könnte eine Sondertradition autobiographischer Selbstdarstellung entwickelt haben.

Wenn in der Literaturgeschichte der Autobiographie auf die Rolle des Pietismus, des christlichen Humanismus oder der Mystik verwiesen wird, so wird die Möglichkeit außerchristlicher Parallelentwicklungen mit eigenständigen Wurzeln dabei außer acht gelassen. Die Autobiographie Raphael Königs könnte in ihrer Eigentümlichkeit ein Anstoß sein, dieser Möglichkeit nachzugehen. Es gibt auch andere relativ frühe Lebensgeschichten von Autoren jüdischer Abstammung, die analoge Merkmale erkennen lassen: starke Betonung der männlichen Vorfahren zurück bis zum Groß- und Urgroßvater, Beschreibung von deren Charakterzügen, Hinweise auf Todesdaten und Begräbnisplätze, Herausentwickeln der Autobiographie aus einem umfassenderen Zusammenhang der Familiengeschichte.[1]) Vergleicht man die Darstellungsweise jüdischer Autobiographien der Zeitgenossen Raphael Königs, soweit solche veröffentlicht vorliegen, so läßt sich jedoch nicht von einem durchgehenden Muster sprechen. Die große Zahl publizierter jüdischer Autobiographien stammt aus späterer Zeit. Die Autoren sind zumeist Schriftsteller, Wissenschaftler oder Politiker. Ihre Aufzeichnungen sind im wesentlichen von Mustern bildungsbürgerlicher Tradition geprägt, so daß sie für die Frage einer religiös geprägten Wurzel spezifisch jüdischer Autobiographik wenig hergeben.

Bildungsbürgerliche Einflüsse auf die Gestaltung der lebensgeschichtlichen Aufzeichnungen sind auch zu bedenken, wenn man die Entwicklungslinie innerhalb der

---

1 Vgl. etwa die Biographien von Itzig Behrendt (Richarz, Jüdisches Leben, S. 70, 76), Leopold Freund (ebenda, S. 177), Anton May (ebenda, S. 257), Hermann Elias Weigert (ebenda, S. 317 ff) und Jacob Tachau (ebenda, S. 429). In einer besonders frühen jüdischen Autobiographie, der des 1731 geborenen Petscherstechers Aron Isak, wird in der Einleitung darauf verwiesen, daß die Aufzeichnungen nach seinem Tode „zum Andenken zu meiner Mischpocho" seien (F. E. Menken, Hg., Stachel in der Seele, Jüdische Kindheit und Jugend, Weinheim 1986, S. 5). Daß Autobiographien in der Familie erblich weitergegeben wurden, wie das im Hause König der Fall war, scheint in jüdischen Familien nicht selten vorgekommen zu sein (Richarz, Jüdisches Leben, S. 12).

drei hier vorgelegten Autobiographien der Familie König überblickt. Am stärksten ist dieses Moment in der dritten Generation. Theodor König war ein belesener Mann – seinen Neigungen nach mehr Gelehrter als Kaufmann. Berichte über seine Lektüre ebenso wie seine Theaterbesuche zeigen ihn der deutschen Klassik verbunden. Das Jean-Paul-Zitat, das er seinen Erinnerungen voranstellt, ist Zeugnis seiner geistigen Selbstzuordnung. Stilistisch kommt sein Standort darin zum Ausdruck, daß er – wie schon erwähnt – die Aufzeichnungen seines Vaters in einer sprachlich überarbeiteten Form übernimmt.

Für Jacob König wird man nicht in gleicher Weise annehmen dürfen, daß ihm klassische Autobiographien der bürgerlichen Tradition als Vorbild seiner Aufzeichnungen bekannt waren, wie das bei Theodor König vermutet werden kann. Er selbst macht – von einer Zeitung abgesehen – keine Aussagen über seine Lektüre. Vom Lebensstil her ist er jedoch sicher ebenso dem Bildungsbürgertum zuzuordnen. So macht er etwa mit seinem Rückzug aus dem Geschäftsleben Bildungsreisen. Diese Reisen nehmen – wie auch sonst in bürgerlichen Autobiographien – in der Selbstdarstellung breiten Raum ein.

Die Biographie des Großvaters Raphael unterscheidet sich am stärksten von der des an Bildungsidealen der deutschen Klassik orientierten Enkels. Trotzdem liegt wohl auch bei dieser ein gewisser Einfluß von Bildungsgut des deutschsprachigen Bürgertums vor. Raphael König macht in den Notizen aus seinen späteren Jahren einmal die Bemerkung, wie sehr ihm in seiner ländlichen Umgebung der Umgang mit Menschen „klassischer Bildung" abgehe. In der Zeit nach seinem Rückzug aus dem Geschäft ist Lesen seine Hauptbeschäftigung. Viel gelesen hatte er jedoch auch schon in seiner Jugend. Von Interesse ist vor allem die Art seiner frühen Lektüre, nämlich Topographien und Reisebeschreibungen. Durch diese Lektüre angeregt hatte sich sein Wunsch entwickelt, über seine engere Heimat hinaus Reisen zu unternehmen. Reisebeschreibungen stehen als Literaturgattung der Autobiographie nahe.[1]) Es könnte sein, daß die Lieblingslektüre der Jugendjahre Raphael König dabei beeinflußt hat, daß er als erster seiner Familie mit einer autobiographischen Selbstdarstellung begann.

Eine Besonderheit aller drei Autobiographien liegt im behandelten Zeitraum des Lebenslaufs. Literatursoziologen stellen fest, es sei ein „wesentliches Merkmal aller bürgerlichen Autobiographien", daß sie „mit der in der Adoleszenz erreichten Identität enden".[2]) Mag eine solche Feststellung in dieser Form auch überspitzt sein, so spielt die individuelle Persönlichkeitsentwicklung doch sicher in der bürgerlichen Autobiographik eine so große Rolle, daß sich daraus eine Akzentuierung der Kindheits- und Jugendphase ergibt. In den Lebensgeschichten der Familie König läßt sich eine solche Schwerpunktsetzung nicht erkennen. Die einzelnen Abschnitte des Lebenslaufs sind relativ gleichgewichtig behandelt. Bei Raphael und Jacob König, die chronologisch darstellen, ist dies quantitativ deutlicher meßbar. Aber auch bei Theodor König läßt sich keineswegs sagen, daß es sich um eine Entwicklungsbiographie mit besonderer Betonung von Kindheit oder Jugend handelt. Soweit dieser Entwicklungscharakter als typisch „bürgerlich" bezeichnet werden kann, weichen alle drei von diesem Typus ab. Die gleichmäßige Berücksichtigung der einzelnen Lebensphasen in der Selbstdarstellung bedingt, daß auch auf die Situation im Alter eingegangen wird. In Hinblick auf das hohe Alter, das alle drei Autoren erreicht haben, nimmt diese Phase jeweils relativ breiten Raum ein. Man könnte von einer spezifischen Altersautobiographik sprechen, die in dieser Form nicht allzu häufig begegnet. Vor allem bei Raphael König ist das Selbstbild des alternden Autors sehr beeindruckend.

---

1 Sloterdijk, Literatur, S. 25 ff.
2 Eckhard Dittrich und Juliane Dittrich-Jacobi, Die Autobiographie als Quelle zur Sozialgeschichte der Erziehung, in: Dieter Baacke – Theodor Schulze (Hg.), Aus Geschichten lernen, München 1984, S. 100.

Im Rahmen einer Geschichte der Autobiographik ist die Lebensgeschichte Raphael Königs sicher insgesamt eine sehr bemerkenswerte Quelle. Sie ist als literarisches Denkmal genauso ungewöhnlich, wie der ganze Lebensweg des Verfassers ein ungewöhnlicher war. Seinen besonderen Stellenwert gewinnt dieses originelle Dokument freilich erst dadurch, daß es dem Sohn und Enkel als Vorbild für ähnliche Selbstzeugnisse gedient hat. In der Abfolge von Autobiographien aus mehreren Generationen wird Vergleich möglich, lassen sich Entwicklungsprozesse in längerfristiger Perspektive verfolgen, entsteht ein zeitlich umfassendes Gesamtbild. Die innere Einheit dieser Sequenz lebensgeschichtlicher Aufzeichnungen macht die Einmaligkeit des Quellenbestands aus.

Wien, im Juni 1987   *Michael Mitterauer*

Raphael König
1808–1894

In dieser Broschüre soll und wird eine Familien-Biographie dargestellt werden. Dieselbe wird teils nach mündlichen Daten, teils nach Überlieferungen usw. verzeichnet. Es ist keineswegs hiemit ein anderer Zweck zu erreichen, als der, daß die Nachkommen ihre Ahnen, so weit es zurück zu zählen möglich war, mit Namen und Charakter kennenlernen, von ihrem Tun und Lassen Kenntnis nehmen, ihre gute Sitten und Charakterfestigkeit zum Vorbild nehmen und durch deren verschiedenartige Erlebnisse zum Gesamtwohl den besten Nutzen schöpfen können, da es überhaupt für Kinder, Enkel und Urenkel eines der schönsten Vermächtnisse ist, wenn sie die Erben von ehrbaren – wenn auch unadeligen –, charakterfesten, nach einem gewissen Ziele strebenden, zum Wohle ihrer Nebenmenschen beflissenen Eltern und Ureltern sind. Es dürfte keineswegs eine Überhebung sein, wenn ein Nachkomme ein wenig Stolz dareinsetzt, des redlichen Sinns und des ehrbaren Bestrebens seiner Ahnen sich zu erfreuen, weil in Folge dessen leichterdings äußerst selten der Sprößling einen starken Fehltritt begeht, dessen er sich zu schämen fühlen würde. Daher ich diese Zeilen nebst Nachkommendem meinen Nachkommen anempfehle, mit dem innigsten Wunsche begleitet, daß sie nach diesem Vorbilde sowohl was Menschenliebe als auch was wahre Religiosität anbelangt ihr Leben und Wirken einrichten mögen.

4. April 1852 angefangen *Raphael König*

Die Ahnen –

... als Hofjude des Klosters aufgenommen

Von Jacob Iritz, in der gleichnamigen Schwestergemeinde beerdigt, ist nichts weiter bekannt, als daß er einen einzigen Sohn Wolf hatte, der in seinem dreizehnten Lebensjahre Waise geworden ist, nach Nikolsburg zu dem damaligen hochwürdigen Landesrabbiner, Herrn Schmelkes,[1]) als Page in Dienst kam und daselbst bis zu seinem zwanzigsten Jahre lebte, von dort hieher nach Misslitz kam und sich mit der einzigen Tochter des hiesigen Elosar mit Namen Babette vermählte und in Edelspitz nächst Znaim seinen Hausierhandel betrieb.

Den in dem Kloster Bruck – von Edelspitz bloß durch den Fluß Thaya getrennt – damals anwesenden katholischen Geistlichen des Prämonstratenserordens gefiel der junge Mann mit seinem redlichen Benehmen, und er wurde als Hofjude des Klosters, dem der Ankauf aller nötigen Utensilien übertragen wurde, aufgenommen. Ihm wurden alle Fast- und Freitage die im Kloster unverbrauchten Fischstücke [Köpfe] zur Verteilung an die in der Umgebung weilenden armen Juden übergeben. Als nach mehreren Jahren die Misslitzer Judengemeinde abbrannte, wobei auch die Synagoge eingeäschert wurde, baute das Kloster auf Fürbitte dieses Mannes diese auf ihre Kosten auf und schenkte ihm den Platz, worauf er sich das nunmehr mit Nr. 84 bezeichnete Judenhaus erbaute. Sein Wahlspruch war: „Lau lide nissojaun, welau

---

1 Hier liegt offenbar eine Verwechslung vor. Rabbi Samuel Schmelke Horwitz war erst von 1778 bis 1789 Landesrabbiner von Mähren. Wolf Iritz dürfte beim Landesrabbiner Gabriel b. Jehuda Löb Eskeles (1690–1718) in Dienst gestanden sein. (Vgl. Alfred Willmann, Die mährischen Landesrabbiner, in: Hugo Gold [Hg.], Die Juden und Judengemeinden Mährens, Brünn 1929, S. 46 f.)

lide bisojaun." [Nicht in Versuchung und nicht in Schande.]

Sein festes Vertrauen in die Religion erwarb ihm die Stelle eines Synagogenvorstehers und Vorstehers der Totenbruderschaft, wovon noch heute sein Name auf einigen Gerätschaften dieses Vereins eingraviert zu sehen ist. Er war streng gerecht, aber auch mild, so zum Beispiel wird ihm nachgerühmt, daß keiner seiner Zeitgenossen jemals einen Fluch aus seinem Munde gehört hätte, außer dem „Krias Schma soll man leienen!" [Man soll ein „Höre Israel" beten!] Er hatte in seinen Kindern würdige Nachfolger, den Söhnen Jacob, Salomon und Isak, den Töchtern Sara, Mutter des nachmaligen Salomon Frankl, Katti, verheiratet an Joachim Goldman, Golde, verheiratet an Hermann Lewi Herzog, und Mina, verheiratet nach Eibenschitz an Markus Österreicher, Stammvater der nachmaligen Familie Österreicher.

Nachdem sich alle Kinder bis auf den jüngsten Sohn, Isak, verheiratet hatten, starb Wolf Jacob Iritz (es nannten sich die damaligen Israeliten mit dem Namen ihres Vaters als Beinamen) im hohen Alter von fünfundachtzig Jahren am 27. Nissan im Jahre 5544 nach Erschaffung der Welt (1784), von seinen Verwandten und auch Glaubensbrüdern tief betrauert.

Als an einem Tage, fünf Tage nach Ostern, sein ältester Sohn Jacob von Nikolsburg zur Leichenfeier per Schlitten kam, hatten die Pferde bis auf den Bauch im Schnee zu waten, und einen Tag vor Pfingsten war noch in den meisten Hohlwegen Schnee zu sehen, worauf danach das beste Jahr in der Ernte wurde.

Der Stammvater –

*... welcher sich den Beinamen König
nach dem weisen König Salomon gegeben hatte*

Zu eben dieser Zeit wurde von weiland unserem großen Herrscher Kaiser Josef II. das Toleranzpatent gegeben, und die Juden mußten sich – jeder nach Belieben – einen deutschen Beinamen geben. Der älteste Sohn Jacob, nach unserem Stammvater Jacob, nannte sich wie jener als Schafhirte Schäfer, und da er gleichzeitig Rabbiner der hiesigen Gemeinde wurde, so war ihm diese Bedeutung desto erwünschter, als Seelenhirte oder Schäfer seiner Gemeinde betrachtet zu werden, die er mit Klugheit und besonderer Nachsicht behandelte.

Dieser ehrwürdige Mann, welcher mit seinem Vater sehr oft Gelegenheit hatte, mit den Oberen des Klosters Bruck über Religion und Zeremonien zu disputieren, war tolerant genug, obschon in dem damaligen finsteren Jahrhundert, Andersgläubige nicht zu hassen und sie von ihren Religionsgrundsätzen abwendig machen zu wollen. Er hatte zwei Söhne, Moses Leb, welcher sich nach Nikolsburg verheiratete, und Gottlieb, welcher sich in Misslitz verehelichte, und drei Töchter, wovon zwei in Misslitz und eine nach Schaffa an den dortigen Kopel Schik verheiratet worden ist. Jacob Schäfer starb im Alter von fünfundachtzig Jahren, von der hiesigen Einwohnerschaft ohne Unterschied des Glaubens sehr betrauert, am 20. Ador 5584 nach Erschaffung der Welt [1824].

Dessen zweiter Bruder Salomon, welcher sich bei der Namensveränderung den Beinamen König nach dem weisen König Salomo gegeben hatte, war von rascherem und weit heftigerem Charakter als sein älterer Bruder Jacob, aber von streng rechtlichen und biederen Manieren. Bei seinem fünfundzwanzigjährigen Richteramte in der hiesigen Judengemeinde zog er zwar manche Feindschaften auf sich, hielt aber den Grundsatz fest: „Don jodin amau ke' echad schivte Isroel." (Dan richtete seine eigen Familie wie alle übrigen der Stämme Israels.)

Er verheiratete sich mit Sali, Tochter des hiesigen Israel Herzog, Stammvater der nachmaligen Familie Herzog, die im Gegensatz zu ihrem Mann von sehr milder Natur und über alles klug und mildtätig war. Bemerkenswert ist, daß er, obwohl er im engsten Sinn des Wortes ein Kauz war, über alles freigebig war, und zwar in dem Maße, daß jeder Durchreisende ohne Anstand seinem Tische zusprechen durfte. Ja noch mehr, wenn ein reisender Gelehrter über Sabbat bei ihm geladen war, was damals sehr oft vorkam, dann konnte nicht genug zur Tafel gebracht werden, so sehr war er gastfreundlich. Nicht minder war er gegen arme Arbeitsscheue rücksichtslos, während er es gerne geschehen ließ, daß seine Frau tagtäglich vom Mittagessen den Ortsarmen abwechselnd Kost verabreichte. Er besaß das Haus Nr. 85 in der Judengemeinde und betrieb zur damaligen Zeit den stärksten Schnittwarenhandel.

Dessen Kinder waren zwei Söhne und sechs Töchter aus dieser ersten Ehe: Josef und Wolf, Golde, verheiratet an den hiesigen Moses Kramer, Katti, verheiratet an Salomon Hofman in Lomnitz, Cheie, verheiratet an den hiesigen Bernath Grünwald, Grassel, verheiratet an Meier Stern in Lomnitz, Leni, verheiratet an Ahron Fischer in Lomnitz, Mina, verheiratet an Jacob Deutsch in Kanitz, und aus der zweiten Ehe, welche er mit der Witwe Pessl Böhm aus Eibenschitz einging, den Sohn Lasar, welcher sich dann mit der Tochter des Moses Senski in Eibenschitz verheiratete und nach Eibenschitz übersiedelte.

Der zweite Sohn, Wolf, heiratete die Tochter des Kanitzer Pottaschenhaus-Besitzers Moses Stignitz, dem Fortuna vom Tage seiner Hochzeit bis zu seinem Sterbetag den Rücken zuwendete, ungeachtet er einer der wärmsten Freunde seiner Familie war. Sein heiteres Temperament erleichterte ihm sein Mißgeschick hienieden. Im letzten Augenblick seines Lebensschlusses im Jahr

1832 opferte er der Menschheit seine Dienste und bewirtete Cholera-Kranke ohne Entgelt, welches sein baldiges Ende herbeiführte. Nach seinem Tode wurde seiner Witwe Hani und ihren unmündigen Kindern aus dem mährisch-jüdischen Landesmassafonds ein Gnadengehalt gesichert.

Der Stammvater Salomon König starb am 27. Tischra 5581 nach Erschaffung der Welt [1821], umgeben von seinen siebzig Nachkommen, im Alter von sechsundachtzig Jahren, während er sitzend im Bette mit allen Anwesenden beim Morgengebet das „Schma Israel!" [Höre Israel!] noch laut mitsagte und sogleich verschied.

Nachsatz

Aufklärung zu dem Schlußsatz der Grabinschrift unseres Ahns Salomon König „Holach bikeduschah cherozaun Melech" [Er ging ein in die Heiligkeit nach dem Wohlgefallen des Königs = Gottes]: Der Großvater Ahron Beer in Trebitsch nahm das Verscheiden seines Sohnes Gabriel als junger Ehemann sich so stark zu Herzen, daß auch er krank wurde. Er lud zum Morgengebet [Minjan][1]*) zu sich ein, betete im Bette mit Taliss*[2]*) und Tefilin*[3]*) mit, vollendete den Satz des dreimal heilig, legte sich zurecht und verschied. Dieses wurde nun dem Großvater König erzählt, und er wünschte sich ein ähnliches Hinscheiden in die bessere Welt, welches auch geschah. Und darum erscheint der obige Schlußsatz gerechtfertigt.*

---

1 Quorum von zehn erwachsenen Betern.
2 Gebetsschal.
3 Gebetsriemen.

Josef König – der Vater

... ein streng religiöser und Gott vertrauender Mann

Der obbenannte älteste Sohn Josef verehelichte sich mit Theresia, Tochter des Trebitscher Familianten[1]) Ahron Beer – damals in Neuraussnitz als Gemeindenotar angestellt – und dessen Gattin Paulina, welche beide an Verstand und Herzensgüte ebenbürtig waren. In Folge dessen nahm auch ihre Tochter diese Eigenschaften in ihres Mannes Haus mit.

Nachsatz

Der Schwiegervater von Josef König, Ahron Beer, hatte nebst der Tochter Theresia, verheiratete König, den Sohn Salomon, weiters Naftali, auch Gabriel und Hermann, letzterer nachmaliger Doktor der Medizin, Professor und Regierungsrat in Pension, und noch zwei Söhne, Simon und Gabriel, welch letztere beide ohne Erben gestorben sind. Die jüngste Tochter, Betti, wurde an ihren Cousin Jakob, von Tschechtschin nächst Trebitsch, verheiratet, von welcher die Söhne Moritz und Gustav in Znaim existieren. Der obbenannte Salomon Beer hatte eine geborene Felix und Neftali eine von der Familie Frankl aus Chrast in Böhmen zur ersten Ehe und zur zweiten Frau Katti, die einzige Tochter von Hermann Hofmann aus Lomnitz, aus welcher Ehe der nachmalige Dr. juris Herrmann Beer in Wien entsproß.

Im neuen Haus traf die junge Ehegattin einen Mann, Schwiegereltern, Schwäger und sechs Schwägerinnen, welche allesamt in ihr erkannten, was die Folge bestätigte, nämlich eine biedere, für Wohltun und besonders Almosen sich hingebende Person, die weder ihr Geld noch

---

[1] Ein mährischer Jude, der das Recht hatte, eine Familie zu gründen. Zum Familiantensystem, das bis 1849 galt, Wilma Iggers, Die Juden in Böhmen und Mähren, München 1986, S. 56ff.

ihren Körper schonte, wo es galt, der leidenden Menschheit mit Rat und Tat beizustehen. Hierin war sie ihrem Manne nicht nur eine Gehilfin, sondern es wetteiferten beide ohne Unterlaß. Während der Mann Arme mit ansehnlichen Summen Geldes beschenkte, war sie bemüht, jedes Jahr eine Anzahl armer Kinder von Kopf bis Fuß mit neuen Kleidungsstücken zu versehen.

Aber – wie es sehr oft hienieden geschieht, daß die Guten nicht immer des fortgeführten Wohlstandes sich erfreuen können, so ging es diesem Ehepaar. Es hatten diese Eheleute mannigfache Leiden abwechselnd mit Glück auf ihrer Lebensreise durchgemacht. Kaum zehn Wochen verehelicht, wurde der Mann Josef vom Gichtleiden befallen und mußte einige Jahre hindurch unausgesetzt ärztliche Hilfe, ja sogar Badekuren, in Anspruch nehmen. Hievon ein wenig geheilt, übersiedelte er nach dem Dorfe Edelspitz nächst Znaim, allwo er die Bekanntheit seiner Ahnen zu seinen Gunsten hatte und dort wie in der nächstgelegenen Stadt Znaim besondere Achtung und Liebe sich erwarb.

Da kam das Jahr 1799. Im Frühjahr, als sich der Eisstoß des Flusses Thaya des Nachts in Bewegung setzte, stockte in der Bergschlucht zwischen Kleinteßwitz und Mühlfraun die Eismasse so ineinander, daß sie das Wasser zurückdrängte und das ganze Dorf Schallersdorf, welches neben der heute dort noch befindlichen Mahlmühle stand, verwüstete sowie zwei Drittel des Vermögens der vorbenannten Königischen Eheleute mit fortriß. Sie bewohnten das dem Flusse zunächst gelegene Häuschen, welches zwar um eineinhalb Klafter höher lag; das Wasser war aber so schnell gestiegen, daß Josef Weib und Kinder nur durchs Fenstergitter, welches er mittels eines Balkens ausbiegen mußte, retten konnte. Die Verbindung mit Znaim war gänzlich unterbrochen, und man mußte alle Lebensbedürfnisse von der österreichischen Stadt Retz holen lassen. Bei dieser Gelegenheit waren einige tausend russische Hilfstruppen anwesend, welche den überschwemmten Einwohnern sehr zu Hilfe eilten, hiefür aber auch von Kaiser Franz II. mit einem Silbergulden pro Kopf der Geretteten belohnt wurden.

Es währte nicht lange, und Gott half diesem Ehepaar, daß sie sich bis zum Jahr 1805 ein schönes Sümmchen erwarben, nämlich viel Schnittwaren im Geschäfte, sechshundert Eimer ungarischen Wein, wovon die Fässer ganz neu waren, zweihundert Eimer einheimischen Wein, Hausgeräte im Überfluß, Silberzeug und derlei Utensilien.

Als der Hausvater Josef in Lieferungsgeschäften nach der Herrschaft Groß-Meseritsch reiste, war er der Meinung, da die Franzosen von Ulm bis gegen Wien kamen, daß die kaiserliche Armee, welche diesseits der Donau den Strom entlang lagerte, den Feind nicht werde die Klosterpassage passieren lassen. Allein – das Kriegsglück wollte es anders, und bevor der Vater Samstag nacht nach Edelspitz zurückkehrte, waren auch die Franzosen in Jetzelsdorf, und Sonntag früh hatten sie schon alle Höhen von Urbau, Kallendorf bis gegen die Anhöhe gegen Schallersdorf besetzt, während die kaiserliche Armee samt zwanzigtausend Russen in und um Znaim ihre Kanonen aufrichteten. Was anderes war nun in aller Eile des Nachts zu tun, als mit Hilfe einiger im Hause anwesender Freunde alle Wäsche und Schnittwaren zu packen und in die Düngergrube zu versenken, was von einem bösen Nachbarn beobachtet wurde. Sie wurden nachträglich teils geraubt, teils fielen sie dem Feinde in die Hände. Der Keller wurde auf drei Klafter weit mit Sand verschüttet, weit unten in der Erde sämtliche Silber- und Goldgeräte eingegraben, mit einigen hundert Metzen Erdäpfel überschüttet und so alles, Haus und Gut, stehengelassen.

Mit seinem Weibe als Wöchnerin, mit Zwillingen, wovon einer tot mitgetragen, und den übrigen sechs Kindern nebst Magd mußte Josef den Ort verlassen, weil die Kaiserlichen die über die Thaya in Schallersdorf führende, mit einem Dache versehene Brücke in Brand steckten, wodurch die französische Kolonne genötigt war, über Edelspitz den dort auf drei Mann breit bestehenden Steg über den Fluß zu passieren, bei welcher Gelegenheit in Zeit von einer Stunde das ganze Dorf der Plünderung des Feindes ausgesetzt war. In Folge dessen mußte nun obige Familie wie Nomaden zu Fuß über das Gebirge nach dem nächstgelegenen Kaidling wandern, allwo sie bei einigen Bekannten, insbesondere aber bei dem dort wohnenden David Ferber und dessen Weib Katti freundliche Aufnahme fanden.

Josef, als streng religiöser und auf Gott vertrauender Mann, hatte den Spruch Hiobs im Munde: „Adaunoi nossan, we-Adaunoi lokoch, jehi schem Adaunoi mewauroch!" (Gott gab es, Gott nahm es – der Name des Ewigen sei gelobt!) Ja – er bewies diese Festigkeit im Vertrauen noch mehr in der Zukunft, als seine Eltern, seine Schwiegereltern, seine Schwäger und Freunde ihm eine Unterstützung anboten, sein Schwager G. Hofmann in Lomnitz mit ihm sein Vermögen teilen wollte, er alle Anträge ausschlug und in Gott seine Stütze finden wollte. In Kaidling längere Zeit verweilend, ging er nun jeden Tag durchs Weingebirg – es war im November 1805 –, um zu sehen, wie es mit seinem Keller, Wein und Silber bestehe. Alles übrige im Hause war bereits in Händen der Feinde. Da fand er den ersten Tag den Keller erbrochen, aber verschüttet wie er war, den zweiten Tag das Verschüttete durchgewühlt und die Fässer angebohrt, den Wein ausgelassen, aber den Haufen Erdäpfel in Status quo, wie er gelegt wurde, den dritten, vierten und fünften Tag ebenfalls noch so. Aber als er den sechsten Tag am Freitagabend zur Kellertür gelangte und hier am Erdboden eine seiner silbernen Gabeln bemerkte, da fiel er ohnmächtig zu Boden. Bald wieder sich ermannend, überzeugte er sich von dem Raube des gesamten Silberzeugs und der sonstigen Wertgegenstände und begab sich wieder zu seiner Familie nach Kaidling.

Hier sei die Bemerkung gemacht, daß er aus dieser einzigen aufgefundenen Gabel einen Zeiger (Jad = Hand) zum Vorlesen der Thora machen ließ und nachstehende Aufschrift eingravieren ließ: „Jad Adaunoi noge bi, hajad Adaunoi tikzaur?" (Die Hand Gottes hat mich schwer getroffen, ist denn die Hand Gottes zu kurz, um mir wieder Hilfe leisten zu können?) Und wahrlich – der Spruch hat sich bewährt. Er machte nach dieser Affäre Bekanntschaft mit dem Lederer Johann Höck in Znaim und wurde alsbald Lieferant von Häuten der Familie Höck. Hiedurch und vermöge seines redlichen Benehmens wurde ihm das Vertrauen der ersten Bürger Znaims bald zuteil, sodaß er bis zum Jahr 1808 wieder ein Vermögen von dreißigtausend Gulden Bankozettel sich erwarb.

Hier darf wohl der Umstand erwähnenswert sein, daß dieser Mann nebst seinem geordneten Handelsbuche noch ein Buch führte, nämlich über sein Zehentgeben; er opferte den zehnten Teil seines Gewinstes an Arme und Wohltätigkeitsanstalten mit Gewissenhaftigkeit, als ob er für jeden Kreuzer von der weltlichen Behörde genau zu verzeichnen verantwortlich gemacht worden wäre, und dieses Buch führte er bis in seine letzten Jahre, in welchen er Geschäfte machte, fortwährend verzeichnend.

Das Jahr 1809 kam heran, und die französische Invasion wiederholte sich. Aber diesmal – vorsichtiger – schickte er Weib und Kinder, außer dem ältesten Sohn – damals vierzehn Jahre alt –, nach Trebitsch, wohin der Feind nicht gelangte, verbarg soviel er konnte in Bürgerhäusern und erlangte sogar durch Fürsprache seiner Freundin Rosenkranz, einer Kaufmannswitwe in Znaim, bei dem französischen General, daß man ihm vor seinen Keller in Edelspitz zwei Mann Salve-Guarde[1]) gab. Bevor die Feinde in Znaim einrückten, hatte er hier das Unglück, beim Durchgehen durchs städtische Rathaus von einem kaiserlichen Ulanen für einen Spion gehalten und fortgeführt zu werden. Als er aber vor dem Höckischen Haus vorüberging, öffnete er rasch das Haustor, sprang

---
1 Wache.

ins Vorhaus und lief hastig in demselben, sodaß, als der Reiter den Säbel ihm nachjagte, dieser zwischen den beiden Torflügeln steckenblieb. Im oberen Stock des Hauses zeigte er den Vorfall der Hausfrau an und flüchtete sich vom Dachboden bis auf das vierte angrenzende Haus, allwo er vier Tage verborgen blieb, bis von seiten der Franzosen ein Kugelregen ihn nötigte, den Ort zu verlassen, und bald darauf der Friede abgeschlossen wurde. (1809 Friede bei Znaim)

Die Jahre 1809, 1810, 1811 waren für ihn die ansehnlichsten. Als er aber dann in den Bankrott geriet, blieb von seinen dreißigtausend Gulden bloß der fünfte Teil übrig. Das Jahr 1811 hatte den vorzüglichsten Wein, und davon hatte er ein Quantum im Keller. Darauf kam das Jahr 1812, in welchem der Eimer achtundzwanzig Groschen Wiener Währung kostete, ja man gab sogar fürs Leihen eines Eimers Geschirr einen Eimer Wein, von welchem dieser Mann zweitausend Eimer einkellerte. Da aber in dem darauf folgenden Jahr der große Krieg der Verbündeten gegen Frankreich begann, so war die Furcht vor einer dritten Invasion groß, was zur Folge hatte, daß drei Teile dieses billigen Weines, weil der Wein durch die fünf nachfolgenden Jahre mißraten war und auf eine Höhe von sechsunddreißig Gulden pro Eimer sich steigerte, um einen Preis von drei Gulden verkauft worden ist.

Das Jahr 1812 war das letzte seiner glücklichen zu nennen, denn er mußte, den damaligen Landesgesetzen gemäß, in seine Muttergemeinde Misslitz zurückziehen, allwo er bis zum Jahr 1817 beinahe geschäftslos in dem Haus Nr. 59 im Markt Misslitz, welches er auf den Namen des Herrn Johann Höck erkaufte, wohnte. Nachdem er in den vorhergegangenen Jahren die Judengasse von ihrem seit urdenklicher Zeit aufgehäuften Schutt gesäubert hatte, sodaß man durch dieselbe ordentlich gehen und fahren konnte, und ein Rinnsal der ganzen Länge nach auf seine eigenen Kosten herstellen ließ, wurde er im Jahr 1817 zum Richter dieser Gemeinde gewählt. In dieser Eigenschaft schuf er viele schöne

Einrichtungen, zum Beispiel den Pumpenbrunnen, an mehreren Stellen der Gasse Laternen zur Beleuchtung der Winterabende, einige Wasserfässer samt Wagen für die Löschanstalt und dergleichen mehr. Allein – das Widersprechen von seiten zweier Gegner konnte er nicht ertragen, und er sah sich daher genötigt, nach Znaim zu übersiedeln, allwo er auf Zureden der Znaimer Bürger das dortige jüdische Trakteur-Haus[1]) um einen jährlichen Pachtschilling von tausendsiebenhundertzwanzig Gulden ohne Wohnung auf drei Jahre übernahm.

Dieses Geschäft zu führen war für unser Ehepaar eine schwierige Aufgabe, indem dieses gewohnt war, jeden Tag Freunde, Geschäftsleute und insbesondere Reisende an seinen Tische zu laden, ohne hiefür eine Belohnung auch nur im entferntesten anzunehmen. Daher geschah es, daß der größte Teil, überhaupt in erster Zeit, nichts für Kost und Quartier zu zahlen brauchte und infolgedessen ihr Vermögen zusammenschmolz, obschon Josef anderweitig viel verdiente. Bis zum Jahr 1827 behielt er die Trakteurie und von da bis 1829 war er Pächter der jüdischen Verzehrungssteuer, um in Znaim wohnen zu dürfen. Von 1829 zu 1830 übersiedelte er zum letzten Mal nach Misslitz, um hier seine Tage in Ruhe im Zirkel der Seinigen auf religiöse Weise verleben zu können. Auch schon durch die ganze Zeit seines Domizils in und um Znaim hatte er sich niemals – seinen strengen Glaubensgrundsätzen gemäß – an Sabbat und Feiertagen aus seiner Wohnung entfernt.

Das in der hiesigen Judengemeinde im Jahr 1823 neu aufgeführte Gemeindehaus ist ein Werk seiner Konsequenz für Schönes und Nützliches. Er hatte bei dieser Affäre viel zu kämpfen mit manchen der verschrobenen Köpfe, die damals als Vorsteher das Gemeindewesen leiteten, und mußte deswegen manches wider seinen Plan in diesem Gebäude Ausgeführte geschehen lassen, was

---

1 Garküche, Gastwirtschaft.

sich noch heute in demselben als unzweckmäßig herausstellt, ohne dieses ändern zu können. Sein Wesen war so wie sein Körperbau von regelmäßiger, stark gebauter Konstitution, rasch im Handeln, schnell im Auffassen, aber auch so schnell in seiner Ausführung, welches manches Nachteilige nach sich zog. Er war ein zärtlicher Gatte und Vater, obschon etwas streng, aber dennoch nachsichtig.

Sechs Söhne und drei Töchter zierten das Band der Ehe, von denen der älteste Gabriel nach seinem Urgroßvater mütterlicherseits, der zweite Wolf nach dem Urgroßvater väterlicherseits, der dritte Raphael genannt wurde, weil er in den sieben Trauertagen nach dem Ableben der Großmutter Selde geboren und demnach als Heilung und Ersatz für den herben Verlust in der Familie gelten sollte, nach dem hebräischen Text: „Adaunoi mauchez weraufe." (Gott verwundet, heilet aber wieder.) Der vierte wurde Michael genannt – er wurde in dem Monat geboren, als der Vater vom Ulanen als Spion aufgegriffen wurde und einige Tage ohne Nahrung auf dem Boden fremder Personen zubringen mußte –, nach dem hebräischen Text „Mi cho El Jeschurun bechol koreni elov?" (Wer ist wie Gott Israels, der mich erhört, so oft ich ihn anrufe?), der fünfte Daniel, was in verkürzter Zahl vierzehn bedeutet, der das vierzehnte Kind seiner Eltern war, der sechste Israel, geboren nach deren Rückkehr nach Misslitz im Jahre 1814, nach dem Wahlspruch „Ad kan esri El, mikan veelech jisreni El." (Bis hierher hat mir Gott beigestanden, und er soll mir auch ferner seine Hilfe nicht entziehen.)

Die Geschwister –

... sechs Söhne und drei Töchter

Der älteste, Gabriel, in einem Handelshause in Znaim mit manchen Geschäftswissenschaften bekannt gemacht, war mit gesundem Menschenverstand begabt, war fähig, für Verwandte und Freunde Opfer zu bringen, war besonders gastfreundlich und, was über allem war: Es muß sein Benehmen als Gesellschafter besonders hervorgehoben werden. Er verheiratete sich mit Rebeka, Tochter des Gabriel Löwenstein in Groß-Meseritsch, welcher als Bruder des Großvaters Ahron Beer mithin dessen Großonkel war, und manch gute Eigenschaft besaß. Weil dieses neuvermählte Paar nach seiner Verehelichung nach Groß-Meseritsch seinen Wohnsitz versetzte, allwo die Gesellschaft nicht für unseren jungen Mann die gewählteste war, und er als Kompagnon in schlechte Hände geriet, mußte er sein Leben lang mit Widerwärtigkeiten kämpfen. Er hatte sechs Söhne und eine Tochter zu ernähren und starb, nachdem er zwei Jahre zuvor das Augenlicht verloren und das Wohlergehen der Mehrzahl seiner Kinder erlebt hatte, im Alter von sechzig Jahren am 27. Elul 5615 nach Erschaffung der Welt [1855].

Die Söhne Wolf und Michael, Brüder des ersteren, welche beide mit gutem Herzen begabt waren, endeten unverheiratet ihren Lebenslauf mit besonders gutem Nachruf in der trüben Cholera-Zeit des Jahres 1833 im Zwischenraum von acht Tagen, was ihre Mutter tief beugte. Ersterer starb am 13. Ab 5593 und letzterer am 22. desselben Monats und desselben Jahres.

Nachdem es der Wunsch des Vaters Josef war, diesen zwei unverheirateten Söhnen auf irgendeine Art ein Denkmal oder eine Stiftung zu errichten, so erfüllte der Sohn Raphael diesen Wunsch dahin, daß er im Jahre 1868 für beide Brüder eine Stiftung machte, wonach dem

Misslitzer jüdischen Lokalschulfonds eine 100-Gulden-Rente mit den hievon entfallenden jährlichen Zinsen von zwei Gulden vierzig eloziert wurde, mit der Bestimmung, daß für vorbenannte zwei Gulden vierzig alljährlich im jüdischen Monat Ab hebräische Lehrbücher angekauft, der hiesigen Schulbibliothek einverleibt und den unvermögenden Eltern für ihre Kinder zum Unterricht geborgt werden sollen. Dem Schulvorstande und den Nachkommen liegt die Überwachung ob. Es muß auf dem Titelblatt jedes der gekauften Bücher der Wunsch des Stifters ausdrücklich jedes Jahr verzeichnet werden, da ich die traurige Erfahrung machte, daß für das Jahr 1872 keine Bücher angeschafft wurden, und ich nachträglich dieses reklamieren mußte.

Die älteste Tochter, Betti, heiratete Joachim, Sohn des Abraham Hermann Lindner in Durchlaß, und hatte bis zu ihrem Ende mit Mißgeschick zu kämpfen. Sie starb an der Cholera des Jahres 1855, am 6. Tischra 5616 nach Erschaffung der Welt, mit dem guten Ruf, für die leidende Menschheit viel geleistet zu haben.

Die zweite Tochter, Fani, welche an Karl, Sohn des Markus Weininger, nach Ungarn verheiratet worden ist, war in ihrer Ehe zwar in pekuniärer Beziehung etwas glücklicher, aber desto schlimmer wurde sie von der Behandlungsweise ihres Mannes und später ihrer zwölf Kinder mitgenommen. Sie war außerordentlich mildtätig, gab oft über ihre Vermögensverhältnisse und war fortwährend bemüht, Bedürftigen und Notleidenden mit allem Möglichen Beistand zu leisten. Sie starb am 16. Ijar 5616 [1856], von ihrer Familie und vielen Auswärtigen beweint und betrauert.

Die dritte Tochter, Katti, welche mit Wolf, Sohn des Misslitzer Onkels Moses Kramer, verehelicht wurde, war zwar auch in pekuniärer Art glücklich, aber, was Achtung und Liebe von ehelicher Seite betraf, ebenso unglücklich wie ihre beiden Schwestern. Von der Natur und von den Eltern mit gutem Herzen begabt, stieß sie bei der Hartherzigkeit ihres Mannes auf immerwährenden Widerspruch und mußte erleben, daß keines ihrer sechs Kinder ihren Wert erkannte, während sie allgemein geschätzt wurde. Die Geschichte des dritten Sohnes, Raphael, folgt ausgebreiteter zum Schluß nach.

Der fünfte Sohn, Daniel, verehelichte sich mit Juli, Tochter des Ahron Jokl in Iritz. Als Bäcker übersiedelte er nach Ungarn, im Jahre 1860 kehrte er aber wieder nach Misslitz zurück und übte hier einen Mehlhandel mit Schwarzbäckerei aus. Sein Leben und Wirken hat wenig Bemerkenswertes, die Ehe ist kinderlos. Er ist von phlegmatischem Temperament, jedoch freigebig und mildtätig.

Der sechste und jüngste Sohn, Israel, verehelichte sich mit Fani, Tochter des hiesigen Jacob Leb Bruckner. Von Profession ein Schuhmacher, mußte er schon in seinen Wanderjahren dieses Geschäft aufgeben und wendete sich dem Handel zu. Obschon mildtätig, ist er der einzige in der Familie, welcher die größte Teilnahmslosigkeit für alles und jedes an den Tag legt. Sein Gewerb, den Eisenhandel, betreibt er in Znaim, wohnt aber, um seinen Kindern den jüdischen Religionsunterricht nicht zu entziehen, in Misslitz.

Nachdem nun Vater Josef seine sieben Kinder verheiratet hatte, seine Gattin, welche am 17. Adar 5601 [1841] in eine schönere, für ihre gutmütige Seele zu erwartende Welt übergegangen war, um dreizehn Jahre überlebte, während welcher Zeit er bei seinem Sohn Raphael lebte, brachte er die letzten zwei Jahre ungeduldig und mit schlaflosen Nächten zu, und hauchte nach vierzehntägigem Krankenlager im siebenundachtzigsten Lebensjahr am 8. Schewat 5614 [1854] seinen irdischen Geist aus. Hier an diesem Manne bewährt sich der Spruch: „Secher zadik liwrochoh." (Der Fromme wird immer zum Guten genannt.) Seine Sprichwörter, seine Maximen, leben in aller Mund, die ihn kannten und umgaben, fort. Kein Tag vergeht, an welchem nicht viele die von ihm übernommenen Sprüche wiederholen und seiner gedenken. Die Familie hat an ihm einen der Ehrbarsten, die Gemeinde einen ihrer würdigsten Mitbürger, die Armen einen der Mildtätigsten verloren. Sein Leichenbegängnis war von Angehörigen aller hier vertretenen Konfessionen, auch der katholischen und der reformierten Kirche, begleitet, und die Armen – ohne Unterschied der Religion – wurden von seinem Sohn Raphael durch ihre Seelsorger mit Almosen in Geld beteilt. Sein Schlagwort war: „Boruch hanaussen lajoef kauach." (Gelobt sei, der dem Schwachen Kraft verleiht.)

Raphael König –

... jener lebhafte und rege Geist

Hier wollen wir die Biographie des oben zurückgelassenen dritten Sohnes, Raphael, geboren 1808, verzeichnen. Dieser hatte das Naturell seines Vaters, weswegen er auch von demselben geliebt wurde. Die ersten vier Jahre in seinem Geburtsorte Edelspitz verliefen – einige bestandene Lebensgefahren abgerechnet – ohne besonders beachtenswerte Ereignisse. Von 1812 an besuchte er die Misslitzer jüdische Trivialschule und wurde im jüdischen Unterricht von einem Hauslehrer unterrichtet bis 1817, als die Eltern nach Znaim übersiedelten. Er war ein Schüler, der leicht aufgefaßt hat. Da aber die damalige Methode den Geist des Kindes nicht zu wecken verstand, vergaß der Jüngling das Gelernte wieder. In seinem zehnten Jahr verließ er den Unterricht, ohne den gehörigen Nutzen geschöpft zu haben. Durch die strenge Religiosität des Vaters wurde ihm nicht erlaubt, in der Stadt die öffentliche Schule zu besuchen, und er mußte auch hier wieder von einem um drei Jahre älteren beigegebenen Lehrer ohne alles Wissen, der nichts gelernt hatte und nichts lehren konnte, im Hebräischen und in deutschen Gegenständen den kärglichen Unterricht nehmen. Er mußte demnach bis zu seiner Konfirmation,[1]) welche im vollendeten dreizehnten Jahr erfolgte, den für jenen lebhaften und regen Geist bei weitem nicht ausreichenden Unterricht zusammen mit seinen drei jüngeren Brüdern mitmachen, ohne hievon auch nur den geringsten Nutzen geschöpft zu haben, außer daß er lesen und schreiben lernte, ohne jedoch die Grammatikregeln weder der einen noch der anderen Sprache zu kennen.

Am Konfirmierungssamstag wurde er nach Misslitz entsendet, um hier sein Gelöbnis der Religionsgrundsätze abzulegen, und bei seiner Rückkunft wurde er nach Anordnung seiner Eltern einem guten Freunde, Kopl Schulhof aus Pfauendorf bei Iglau, zum Erzieher seiner Kinder mitgegeben. Es kann sich nur derjenige mit der Idee eines solchen Entschlusses befreunden, der die damalige Zeit gekannt hat und der die Verhältnisse der Lehrer und der Eltern nebst ihren Kindern gegenüber diesen Lehrern genau in Erwägung gezogen hat. Auf diese Weise nun wurde unser dreizehnjähriger Knabe Erzieher und Lehrer von zwei Knaben und sieben Mädchen volle neun Monate.

Lehrzeit –

*... daß er sich entschlossen habe,
eine Profession zu erlernen*

Allein – es erwachte in ihm ein anderer Geist. Er fing an zu begreifen, daß dieses nicht der Stand war, der ihn zu

---

1 Bar Mizwa, Großjährigkeitsfeier.

etwas Vollkommenem heranbilden konnte, indem er seine Schwäche in diesem Fach fühlte, und so schrieb er seinen Eltern, daß er sich entschlossen habe, eine Profession zu lernen, zu welchem Zwecke er sich deshalb nach Hause sehne. Der Vater, diesem Unternehmen nicht abhold, berief ihn sogleich nach Hause und legte ihm die Wahl eines Geschäftes vor. Besondere Neigung zum Basteln zog ihn zur Schlosserei. Gesagt, getan. Er wurde zum Zunftvorsteher, Ignaz Mitscha in Znaim, in die Lehre gegeben, bei welchem er weder Kost noch Quartier empfing, sodaß er von Freitag abend bis Montag 5 Uhr früh, außer der sonntägigen Aufräumungszeit, seinen Eltern disponibel war.

Die zwei ersten Lehrjahre schon waren für ihn eine Lebensschule. Er mußte sehr oft von den Gesellen, die ihrer acht bis zehn in der Werkstätte arbeiteten, die gröbsten Insulte als Jude aushalten, mußte – für seinen schwachen Körperbau unangemessen – die schwersten Arbeiten von 5 Uhr früh bis 12 Uhr nachts verrichten, sodaß er oft an Samstagen und Sonntagen mit einem Buch in der Hand der Ruhe an der Ofenbank sich hingab. Aber was vermag nicht der eiserne Wille! Noch im dritten Lehrjahr wollte ihn der Vater dieser schweren Arbeit, der er zu unterliegen fürchtete, entziehen. Vergebens stellten ihm Eltern und Geschwister, Freunde und Bekannte die unübersteiglichen Hindernisse dieses für seine schwache Konstitution schwierig zu erlernenden Geschäfts vor, ja es wurde ihm sogar von seiten der Eltern der fernere Eintritt in die Lehre untersagt und versprochen, ihn in einem ordentlichen Handlungshaus unterzubringen. Dieses alles half nichts. Der Schlosserlehrling schlenderte jeden Morgen um 4½ Uhr der unteren Böhmgasse zu und wartete auf dem Sitzstein vor des Meisters Wohnung, bis die Glocke zum Anfangen der Arbeit ihre Resonanz hören ließ.

Die Geduld und Ausdauer führte ihn in das dritte Lehrjahr, und er wurde zur Feilbank gestellt, allwo er allmählich seine Geisteskräfte sich entwickeln sah und infolge dessen der Gunst seines Meisters sich erfreuen konnte. Von dem damaligen Znaimer Spießbürgertum angestaunt und teils mit Scheelsucht angeblickt, ward er doch von vielen derselben geachtet und geschätzt, weil es der damaligen Zeit vorgegriffen hieß, einen zarten jüdischen Jüngling mit Schürze und Pantoffeln, geschwärzt an Gesicht und Armen, tagtäglich wandern zu sehen, ohne daß ihn Physiognomie oder Dialekt zum jerusalemitischen Abkömmling stempelten. Und welchen Eindruck dieser Bursche auf unsere von Prag und Wien durchreisenden Glaubensgenossen machte, ist bemerkenswert.

... in der königlichen Stadt Znaim zunftmäßig aufgenommen

Die Lehrzeit ging zu Ende, er wurde nach damaliger Sitte bei offener Zunftlade in Versammlung aller Zunftgenossen vom Kommissär Magistratsrat Datlitz freigesprochen, mit den Normalien[1]) des Handwerks bekannt gemacht und von letzterem mit dem Schlußwort angesprochen: „Sie sind der erste und vielleicht auch der letzte Israelit, dem das Glück zuteil wird, hier in der königlichen Stadt Znaim zunftmäßig aufgenommen zu werden", worauf jenem von dem neu eintretenden Gesellen die auf bescheidene Weise erwiderte Antwort wurde, daß dieser nicht der letzte sein wolle, weil er noch drei jüngere Brüder habe, welche gewiß sich auch wie er dem Handwerksstande widmen werden, welches auch nachträglich geschehen ist.

Ein volles Jahr blieb er nun als Geselle bei seinem Lehrmeister gegen einen entsprechenden Lohn, ward von seinen Nebengesellen aufs freundlichste behandelt und wußte trotz seiner Jugend sich die Achtung der alten Gesellen zu erwerben. Nicht unerwähnt möge der Um-

---

1 Ordnung.

stand bleiben, daß er unter dreihundert Lehrjungen die Wiederholungsschule an Sonntagen besuchen mußte und bei dieser Kaste der Tonangeber dieser feinen Sippschaft war. Keiner dieser großen Anzahl durfte ihn seiner Religion halber beleidigen, weil er sich sonst den gröbsten Insulten aller übrigen ausgesetzt hätte.

Das erste Gesellenjahr war um, und der ältere der beiden Söhne des Lehrmeisters war nach Hause gekommen, ein stiller und guter Mann, während sein jüngerer Bruder ein auffahrender Tollkopf war. Diese beiden Brüder konnten nicht harmonieren, und so wurde unser jüdischer Nebengeselle oft in Streitigkeiten ohne dessen Veranlassung mitverwickelt, welches ihn zwang, seinen Geburtsort zu verlassen und die Welt zu besuchen. Von da weiter wollen wir ihn laut seinem Tagebuch selbst die Sprache seiner Begebenheiten und Erlebnisse führen lassen.

Wien –

*Bald war mein Meister
von meiner Willfährigkeit überzeugt*

Mein größter Wunsch war, die Welt zu besuchen, die verschiedenen Gegenden kennenzulernen, und da ich von meinem zwölften bis zum siebzehnten Jahre Topographie und Reisebeschreibungen mit besonderer Vorliebe unablässig gelesen habe, so war es mir umso leichter und willkommener, nach dem Austritt aus meiner Lehrzeit und einem einzigen Gesellenjahr von meiner Vaterstadt Znaim mich in den Wirbel der großen Welt hinaus zu begeben.

Im Jahre 1826, acht Tage nach dem Osterfeste, sollte ich nach Wien – als erstes Ziel meines Vorhabens und zugleich als Schule meiner industriellen Ausbildung – gehen, wozu sich Gelegenheit darbot, da nämlich eine Familie aus Triesch nach Wien übersiedelte und mein väterliches Haus zum Nachtquartier wählte. Meine Aufforderung, mich ihnen anschließen zu dürfen, wurde mit Vergnügen angenommen. Um 4 Uhr morgens wurde ich von meinen Eltern mit den Segenswünschen entlassen. Mein Vater begleitete mich bis zum Hausflur, mit Tränen in den Augen den Mahnruf wiederholend: „Sei brav und religiös, denke an Deine Familie, und entferne dich vorläufig nicht zu sehr von uns!"

Für mich war, wie oben bemerkt, die Trennung nicht schwer, und so fuhr ich mit meiner Reisegesellschaft bis zum Abend nach Stockerau, allwo unser Nachtlager aufgeschlagen ward. In aller Frühe gings nach Korneuburg, allwo ich, um mein Reisedokument bei dem dortigen Kreisamte vidieren zu lassen, zurückbleiben mußte. Von da fing ich an, die Beschwernisse des Handwerkslebens zu fühlen, indem ich mein Felleisen,[1]) worin sich meine ganze Wäsche und meine Kleidungsstücke befanden, von da bis Wien auf meinem Rücken tragen mußte. Diese erste Probe war zwar in einigen Stunden überstanden, eine Anweisung auf ein Privatquartier hatte ich auch, aber des anderen Tages in dem großen Wien Arbeit finden und dazu einen Meister, der mir die Kost bezahlen, den Sabbat frei lassen und mehr dergleichen übersehen sollte – wo wäre ein solcher ausfindig zu machen.

Dies war nun die zweite Probe. Ich wendete mich an mehrere mir bekannte Geschäfts- und Handelsleute in dieser meiner Angelegenheit, aber niemand konnte mir meinen Wunsch befriedigen, bis ich zufälligerweise zu Isak Lichtenstern geriet, welcher im Lazenhof wohnte. Ich brachte mein Anliegen mit Wehmut vor, und er war so

---

1 Reisesack des wandernden Handwerksburschen.

freundlich, mich bei dem im selben Hause wohnenden Schlossermeister Franz Borschitzky unterzubringen. Dieser Meister war ein geborener Slowak, konnte wenig lesen und nicht schreiben, war aber – was Genie anbelangt – ein ausgezeichneter Kopf.

Wohl mußte ich die erste Zeit mit einem fünfzehnpfündigen Hammer als Helfer beim Amboß arbeiten, welches mir aber, da ich einmal untergebracht war, mit Geduld auszuführen gar nicht schwerfiel. Bald war mein Meister von meiner Willfährigkeit überzeugt, und ich wurde um eine und zwei Rangstufen gehoben. Mit der Verköstigung hatte ich Glück, ich geriet im nämlichen Hause zu einem Trakteur David Schehnfeld, welcher ein Freund der jüdischen Professionisten war und mir infolge seiner Achtung gegenüber meiner schweren Arbeit Mittags- und Nachtkost per Monat à sechzehn Gulden verabreichte. Quartier hatte ich beim Meister, und dieses im Keller in einem feuchten und dumpfen Gemach, sodaß es kein Wunder war, wenn meine gewöhnlich so gesunde Landfarbe in eine Totenblässe verwandelt wurde.

Ich bemerkte, daß ein Mann öfters des Tages des Meisters Zimmer mit Papier und Tinte unterm Arm besuchte, und als ich nach der Ursache dieses Besuches fragte, wurde mir die Antwort, daß, da der Meister des Schreibens unkundig ist, er einen eigenen Menschen besolden müsse, der seine Rechnungen, Konti etc. schreiben muß. Ich machte mich anheischig, diese Arbeit in Feierstunden, soviel ich zu leisten imstande war, zu übernehmen, und es wurde mein Antrag mit soviel Vergnügen angenommen, daß, da ich nach kurzem viele Arbeiten selbst zu taxieren imstande war, dieses von umso größerem Wert war.

Nach einiger Zeit stellte ich in dem Daumischen Weinhaus eine Zugmaschine auf, mit welcher man die Flaschen und Krüge vom Keller zur Kellnerei befördern konnte, ohne daß man sich der Treppe auf- und abwärts zu bedienen brauchte. Diese war bereits fertig, als ein Kellner zu mir trat mit der Bitte, ich möge ihn auf die

Zugmaschine setzen lassen, damit er auf kürzerem Wege in den Keller gelange. Dieses hörte der untenstehende Bursch, zog das Seil schnell an, um ihn jetzt hinunterzuziehen. Ich war auf diese Schnelligkeit nicht gefaßt und wurde vom entgegengesetzten Teile an der Schläfe so stark gestreift, daß ich rücklings fiel und in Ohnmacht liegenblieb, bis einige der Umstehenden mich mit Wasser zu mir brachten und ich die unbedeutend scheinende Wunde verband.

Um Mitternacht war mein Kopf angeschwollen, der Schlaf geschwunden, und ich fühlte mich so krank, daß ich genötigt war, meinen Arzt, den angehenden Medicinae Doktor Beer, zu Hilfe zu rufen, welcher mich sofort mittels Fiaker ins israelitische Spital bringen ließ. Hier entwickelte sich meine Krankheit, und ich wäre einer Hirnerschütterung unterlegen, wenn nicht die besondere Pflege und Anordnung der Ärzte mich gerettet hätten. Obzwar in den ersten Tagen bewußtlos, erfreute ich mich nach überstandener Krisis desto mehr der vielen Freunde, die sich um mein Befinden von Stunde zu Stunde bekümmerten, wahrlich ein Akt, der mich in meinem Leiden sehr oft zu Tränen rührte, wenn ich wahrnahm, wie sich Familienväter angelegen sein ließen, jeden Tag sich um den Fortschritt meiner Genesung zu erkundigen. Hier lernte ich den Wohltätigkeitssinn der großen Wiener Israeliten kennen. Es war in den zehn Bußetagen,[1] und es verging keine Stunde, in welcher nicht entweder der Prinzipal des Hauses mit seinem Diener oder dessen Frau mit ihrer Zofe im Krankenzimmer erschienen, an jedem Bette den Kranken teils Erfrischungen, teils feine Bäckerei schenkten, je nachdem es dem Kranken erlaubt war, davon zu genießen. Nebstdem gab es eine Summe Geldes von fünfzig Kreuzer bis zwei Gulden. Auch brachte

---

1 Zeit zwischen Rosch-ha-Schana, dem jüdischen Neujahrsfest, und Jom Kippur, dem Versöhnungstag, zu Beginn des Monats Tischri (September/Oktober).

manche Frau einem jeden Kranken Leibeswäsche, die ihm als Rekonvaleszent als sein Eigentum übergeben wurde.

Halb genesen verließ ich das Spital und mietete mir ein Bett im nämlichen Hause, wo ich in Arbeit stand, erhielt auch das nötige Bettzeug hiezu von meinen Eltern, um mich nicht wieder in meiner alten Schlafstelle im Keller einquartieren zu müssen. Bis zu dieser Zeit wußte die Polizei von meiner Anwesenheit noch nichts, weil mein Meister mit den Gesetzen zuwenig bekannt war, um mich als Israeliten bei der Polizei zu melden. Mein Quartierherr, der den Tageszettel dahin sendete, in welchem ich als Geselle bei N. N. in Arbeit stehend vorkam, erhielt nun nebst mir und meinem Meister eine Vorladung, bei welcher Gelegenheit dem letzteren ein Vorwurf gemacht wurde, warum er einen jüdischen Gesellen in Arbeit genommen habe, ohne daß von ihm bemerkt worden wäre, daß er solches höheren Ortes hätte anzeigen sollen. Diese Rüge war für mich wie ein Dornstich, und ich konnte mich einer Antwort nicht enthalten. Den Kommissär fragte ich: „Wenn kein Meister in Wien einen jüdischen Gesellen annehmen darf, wo soll sich dann der jüdische Geselle ausbilden, um einst als ein nützlicher Mitbürger allerorts verwendet zu werden?" Darauf ward mir von dem Kommissär die genügende Antwort zuteil, daß er keineswegs gegen die Aufnahme eines jüdischen Gesellen ist, aber daß die Anzeige bei der Behörde als unerläßlich erscheint. Infolge dieses Aktes wurde mir nach damaliger Art alljährlich ein Dekret von der Regierung zugemittelt, worin zwar vermerkt war „unentgeltlich", ich dennoch jedes Jahr drei Gulden dreißig entrichten mußte.

Es war diese Zeit für unsere Glaubensgenossen eine herbe. Es durfte sich kein Jude länger als vierundzwanzig Stunden in Wien aufhalten. Jeder Großhändler mußte für seinen vierzehntägigen Aufenthalt vier Gulden und jeder Kleinhändler zwei Gulden zahlen.

Meine Übersiedlung ins neue Quartier hatte seine guten Folgen. Hier stand mir sowohl hebräische wie auch deutsche Literatur zu Gebot. Ich konnte mir Bücher wählen nach Herzenslust, und mein Hang zum Lesen trug viel dazu bei, daß ich zum Teil das in meiner Jugend zu wenig Gelernte nachholte. Hiedurch, wie auch dadurch, daß ich alle Konti und Rechnungen meines Meisters führte und verfaßte, bekam ich eine Praxis, die ich benutzte und die mir in der Folge sehr zustatten kam. Eine geraume Zeit verstrich, in welcher ich von meinem Meister nicht nur keinen Lohn erhielt, sondern sogar für manches Vorgeschossene keine Rückerstattung erhalten konnte, und es häufte sich diese Ziffer auf hundertzwanzig Gulden an. Meinen Respekt wollte ich gegen ihn nicht verlieren, und so mußte das Unvermeidliche geschehen, nämlich eine gerechte Klage, welcher mein Austritt aus der Arbeit voranging. Bei der Tagfahrt,[1] welche binnen vierundzwanzig Stunden erfolgte, wurde mein Meister von den amtierenden Beamten stark aufs Garn genommen, und er verpflichtete sich, diesen Betrag bei Exekutionsvermeidung binnen einigen Wochen zu bezahlen, von deren Unmöglichkeit ich im voraus überzeugt sein konnte, da ich dessen Vermögensverhältnisse genauer kannte als er selbst. Ich trat nach Altlerchenfeld in Arbeit, behielt mein Quartier und Kost in der Stadt Nr. 500 bei, nur mit dem Unterschiede, daß ich bloß des Abends zurückkehrte und des Morgens wieder in die Arbeit ging.

In Compagnie mit meinem Meister

So verstrichen einige Sommermonate, und es sollte mein früherer Meister des rückständigen Hauszinses halber gepfändet werden. Dieses ahnend, ließ er mich an einem Feiertag zu sich rufen, erklärte mir, daß er meine Leistungen zu würdigen wisse, sagte mir einige für mich

---

1 Verhandlungstermin.

als jungen Leker¹) schmeichelhafte Ausdrücke und trug mir an, daß ich in Compagnie mit ihm treten sollte, jedoch mit dem Vorbehalte, daß ich auch beim Hausherrn auf den rückständigen wie auch auf den laufenden Hauszins in Raten zu zahlen mich verpflichten müßte, wogegen ich mir ausbedang, daß er keinen Geldbetrag, unter welchem Titel auch immer, ohne mein Einvernehmen einkassieren darf. Gesagt, getan. Unser Vertrag ward abgeschlossen. Zur Sicherheit wurde mir das Werkzeug im Vertrage als verkauft angesetzt, und ich mußte mich dagegen beim Hausherren verschreiben.

Die erste Zeit ging alles nach Wunsch, und wenn ich auch kein Vermögen erworben hatte, war es mir doch zum Vergnügen, meinen Meister bei seinem Stand erhalten zu haben, und ich wurde dadurch in meiner Profession sehr praktiziert. Ich wurde auch dadurch allenthalben geliebt und geschätzt: bei meinen Glaubensgenossen, weil ich in der damaligen Zeit der einzige war, der sich eines schweren Handwerks unterzogen hat, bei der christlichen Bevölkerung dadurch, weil sie in mir den festen Willen und die strenge Religiosität hoch achteten.

Allein – nicht lange sollte dieses dauern, und mein Compagnon holte sich Gelder zur Schlemmerei, ohne mich zu verständigen. Dadurch wurden manche unserer besten Kundschaften überdrüssig, mit uns in Verbindung zu stehen. Auch die Arbeit ließ etwas nach, und so waren die paar gewonnenen Kreuzer, welche ich im Geschäft belassen hatte, bald wieder aufgezehrt und vergeudet. Die Folgen blieben nicht aus. Wir wurden beide auf den Zins gefordert, eingeklagt und vorgeladen. Mir blieb nichts übrig, als mich einem Rechtsfreund, mit dem ich öfter gearbeitet hatte, anzuvertrauen, der mir in dieser Sache einen guten Rat erteilen sollte. Diese Männer sind, wenn sie es ehrlich meinen, in ihrem Scharfsinn unübertrefflich, und so war nach meiner Erzählung seine erste Frage nach

---

1 Unerfahrener Junge.

meinem Alter. Ich zählte damals erst mein einundzwanzigstes Lebensjahr und war sonach laut dessen Ratschlag nicht verpflichtet, das zu bezahlen, wozu die Verhältnisse laut meiner Unterschrift mich verhalten sollten. Bei der ersten Tagfahrt zeigte ich an, daß ich unmündig bin, daher zu dieser Zahlung nicht verhalten werden kann, insbesondere wies ich nach, daß ich nur dann zahlungspflichtig wäre, wenn nachgewiesen wird, daß mein Compagnon zahlungsunfähig ist. Dieser letzte Grund ward als unzulässig befunden, desto größeres Gewicht ward auf ersteren gelegt. Nun wollte dem Beamten wie auch dem Kläger nicht eingehen, daß ich erst einundzwanzig Jahre alt sein sollte. Dieses mußte ich amtlich nachweisen, und so wurde ich dispensiert. Dieses versetzte meinem Compagnon den Todesstoß, während ich mit meiner Forderung von hundertfünfzig Gulden in der Luft hängenblieb.

Ich trat zu F. Sawischa in der Kohlmessergasse, einem Anfänger, in Arbeit, zog die meisten Kundschaften an ihn und war hier zufrieden mit meinem Lose – bis auf den obigen Betrag, den ich teils meinen Eltern und teils meinen Gönnern in Wien schuldete, welches mich in immerwährender Besorgnis anspannte. Da ich in anderweitiger Werkstätte arbeitete und in meinem Schuldner, der mir zu Dank verpflichtet war, das Gewissen erwachte, mir die geleisteten Dienste teilweise zu ersetzen, ließ er mich rufen und schätzte mit mir zusammen seine an mich verpfändeten Werkzeuge ab – freilich viel teurer als der Normalwert – und übergab sie mir, die ich auch sofort nach Hause besorgte und die später eine Quelle meines Nahrungszweiges wurden.

Zurück in der Heimat –

... und mir vom Kreisamt infolge dieses Bescheides das Meisterrecht erteilt

Es war Bestimmung, daß ich nicht in die große Welt gehen, sondern nach Hause zurückkehren sollte, vielleicht deshalb, um meinen Eltern in ihrem Greisenalter als Stütze zu dienen. Im Jahr 1830, nach dem Wochenfeste,[1] ging ich in meine Heimat nach Misslitz, allwo mir meine Eltern, obschon in Znaim noch wohnend, in ihrem Hause Nr. 95 am Markte eine Werkstätte und Wohnung einräumten. Den Gesetzen gemäß richtete ich an das Oberamt ein Gesuch um Bewilligung des Meisterrechts und legte meine Zeugnisse bei. Allein – es dauerte ein halbes Jahr, und kein Bescheid erfolgte. Ich beratschlagte mich mit meinem Vater in Znaim und erhielt den Auftrag, den Oberamtmann anzugehen, er solle mir entweder einen bewilligenden oder einen abweislichen Bescheid erteilen, in der Hoffnung, daß ich vom Kreisamte die Bewilligung ohne Anstand erhalten werde. Aber – wie teuer und unangenehm mußte ich diesen voreiligen Schritt bezahlen! Der Grundherr von Hopfen, ein alter Mann, hatte über solche Entscheidungen den Ausschlag zu geben, und er ließ mich abweislich bescheiden, aus dem Grund, weil der Ortsbedarf ohnehin mit Schlossermeistern versehen wäre. Dieses war hinreichend, mich auf zwei Jahre herumzuziehen, während welcher Zeit ich arbeiten konnte, aber keineswegs eine offene Firma haben durfte.

Vom Kreisamte her war keine Gunst zu erwarten, weil dieses in Gewerbesachen keine Behörde war, weshalb ich mich an das Gubernium Brünn wendete. Der Bescheid wurde mir abweislich ausgestellt, weil ich den Nachweis

---

1 Schawuot, das mittlere der drei großen Ernte- und Wallfahrtsfeste des Jahres. Es wird am 6. und 7. Siwan (Mai/Juni) gefeiert.

der Militäruntauglichkeit nicht lieferte. Demnach mußte ich mich einer Militärkommission unterziehen, bei welcher mir das Zeugnis „für den Dienst untauglich" erteilt wurde. Ich glaubte nun, mein erstes Gesuch hiemit hinreichend ergänzt – und wurde abgewiesen. Ich ließ mich das zweite Mal privat assentieren, und es wurde mir ein Zeugnis „zum Feuergewehrstand untauglich" ausgefertigt. Auch infolge des letzteren wurde ich vom Gubernium abgewiesen. Ich ging persönlich nach Wien zum k. k. Hofrat Nadherny, der als gerecht galt und für jüdische Professionisten Sinn hatte, dem ich vorstellte, daß ich von sechs Söhnen der erste sei, der jetzt zum Meisterrecht mit hinreichenden Zeugnissen gelangen wolle und mit so vielen Hemmnissen zu kämpfen habe, daß deshalb Juden, denen man ohnedies eine Scheu vor schwerer Arbeit zum Vorwurf macht, zurückschrecken werden, wenn ihnen so viele Hindernisse in den Weg gelegt werden, worauf mir die Antwort gegeben ward, daß dieses ein allgemeines Gesetz sei und nicht bloß meine Glaubensgenossen betreffe. Es wurde mir daher der Bescheid, daß ich mich bei der nächsten Assentierung vorstellen müsse. Demzufolge wurde ich assentiert, als untauglich zu allen Militärdiensten befunden und mir vom Kreisamt infolge dieses Bescheides das Meisterrecht erteilt.

Heirat –

... daß ich mir eine Ehehälfte auszusuchen hätte

Das Jahr 1833 brachte eine Erneuerung der Normen zur Erlangung einer Familienstelle der mährischen Judenschaft,[1]) welche mir einige Aussicht zur Verheiratung erscheinen ließ. Da nachgeborene Söhne bloß in Ermangelung der Erstgeborenen an die Reihe kommen durften, beteiligte ich mich als Kompetent[2]) und erhielt nach Ablauf von drei Jahren die Bewilligung zum Heiraten.

Das Jahr 1832 war eines der traurigsten unserer Familie, da wir den Onkel Wolf König, den Bruder meines Vaters, in der Cholera-Epidemie von uns hinweggerafft sehen mußten, an welchem wir einen Freund verloren, desgleichen kein zweiter ihm anzureihen war, der fähig war, sein alles für uns aufzuopfern. Er starb in meinem Arm. So stark war meine Achtung und Liebe zu ihm, daß ich selbst die Epidemie nicht scheute und ihn bis zum letzten Atemzug nicht verließ. Sechs Monate darauf erfolgte der Tod meiner zwei Brüder Wolf und Michael, welcher unsere Mutter tief erschütterte. In eben diesem Jahre verfertigte ich für Lomnitz für die Synagoge ein Almemor[3])-Gitter um den Preis von zweitausendzweihundert Gulden, welches die Gebrüder Eisler daselbst aus eigenen Mitteln bezahlten. Außerdem ließ die Gemeinde auf ihre Kosten die Stellagen für die Wachslichter machen, und ich hatte die Freude, meine Arbeit als allgemein anerkannt befunden zu sehen.[4])

Die Jahre 1834, 1835 und 1836 verliefen ohne bemerkenswerte Ereignisse, bis auf das Bestreben, daß ich mir eine Ehehälfte auszusuchen wünschte, die mit mir harmonieren, mit meinem kleinen Erwerbszweig sich begnügen und meine Eltern, welche sich das Wohnungsrecht bei Abtretung des Hauses Nr. 95 an mich vorbehalten hatten, in friedlicher Eintracht schätzen und ehren werde. Über

---

1 Die Zahl der jüdischen Familien war in Mähren durch Gesetz auf fünftausendvierhundert beschränkt. Vgl. oben S. 49.
2 Bewerber.
3 Erhöhte Tribüne in der Synagoge, auf der die Thora verlesen wird.
4 Über das als besonderes Kunstwerk bekannte Almemor-Gitter der Synagoge in Lomnitz Hugo Gold, Geschichte der Juden in Lomnitz, in: Derselbe (Hg.), Die Juden und Judengemeinden Mährens, S. 309.

allem war es mir darum zu tun, Zufriedenheit zu erlangen, da ich aus den Erlebnissen in Wien sehr wenig, ja, ich möchte sagen, gar keine zufriedene Ehe in den Zirkeln, wo ich Gelegenheit hatte, meine Beobachtungen anzustellen, kennengelernt hatte. Dieses nun war mein Hauptaugenmerk, und eben deshalb suchte ich in den Mittelschichten und fand in einem unserer Verwandtenhäuser ein Mädchen von sechsundzwanzig Jahren, die bescheidene Ansprüche zu haben schien auf einen eingezogenen Lebensunterhalt im elterlichen Hause, da der Vater ein Hausierer in Brünn war und sich nach Eibenschitz zu seiner Familie begab. Der Mann hieß Jacob Nejedl, war von rechtschaffenem Charakter, streng ehrlich und ernährte seine Familie. Sein Weib Sara, geborene Österreicher, war eine Enkelin meines Urgroßvaters Wolf Iritz und hatte zwei Töchter: die ältere Betti, verehelicht an meinen Cousin Leopold Böhm, Brudersohn der vorbenannten Sara, und meine Ehegattin Hani.

Ich hatte wohl längere Zeit mit meinen Eltern einen kleinen Kampf wegen dieser Wahl, da sie meine Schwestertochter Katti Weininger jeder anderen Person aus dem Grunde vorzogen, weil sie hofften, sie würde ihnen in ihren alten Tagen eine bessere Bewirtung als jede fremde Person angedeihen lassen. Allein – wie ich eben bemerkt habe, wollte ich gegen mein Prinzip nicht handeln, und entschloß mich, dieses Mädchen mit einem Heiratsgut von achthundert Gulden zu heiraten.

Der Anfang unseres Brautstandes war ungünstig, da ich am vierten Tag nach unserem Versprechen durch eine Krankheit, welche ich mir bei einer akkordierten Arbeit in Pohrlitz zugezogen hatte, ein viertägiges Fieber bekam und volle fünf Monate, bis acht Tage vor unserer Vermählung, anhielt. Unser Hochzeitsfest feierten wir in Anwesenheit unserer Freunde und Verwandten von nah und fern. Ungeachtet sich alle des Festes freuten, war dieses dadurch getrübt, daß meine Mutter zu Bette gebracht werden mußte.

Hauskauf –

*... ein eigenes Haus
außerhalb der Judengasse*

Mein Glück sollte keine großen Sprünge machen, und so kam es, daß ich vom Kreisamte einen Auftrag erhielt, binnen drei Monaten mein Haus – welches ich von meinen Eltern mit der Bedingung übernommen hatte, daß ich fünfhundert Gulden in einzelnen Raten an sie ausbezahle und eine Wohnung für sie wie auch für beide ledigen Brüder Daniel und Israel nach Bequemlichkeit herrichten und im Stande erhalten müsse – an einen Christen veräußern müsse. Dieses war nicht nur für mich und meine Gattin, sondern auch für meine Eltern ein harter Schlag, der mich tief erschütterte. Ich rekurrierte zum Gubernium und wurde zweimal abgewiesen, ging zur Hofstelle und wurde abgewiesen mit der Abänderung, daß mir ein volles Jahr Frist gelassen würde. Das Schlimmste bei der Sache war, daß Moses Stekerl, der vor dieser Zeit das zwischen mir und dem Branntweinhause gelegene Haus kaufte, das Besitztum erwerben wollte und immer wieder mit mir zurückgewiesen wurde.

So finster war diese Zeit, so unduldsam waren die Gesetze, daß es einem jüdischen Gewerbsmann nicht erlaubt war, ein eigenes Haus außer der sogenannten Judengasse zu besitzen. Ich wendete mich an alle Gemeinden, in denen Juden eine Erweiterung ihrer Häuser außer dem Rayon außergewöhnlich bewilligt wurde, aber ich konnte von keiner Seite einen Strahl von Hoffnung erwarten, bis ich mich durch Vermittlung meines Freundes und Cousins Abraham Hofman aus Lomnitz an Herrn Dr. Ludwig August Frankl in Wien um Rat wendete, der mich an einen Hofagenten verwies, um zur Verfassung eines Gnadengesuches an Se. Majestät, den Kaiser Ferdinand I., aufzufordern. Dieses Gesuch, welches ich persönlich überreichte, hatte insofern seine gute Wirkung, weil ich, als es zum Oberamte zur Äußerung nach Misslitz hergelangte, mit dem Oberamtmann – welcher ein neuer Ankömmling war, vom Gutsbesitzer sich nicht beeinflussen ließ und tolerante Gesinnung an den Tag legte – ein gutes Einvernehmen herstellte und er meine Lage in seinem Gutachten so darstellte, wie es nur zu wünschen war.

Nach drei Monaten erhielt ich vom Agenten die erfreuliche Nachricht, daß mein Gesuch zu meinen Gunsten ausgefallen wäre, den Inhalt desselben er aber nicht mitzuteilen imstande wäre. Der Bescheid erfolgte dahinlautend: „Ich bewillige den eigentümlichen und grundbücherlichen Besitz des Christenhauses Nr. 95 in Misslitz an den jüdischen Schlossermeister Raphael König auf die wirkliche Ausübung seiner Schlosserprofession; sollte er aber diese Profession gar nicht oder bloß zum Schein betreiben, so muß er diese Realität an einen Besitzfähigen zurückverkaufen. Hierüber haben der Gemeindevorstand wie auch die Behörden unter ihrer Amtspflicht ein wachsames Auge zu halten. Ferdinand m. p."

Hieraus mögen die nachfolgenden Geschlechter entnehmen, welche finstere Zeit wir durchzumachen hatten, wie schwer und teuer, mit wie vielem Geld und Blut wir ein Eigentum erwerben konnten, trotzdem wir uns zu allen, selbst zu den schwersten Gewerben als nützliche Mitbürger verwenden ließen. Ja man schmeichelte uns sogar persönlich unserer Unternehmung halber, aber man konnte es nicht übers Herz bringen, nur einen Schritt außer den Schlagbaum der Beschränkung herauszutreten, und so mußte mancher unserer Glaubensgenossen seine ganze Lebenszeit dem Druck unterliegen, trotzdem er die schönsten Anlagen irgendeiner Beschäftigung oder eines Handwerks an den Tag legte. Es mußte der Feuereifer manches Genies zum starren Eise sich verwandeln, seine Jugend in zeitlichem Alter sich ergrauen, bis er nur einen Schritt seiner Wünsche – und wären es bloß die jedes Menschen gewesen – erzielt hätte. Hier waren es allgemeine, dort Ausnahmsgesetze, welche dem Juden jeden Fußtritt erschwerten und dadurch sein Leben ihm verleideten. War er ein Handelsmann, so durfte er bloß im Ghetto, und dort mit einer beschränkten Zahl sein Geschäft ausüben. War er Handwerksmann, so durfte er weder Lehrlinge noch Gesellen anderer Konfession in Arbeit nehmen. Diestboten oder Ammen zu halten war bei Strafe von hundert Reichstalern streng untersagt und jedem Dorfwächter die Überwachung aufgetragen. Wie sollte, wie konnte sich der schöne Sinn und Geist bei solch einem Druck, welcher auf unsere Nation ausgeübt wurde, erheben? Wie war es möglich, mit freiem Mute dem Peiniger ohne Verachtung ins Gesicht zu schauen? Und doch haben die jüdischen Gesellen als die tätigsten und redlichsten in Geist und Hand gegolten. Gott hat dieses gesehen und geändert, so geändert, daß unsere Nachkommen schwerlich glauben werden, wenn wir ihnen ein Schreckensbild wie das vorstehende entworfen haben.

Obschon ich mit der Wahl meines Weibes ganz zufrieden war, so haben uns die Verhältnisse diese Zufriedenheit ein wenig getrübt. Der Prozeß des Hauses wegen kostete mich außer meinem Zeitaufwand beinahe sechshundertfünfzig Gulden, und da ich mehr Handwerker als Handelsmann war, so glaubte ich, mich mehr auf ersteren als auf den Eisenhandel, den ich seit meiner Hochzeit betrieb, zu verlegen – und irrte hierin sehr stark. Infolge dieses Umstandes waren nun einige hundert Gulden in Schulden verzehrt, und wir waren genötigt, ohne Unterlaß in kleinen Partien Geld aufzunehmen.

Der zweite Umstand, welcher uns erschütterte, war, daß meine zwei ledigen Brüder, Daniel und Israel, bei uns wohnten und rücksichtslos mit uns handelten. Ersterer hatte im Hause eine Bäckerei mit Gesellen und Jungen und lebte ohne System in die Welt. Letzterer hatte schlechte Gesellschaft und konnte sich keinem bestimmten Nahrungszweig hingeben, bis ihn Zeit und Umstände dazu zwangen. So verflossen einige Jahre bis zum Jahr 1841, in welchem wir einen herben Schlag erlitten. Es starb unsere Mutter, ein Weib seltener Art. Der Verlust war hart. Unser Vater führte wohl eine Zeit danach den Brüdern ein eigenes Hauswesen; allein – dieses konnte nicht so bleiben, und so kam es, daß Daniel nach Aba in Ungarn abging, Israel und mein Vater aber zu mir in Menage übergingen. Hier kann ich mich der Erwähnung nicht enthalten, deren meine Ehegattin sich würdig zeigte. Sie behandelte meinen Vater mit der größten Zuvorkommenheit und Hochachtung, wie man sie sich nicht vom eigenen Kind zu erfreuen hat, und selbst mein Bruder Israel hatte niemals Gelegenheit, über ihre Behandlungsweise sich zu beschweren.

Eine Warnung möchte ich mit dem Griffel der Unauslöschbarkeit hier verzeichnen, daß ein Vater, welcher viele Kinder hat, sein Wohnhaus bei seiner Lebezeit nicht leichterdings an eines seiner Kinder abtreten soll und überhaupt jede Bevorzugung unterlassen möge. Freilich bringt uns die Heilige Schrift vom Urvater Jacob ein ähnliches Beispiel, daß nämlich eines bunten Rockes wegen, der dem Josef aus Vorliebe verabreicht worden ist, die Brüder ihn gehaßt und sogar verkauft haben. Das Gleichnis auf mich angewendet: Ich habe viele Jahre den Neid und Haß meiner Geschwister, insbesondere meiner Brüder und sogar ihrer Kinder, zu erleiden gehabt. Die Söhne meines ältesten Bruders Gabriel taten sich in dieser Anfeindung besonders hervor, indem sie diese Hausbesitzung als eine Rechtsverletzung gegen ihren Vater als den Erstgeborenen und eine Hintansetzung betrachteten und dabei unberücksichtigt ließen, daß ich nichts geschenkt, sondern vielmehr nur mit großen Opfern dasselbe erwerben konnte. Und diese Mißgunst legte sich erst dann, als ich nach Ableben meines Vaters das Haus verkaufte.

Religiöses Gemeindeleben –

... den in Verfall geratenen Tempeldienst wieder aufrichten ...

Wenn wie im Eingang dieses Jahres traurige Anzeichen sich bemerkbar machten, die in meiner Familie einen harten Schlag herbeiführten, so hat die Vorsehung mich dafür in moralischer Beziehung reichlich entschädigt, indem sie meine längst gehegten Wünsche, nämlich zur Verbesserung und Verschönerung unserer Andachtsübungen wie auch des Jugendunterrichtes etwas beitragen zu können, in Erfüllung kommen ließ. Nachdem ich durch mehrere Jahre in Wien das Gotteshaus besucht, wo ein gefeierter Mannheimer und ein begabter Sulzer den seit den Zeiten des letzten Propheten Esra in Verfall geratenen Tempeldienst wieder aufrichteten, konnte es mir unmöglich behagen, hier in unserer Gemeinde an heiligen und an allerheiligsten Tagen einen profanen Menschen den Gottesdienst vortragen zu hören, der das ganze Jahr hindurch die ausgelassensten Redensarten, die er bei seinem Schacherwesen passend fand, im Munde führte, und nur deswegen vom Vorsteher zum Vorbeter bestellt und beehrt worden ist, weil letzterer dadurch Wolle und Häute von ihm zu einem niedrigeren Preis zu erzielen hoffte. Dieses war mir ein Greuel, und ich hegte den Wunsch, diesen Unfug womöglich ganz oder zum Teil abschaffen zu können. Nicht minder wirkte die unmoralische Erziehung der Jugend sowie deren wissenschaftliche Ausbildung unangenehm auf mich. Es lag mir meine eigene Jungendbildung zu frisch vor Augen, als daß ich nicht eine Abscheu vor diesem Unterrichtswesen und dessen schlechten Folgen haben sollte.

Gott sprach: „Es werde Licht!" Nach dem Ablegen des Schulaufseheramtes durch Herrn Markus Schmidl wurde ich vom Kreisamte mittels Dekret dazu berufen. Obschon ich nicht augenblicklich die Reformation der Schule in Angriff nehmen konnte und durfte, so war es doch einer meiner innigsten Wünsche, keine Gelegenheit unbenützt verstreichen zu lassen, um womöglich zur Hebung dieser beiden Institute beizutragen. Die erste Gelegenheit hiezu bot sich dar, als ich im Jahre 1843 neben Isak Ries zum Vorstandsmitglied gewählt wurde, bei welcher Gelegenheit der Umstand sich darbot, daß, nachdem die hier bestehende Rabbinerkapelle, welche im ersten Stockwerke des Gemeindehauses war, von der hohen Behörde als unzulässig aufgelöst worden war, an deren statt die große Synagoge erweitert werden sollte. Das Bedürfnis ward allgemein anerkannt, und die Beratungen, welche zu dieser Zeit stattfanden, führten zum Resultate, daß ein Plan entworfen werden sollte, ein Kostenüberschlag beigegeben und zur Erweiterung der Synagoge auf der Nordseite ein Teil Grund von der Grundherrschaft angekauft werde. Den Plan hatte der Baumeister Reischl aus Dürnholz am zweckmäßigsten entworfen, den Kostenüberschlag des ganzen Gebäudes, wobei die Mauer der Südseite und ein Teil der Westseite als für gut befunden stehen bleiben sollte, samt sämtlichen Professionistenarbeiten und Material auf sechstausendsechshundertdreißig Gulden veranschlagt.

Um dieses decken zu können, wurde beschlossen, daß viertausend Gulden aus dem mährisch-schlesischen Landesmassafonds auf zwanzig Jahre, und zwar in jährlich abzutragenden Raten mit Interessen entlehnt werden sollen, tausend Gulden waren aus dem Gewinst der jüdischen Verzehrungssteuer erübrigt worden, und die restlichen tausendsechshundertdreißig Gulden sollten aus dem Erlös der Synagogensitze gedeckt werden. Nach Jahr und Tag wurde obiges Anlehen und zugleich auch der Bau bewilligt. Allein – da mittlerweile der Vorsteher Isak Ries gestorben war, so ward an dessen Stelle Leopold Deutsch gewählt.

Da insbesondere die Baumaterialien etwas im Preis gestiegen waren, so ereignete sich der sonderbare Fall, daß bei der Minuendalizitation die Baumeister einen um tausend Gulden höheren Ausrufspreis beanspruchten. Hierin sah ich nun ein Scheitern meines ganzen Planes vor Augen, weil man hierauf nicht vorbereitet war und den Reicheren sowie den Orthodoxen eine Umänderung ohnedies eine Spinne in den Augen war. Es blieb nun nichts anderes übrig, als meine Kollegen sowie die wenigen Personen, welche sich zu diesem Akte in der Amtskanzlei eingefunden hatten, dahin zu überreden, den Bau der neuen Synagoge selbst licitando zu übernehmen, den etwa dadurch zu erzielenden Gewinn zum Besten des Baues zu verwenden, hingegen den Verlust aus unseren Privatvermögen zu ersetzen. Dieser Vorschlag wurde angenommen, und der Bau ward mit sechstausenddreihundertfünfzig Gulden an uns überlassen.

Die Namen der Männer, die sich dieses heiligen Berufes unterzogen, waren folgende: Leopold Deutsch als Haupt und erste Person, Moses Stekerl, Isak Eisner, Moses Wertheim, Markus Hirsch, Emanuel Steiner, Abraham Schmidl und ich, Raphael König. Außer wenigen dieser Gesellschaft waren alle tätig. Der technische Teil wurde mir zugewiesen, und ich ward mittels Statthaltereierlasses zum Kommissär des fraglichen Baues ernannt. Meine Anordnungen sollten sowohl der Baumeister wie auch die Bauführer und anderen Professionisten Folge leisten. Obschon in diesem Dekret mir von der Behörde ein entsprechendes wöchentliches Gehalt als Mühewaltung zuerkannt worden ist, so wies ich jedes Entgelt entschieden zurück mit dem Bedeuten, daß ich diese meine Leistung der Religion zu opfern imstande sein werde, und es hat auch die Folge mich und die Welt hievon überzeugt.

Hier unterbreche ich diesen Akt und komme auf einen speziellen Fall zurück, den ich hier zu verzeichnen nicht unterlassen kann, weil er die Begründung des in unserer Gemeinde ins Leben gerufenen Armenfonds betrifft. In eben dem Jahre 1842 war ich als Nachtwache bei dem Siechen Salomon Frankl, dem als Gemeindenotar alle

Zirkulare zugestellt wurden, unter welchen ich einen Erlaß vorfand, daß alle in jeder Gemeinde bestehenden Totenbruderschaften nur unter der Bedingung bestehen dürfen, daß solche dem Armenfonds einverleibt, der alljährlich übriggebliebene Teil dem Armenfonds als Stammkapital zugewiesen werde und überhaupt alles überflüssige Kapital und Utensilien als Fonds angelegt werden müssen.

Die in unserer Gemeinde bestehende Chewra Kadischa[1]) war leider in dem schlechtesten Zustande. Herr Leopold Deutsch als Leiter dieses Institutes hatte eine Barschaft von hundertachtundvierzig Gulden sechs Kreuzer. Bei verschiedenen Parteien war ebenfalls eine Barschaft von einundvierzig Gulden sechsunddreißig. Herr Jacob Großheim stand mir bei diesem Unternehmen fest zur Seite. Silbergeräte wurden veräußert, und auf diesem Wege ein Armenfonds gegründet. Allein – wie alle menschlichen Einrichtungen nicht von Dauer sind und nicht auf feste Basis gestellt werden können, so mußte ich die Vernachlässigung dieses für allgemeine Zwecke geheiligten Instituts und somit seinen Verfall sehen. Es kamen einige Vorsteher in diesen Verein, die den Fonds in Anspruch nahmen, aber keine Zuflüsse erwirkten, die überhaupt die jährlichen Subskriptionen unterließen und sogar die an Feiertagen dem Armenfonds gespendeten Gaben der Zedoke[2]) zuführten und die Schlußrechnungen der Chewra Kadischa in die Armenfondskassa nicht abführten, sondern wieder dieses Geld zurückbehielten und sich gar nicht um das Wesen des Fonds kümmerten.

Meine Hoffnung, daß junge Leute in den Vorstand kommen werden, welche solche Anstalten wieder heben und neu beleben werden, wurde leider nicht erfüllt, und ich muß auf eine bessere Zeit mich vertrösten.

---

1 Begräbnisbruderschaft.
2 Gaben der „Wohltätigkeit", Almosen.

Nachsatz

Es möge hier ein Umstand niedergeschrieben werden, der unter meinen Erlebnissen aufgeführt zu werden verdient. Durch den Übertritt des hiesigen Herrn Rabbiners Joseias Benedikt in die ungarische Gemeinde Kalif in Tokaj wurde dieser Posten leer und infolge dessen ein Concurs[1] eröffnet. Gemeindevorsteher war Leopold Deutsch, welcher sich mehr der alten Form, und zwar dem Absolutismus, als der neuen Zeit anschloß und die altgläubigen Gelehrten mit Ausnahme des Lehrers Isak Kann an seiner Seite hatte. Da es der Zufall wollte, daß sein Sohn Leopold Deutsch in Nikolsburg bei dem Landesrabbiner, Herrn Nachim Trebitsch, lernte, so war nichts anderes zu erwarten, als daß bei diesem Umstande, der Herr Landesrabbiner seinen Schwiegersohn Kulke, Rabbiner in Kostel, nach Misslitz übersetzen wollte und ersterer als Vorsteher ihm seine Einstimmung hiezu gab. Infolge dieses begab sich der Herr Landesrabbiner persönlich nach Misslitz, um hier, wie vorgeschützt wurde, den Streit der Schächter, welcher damals eine Rolle spielte, zu schlichten, um bei dieser Gelegenheit die hiesigen Gemeindemitglieder für seinen Schwiegersohn, welcher als frommer Mann bekannt war, einzunehmen. Allein – dieser hochwürdige Herr überzeugte sich bald, daß er auf keinem Brachfeld sei, und infolge dessen deutete er bloß auf den Frieden allhier hin und ließ den angeregten Akt unberührt. Die Reicheren und Angesehenen hier schlossen sich der intelligenteren Klasse sowie der, welche für zeitgemäße Predigten Sinn hatte, an. Zu letzterer zählte auch ich mich, und da ich großen Einfluß beim Oberamt hatte, wußte ich die Aufnahme des Herrn Rabbiners Ascher Lamberg, den wir bloß der Schilderung nach als tauglich für uns erachteten, zu bewerkstelligen. Wir haben allen Grund, mit dem Charakter dieses Mannes zufrieden zu sein. Er ist, was besonders schätzenswert ist, ein aufrichtiger, schlichter Mensch mit gesundem Verstand, spricht ein reines Deutsch und versteht seine Reden in ein schönes Gewand zu kleiden.

---

[1] Bewerbungsverfahren.

Er liebt das Unterrichtswesen und ist imstande, einer Lehranstalt jedes Opfer nach neuem Muster zu bringen.

> ... *zum Bau des Tempels*
> *mit allen meinen Kräften beizutragen*

Ich nehme den Faden meiner Geschichte wieder auf und setze diese wahrheitsgetreu hier nieder. Daß ich mit Eifer meinem Berufe, nämlich zum Bau des Tempels aus allen meinen Kräften beizutragen, mit festem Willen nachging, kann aus dem ersten Umstand erwiesen werden, daß, als ich mit zwei Zimmerleuten nach Tulleschitz reiste, um daselbst die stärksten Kiefernstämme als Rastholz der Piloten im Walde zu kaufen, ich mich mit den zwei Arbeitern an die Arbeit machte, wir in Gemeinschaft den nämlichen Tag sechzehn Bäume fällten und des Nachts um 12 Uhr die Rückreise zu Fuß machten. Durch den grundlosen Boden hatten wir mit Widerwärtigkeiten sowohl in Beziehung der mehrverursachten Geldauslagen als der Verzögerung des Baues zu kämpfen. Wir mußten zwei Klafter lange Piloten schlagen. Diese Auslage belief sich auf vierhundert Gulden, ohne daß ich einen Anspruch hiefür gemacht habe.

Zum Schluß des Jahres wurden Abraham Gassinger und Wolf Kramer zu Vorstehern gewählt, welcher Umstand zwar auf den Bau keinen besonderen Einfluß nahm, außer daß in dieser Periode die Beschlußfassung eines nach neuem Ritus einzuführenden Gottesdienstes war. Da Gassinger zu den streng Orthodoxen gehörte und ihm eine starke Opposition sich entgegenstellte, so wurde dieser Akt zugunsten der Reformatoren entschieden und bestimmt, daß ein geregelter, mit Chor zu leitender Gottesdienst eingeführt werden soll und zugleich nach damaliger Vorschrift behördlich bestätigt.

Dieses Jahr neigte sich seinem Ende zu, der Bau schritt allmählich vorwärts, und ich wurde bei der nächsten Wahl zum Vorsteher, Moses Stekerl zum Altgeschworenen,

Isak Eisner zum Junggeschworenen, Markus Ehrenreich zum Gemeindekontrollor, Moses Wertheim zum herrschaftlichen Kontrollor gewählt. Obschon die zwei letzteren Männer nicht unserer Partei angehörten, die für Ästhetik und der Zeit Angemessenes Sinn hatte, so war das Übergewicht der ersteren desto hervorstechender, indem Moses Stekerl zu jedem Gegenstande Geld vorstreckte und Isak Eisner sich zu jeder Verschönerung gerne gebrauchen ließ.

Meine Amtswirkung war durch die Abstellung einer rückständigen Rekrutenanzahl getrübt, durch deren Übertritt zum Militärstand ich von den Angehörigen angefeindet worden bin, ungeachtet sie sich überzeugt hatten, daß ich nicht die Schuld hatte, ob dieser oder jener als tauglich gesprochen wurde, sondern bloß für deren Unterstützung von seiten ihrer Kollegen wie auch von seiten der Gemeinde mir die Sorge oblag. Eine ähnliche Kränkung hatte ich im Mai desselben Jahres bei der Abstellung des Josef Becher von Isak Spitzer auszustehen, welcher mich in Znaim so sehr ärgerte, daß ich nahe daran war, in dem Gasthaus „Zum Ochsen" aus dem Fenster zu springen. Diese Missetat konnte ich nicht anders lohnen, als daß ich danach trachtete, dem abgestellten Josef Becher von auswärtigen, aus ähnlichen Einkünften zugeflossenen Geldern hundertfünfundfünfzig Gulden zukommen zu lassen, damit er seine Entlassung bewirken konnte. Ich aber mußte diesen Betrag ein volles Jahr vorschießen, und ich hätte – wenn ich nicht, was nachträglich der Zufall herbeiführte, in dem darauffolgenden Jahr wieder als Vorsteher gewählt worden wäre – obige Summe verloren. Dieser Umstand ist einzig und allein meinen vier Kollegen zuzuschreiben, welche mich bei Geldverlegenheiten dieser Art in die Enge jagten und von keiner Hilfe wissen wollten, wo mein Ersatz herkommen sollte. Und ich als unerfahrener Neuling ging zu rasch ins Garn. Diese Szene wiederholte sich leider in den Jahren 1845, 1846 und 1848 nur zu oft, sodaß es mir bei all meinem Streben für das

Wohl meiner Gemeinde dadurch sehr verleidet worden war.

Bis zum Osterfest des Jahres 1845 war der Bau des Tempels bis auf die innere Einrichtung bereits hergestellt, und da während dieser Zeit in den Wintermonaten der Chor installiert werden sollte, so wurde ein Concurs eröffnet. Obschon sich viele Bewerber anheischig machten, so trug doch der in Nachod angestellte, aus Bisenz geborene Moses Abraham Sabl den Sieg davon. Dieser junge Mann, streng religiös, hatte ein Quartett. Obschon er die neuen Gesänge, von ersteren eingeübt, erlernen mußte, so war er desto erfreulicher, auch die Orthodoxen mit seinem Gesang nach altherkömmlichem Ritus aufgeheitert zu sehen. Dieser Kantor ging auf einige Monate nach Wien, um hier zum Teil die Melodien des „Schir Zion"[1]) sich anzueignen, um dann den Gottesdienst würdevoll leiten und ausführen zu können.

Da es uns darum zu tun war, die Einweihung des Gotteshauses auf alle nur mögliche Weise imposant und unserer geheiligten Religion gemäß zu schmücken und es der Wille der Bessergesinnten war, auch unseren Mitbürgern anderer Konfession sowie den Beamten und Honoratioren der Umgegend von der Leitung eines geregelten Gottesdienstes, welcher bis zu dieser Zeit auf dem Lande unbekannt war, eine Überzeugung zu verschaffen, so reiste ich nach Wien, ging dort in Begleitung des hiesigen Karl Großheim zu den Herren I. Mannheimer, Prediger, und S. Sulzer, Ober-Kantor am Tempel, mit der Bitte, ersterer wolle uns, als von seiner Mutterseite aus der hiesigen Gemeinde abstammend, mit seiner Einweihungsrede beehren und letzterer die Gesänge dabei ausführen. Herr Mannheimer sagte sogleich seine Mitwirkung zu,

---

1 „Zionslied", vom Wiener Oberkantor verfaßtes Gesangsbuch, dessen erster Teil 1840 erschien und das für die Erneuerung des Synagogengesangs weltweit Bedeutung erlangte. Vgl. dazu Hanoch Avenary u. a., Kantor Salomon Sulzer und seine Zeit, Sigmaringen 1985, S. 92 ff., 116 ff.

und Herr Sulzer versprach, sämtliche Gesänge in Musik gesetzt zu komponieren und persönlich hier eine Probe abhalten zu wollen. Aber die Einweihung in Person zu leiten, erklärte er als unzulässig, weil dieser Akt dem angestellten Kantor eine Summe einbringen kann, auf die er mit Vergnügen verzichte. Bei dieser Gelegenheit hatte ich sämtliche Luster, das Tabernakel und verschiedene Einrichtungsstücke in Wien mit Zuziehung der hiesigen, daselbst wohnhaften Wolf Frankl und Isak Lichtenstern zu bestellen. Das alte Material wurde mit amtlicher Bewilligung veräußert und alles unter Kontrolle angeschafft.

... die meisten einen Anspruch auf erhöhte Sitze machen würden

Ein Umstand möge hier angeführt werden, der manchen meiner Nachkommen und Freunde als Beispiel dienen soll. Obschon es mir darum zu tun war, den geregelten Gottesdienst einzuführen und auf jede mögliche Weise die Religion zu heben, so war mein Augenmerk dennoch dahin gerichtet, dieses auf die schonendste Art, ohne die pekuniären Mittel der Gemeinde zu sehr in Anspruch zu nehmen, durchführen zu können. Um dieses ohne Benachteiligung jedes einzelnen bewerkstelligen zu können, war ich darauf bedacht, die alte Synagoge in Form ihrer Männer- und Frauensitze aufzuzeichnen, jeden Sitz mit seinem Numero zu bezeichnen, ohne dessen Besitzer kennen zu müssen. Ein Protokoll wurde aufgenommen und bestimmt, daß jeder Sitz in der neuen Synagoge wieder auf seinem Platz, wo er früher bestanden hat, einzunehmen ist und diese alle eingeteilt werden müssen, bevor die überzähligen veräußert werden dürfen. Da aber in der bestandenen Rabbinerkapelle eingekaufte Sitze waren, so wurde beschlossen, daß diese Besitzer bei dem Ankauf von Sitzen in der neuen Synagoge sich den dort bezahlten Kaufschilling mit Verlust von fünfundzwanzig Prozent abzurechnen berechtigt sein sollten.

Dieses Verfahren hatte seine schönsten Früchte getragen, denn während in anderen Gemeinden bei ähnlichen Fällen mancher Mittelmann um seinen Sitz, den er von seinen Ahnen als teuer und wertvoll angeschlagen, geprellt wurde und für das ihm hiefür wenig Bezahlte sich bloß einen viel minderen zu kaufen imstande war und überhaupt die Preise der Sitze aufs Höchste geschraubt werden mußten, konnte hier jeder wieder ungestört zu seinem Besitztum gelangen.

Nun war die schwierigste Arbeit zu verrichten. Die Sitze sollten verteilt werden. Jedem recht zu tun, keinen zu verkürzen, aber auch die Gemeinde in ihren Rechten zu schützen, war jetzt die Aufgabe. Da die Gemeinde von jedem einzelnen Besitzer für die Herstellung der neuen Synagoge nicht mehr als die Bezahlung des Pultes, welches bloß vier Gulden dreißig kostete, verlangte, wollte sie auch ihr Recht darin gewahrt wissen, daß nicht sämtliche vorderen Sitze verteilt und die letztere in kleinem Wert stehenden Sitze um einen Minimalpreis dann verkauft werden sollten. Auf diesem Standpunkt basierend stand ich isoliert da. Ich konnte mich frei bewegen, weil ich weder in der alten Synagoge noch in der Rabbinerkapelle einen Sitz hatte, ich – ja, nur ich allein – mußte hier das Gemeindeinteresse vertreten, da die meisten zum Vorstand Gehörigen Besitzungen hatten und diese zu ihrem Vorteil ausweiteten. Es blieb mir daher nichts übrig, als einen Plan zu entwerfen, diesen dem Oberamtmann vorzulegen, mit ihm einige in Frage stehende Abänderungen, bei denen ich im Zweifel war, nur dann vorzunehmen, wenn die Besitzer sich verkürzt und zu einer Aufzahlung nach Ausspruch des gesamten Vorstandes sich herbeilassen wollten. Diese waren sechs an der Zahl. Alle übrigen aber sollten durchaus bei etwa eingebrachter Beschwerde unberücksichtigt bleiben, da im voraus zu befürchten war, daß, wenn einer verändert würde, die meisten einen Anspruch auf erhöhte Sitze machen würden. Diesem entsprechend, wählte der Oberamtmann zehn der vornehmsten Glieder außer dem

Vorstande, führte dieselben nebst mir in die neue Synagoge bei versperrter Tür vor die Bundeslade, machte sie auf ihre Stellung, hier die Sitze nach Recht und Gewissenhaftigkeit zu verteilen, aufmerksam, stellte ihnen den Lohn des Guten, dagegen die Strafe des Bösen vor, gab ihnen eine Lehre, wie sie in dieser Angelegenheit ohne Interesse für sich und ihre Verwandten handeln sollen, und zeigte schließlich meinen Plan als von ihm entworfen vor, jedoch mit dem Vorbehalte, daß sie keineswegs gebunden wären, diesem meinem Plan gemäß die Verteilung vorzunehmen, sondern vorerst diesen zu prüfen, sie aber dann, wenn dieser als unzulässig erscheinen sollte, einen neuen Vorschlag zu machen hätten. Ich war ein stummer Zuschauer und durfte bloß, wenn hie und da Aufklärung nötig war, dieselbe erteilen, ohne jedoch im mindesten den vorzunehmenden Akt zu beeinflussen.

Oh, wie schwach sind doch die Menschen! Wie mußte ich bei dieser und ähnlichen Gelegenheiten die Menschen von ihren schwächsten Seiten und mit den gröbsten Farben bestrichen in ihrer Glorie vor mir sehen, daß jeder nur sein eigenes Interesse vor Augen hatte, während er jenes seines Nebenmenschen unbeachtet vorbeigleiten ließ! Bis zu diesem Momente waren alle von der Ansprache ergriffen. Als es sich aber um die Ausübung handelte, da fragte jeder nach seinem eigenen Numero, und indem die zehn Männer gegen ihre Besitzungen in der Männersynagoge, welche nun verteilt worden waren, keine Einwendungen zu machen hatten, ja überhaupt den Plan von technischer Seite nicht verstanden, so nahmen sie keinen Anstand, denselben seinem vollen Inhalte nach gutzuheißen. Demnach wurde jeder Sitz mit dem alten, respektive neuen Numero angemerkt und aus der Synagoge entfernt.

Wer mag wohl den Andrang beschreiben, der sich bei Öffnung der Pforte zeigte! Jeder wollte sehen, wie es mit ihm bestellt ist. Der größte Teil war einverstanden – bis auf acht Personen, worunter sechs von den Obbenannten vom Oberamtmann zum Vorstand wegen Ausgleichs angewiesen wurden, die übrigen zwei rundweg abgewiesen werden mußten, welch letztere Herr Markus Schmidl und Herr Wolf Kramer waren. Hier habe ich den Spruch bewahrheitet gesehen: „Berozaus Adaunoi darche isch gam ojewau haschalem achau." [Wenn die Wege des Menschen gottgefällig sind, so verwandeln sich selbst seine Feinde in Freunde.]

Nicht lange sollte ich mich meiner geübten Tat zu erfreuen haben, denn als doch einige den Amtmann bedrängten, in der Verteilung eine Änderung vorzunehmen, der er zwar widerstand, ließ er sich aus Liebe zur Bestechung zu der Äußerung verleiten, daß ich ganz allein den Plan entworfen und er deshalb ganz schuldlos wäre. Dieses ging wie ein Lauffeuer durch die Gasse, und die Besitzer der Frauenhalle beschlossen einmütig, sich selbst unter Aufsicht des Vorstandes die Sitze in dem ihnen angewiesenen Raum verteilen zu wollen. Obschon ein Teil dieser Partei in diesem Vorgange für meine Person eine Erniederung erblickte, so war es nichts weniger als dieses, im Gegenteil, es war mir sogar erwünscht, indem ich von mir selbst keine zu große Meinung hatte und überdies denn doch nur ein Mensch bin, dem es an Irrtum nicht gebricht, der sich sehr leicht von dieser oder jener vorgefaßten Meinung hinreißen läßt und infolge dieser nun versagten Ehre aller Mühe und Sorgen leicht überhoben wurde.

Allein – wie gerecht sind Gottes Wege, wie tief sieht er in die Herzen der Menschen, wie prüft er mit Ansehen, mit Geld! Wohl dem Mann, der die Probe besteht und sich vom Schicksal nicht aus seinem Geleise bringen läßt! Zwei Purimtage[1]) wurden dazu verwendet, um die Plätze in der Frauenhalle anzuweisen. Streit und Zank gab es in Fülle, aber kein Resultat konnte erzielt werden, bis sich ein großer Teil entschloß, meinen Rat zu erbitten, worauf

---

1 Losfest, gefeiert am 14. Adar (Februar/März).

ich ihnen wie Jiftach[1]) antwortete: „Ihr habt mich doch angefeindet und jedes Einflusses bei diesem Akte enthoben, und warum verlangt ihr mich nun?" Sie mußten, wenn schon nicht mehr, doch meine Uneigennützigkeit hervorheben, und ich mußte mich wiederholt dieser schwierigen Aufgabe unterziehen.

... um die Sifre Thora ins neue Gotteshaus zu übertragen

Die Tage der Einweihung rückten näher. Herr Sulzer erschien allhier. Mit dem ganzen Chorpersonal begleitete ich diesen großen Künstler nach Znaim in die dortige Kaserne, allwo die Kapelle von Herrn H. Ludwig mitwirkte. Von allen Offizieren aufs Ehrerbietigste empfangen, zeigte sich diese Truppe in ihrer Glorie. Etwas Ähnliches wurde in einer Provinzialstadt noch nicht gehört, und was über allem hoch anzuschlagen war, war die Gemütlichkeit dieses erhabenen Sängers. Diese Tage waren mir Lohn genug für meine zweijährige Bemühung und die ausgestandenen Leiden. Über allem muß ich bemerken, daß, als ich auf dem Wege nach der Eisenbahn ihn zurückbegleitete und bei dieser Gelegenheit ihn anging, er möge mir sagen, welche Spesen ich ihm ersetzen kann, und zwanzig Gulden hinreichte, dieser mir ganz leger zur Antwort gab: „Lieber Herr König! Ich habe Gelegenheit gehabt, Ihr Bestreben kennenzulernen. Ich weiß auch, daß Sie mir dieses Geld vom Herzen als Ersatz leisten, aber ich kenne die Verantwortung eines jüdischen Vorstehers bei Geldauslagen. Und ich bin Gott sei Dank in der Lage, ihrer Gemeinde ein kleines Opfer darzubringen." Diese Worte waren mit soviel Gemütlichkeit und

---

1 Einer der bedeutendstens Richter Israels. Die Analogie bezieht sich auf dessen Berufung zum Anführer im Kampf gegen die Ammoniter, Buch der Richter 11,7.

Gefühl gesprochen, daß ich nicht fähig war, eine Erwiderung folgen zu lassen.

Auf den 5. Juni 1845 wurde die Einweihung des Tempels anberaumt, und zwar auf nachmittag 3 Uhr, damit in der Rabbinerkapelle das J. K. Kotaun[1]) abgehalten werde, vom hiesigen Herrn Rabbiner eine Abschiedsrede gehalten und von dort sämtliche Gesetzrollen in den neuen Tempel übertragen werden. Dann sollte die Einweihung stattfinden. Mir war es darum zu tun, das verlassene Bethaus in eine Lehrschule umzuwandeln, da ein Lehrzimmer für Hebräisch und das deutsche Fach nicht ausreichen würde, gleichzeitig aber auch die anstoßende Wohnung für den Leiter dieses Instituts zu verwenden, welchem Plan die Wohlhabenderen in der Gemeinde deswegen entgegen waren, weil, wenn dieses geschehe, die Gemeinde weniger Wohnungen zu vermieten und deshalb kleinere Einkünfte hätte. Ich ersuchte daher den Herrn Rabbiner, sein Thema in der Abschiedspredigt dahin zu stellen, daß diese Räumlichkeiten als einmal geheiligt wieder zu heiligen seien, nämlich zu Unterrichtszwecken behalten werden sollten.

Ich muß hier den Faden der Geschichte im vorigen Kapitel nochmals aufnehmen. Die Lizitation der sämtlichen Männer- und Frauensitze wurde mittels Protokoll amtlich erfaßt, sodaß jeder Sitz, und zwar das Pult und der Sitz gesondert, gezahlt und der Preis des Ausrufes vom Vorstand bestimmt werde, damit nicht etwa ein minderer zu hoch angeschlagen, dagegen ein wertvoller zu niedrig angesetzt würde. Dagegen hatte ich mit einigen Opponenten, die ich schon während des Baues zu bekämpfen hatte, einen schweren Kampf zu bestehen. Führer dieser Partei war Abraham Hermann Schmidl. Als Schreier und Lärmmacher ließ sich Emanuel Steiner

---

1 Der „kleine Jom Kippur", der Rüsttag des Neumondtages (Rosch Chodesch). Ein Teil der Liturgie ist der des Jom Kippur (Versöhnungstag) entnommen. Der 5. Juni 1845 war der Vortag des 1. Siwan.

gebrauchen sowie Eri Zerner, ein junger Mann von gesundem und hellem Verstande, aber in höchstem Maße exaltiert und mißgünstig auf des Nebenmenschen Ehre und dessen Verhalten, ein schaler Kopf ohne Grundsätze, allen praktischen Wissens bar. Diese eben stachelten die untere Klasse gegen mich und meine Anordnungen auf. Und zwar sollten die niederen Sitze, welche auf zwanzig Gulden Ausrufspreis festgesetzt waren, nach ihrem Ermessen auf fünf oder acht Gulden gesetzt werden. Diesem Ansinnen mußte ich mit aller Energie entgegentreten. Ich mußte, da selbst meine Kollegen bei meinem Gebaren mich im Stiche gelassen, hier darauf beharren, daß es unzulässig ist, einen Tempel um zehntausend Gulden zu bauen und ein Eigentum darin mit fünf oder zehn Gulden zu vergeben. Meinen Grundsatz festhaltend ließ ich mich nicht beirren und motivierte, daß, da leider jeder der vormaligen Besitzenden und jeder der neu Einzukaufenden bloß in seinem eigenen Interesse denkt und spricht, ich mich nach meinem Rechtlichkeitsgefühl dazu berufen halte, einzig und allein das Interesse der Gemeinde zu vertreten.

Ein besonderer Fall dürfte hier zur Warnung der Nachkommen Erwähnung verdienen. Die Mitvorsteher Ehrenreich Markus, Schmidl Markus und Kramer Wolf verfügten sich zum Amt, bei welchem sie mündlich ihre Beschwerde einbrachten, nämlich mit der Zuteilung ihrer Sitze unzufrieden zu sein, weshalb die auf den Tag bestimmte Lizitation auf weiteres verlegt werden möge, bis sie ihren Streit werden ausgetragen haben. Der Zufall wollte es, daß mir dieses Verfahren hinterbracht wurde. Ich begab mich augenblicklich ins Amtshaus, wo ich die drei Personen Klage anbringend überraschte. Um diesem Unbill zu steuern, mußte ich trachten, auf das Gemüt des einzelnen zu wirken. Ich stellte demnach Ehrenreich vor, wie er gestern das Lizitationsprotokoll mitgefertigt habe und heute sich getraut, dagegen zu handeln, da überhaupt die Weisung vom Amte ergangen ist, daß ihm mit noch fünf Kollegen ein Ausgleich gegen eine Aufzahlung gewährt wird. Schmidl, der mehr aus Ironie, Ehrgeiz und persönlicher Feindschaft gegen meine Person auftrat, forderte ich auf: Ob er denn die Professionisten ausbezahlen wird, welche ihre Arbeiten geliefert haben? Oder ob er so wie mehrere Gutgesinnte bereits einen Vorschuß gegeben hat? Warum er dann den Verkauf stören oder verzögern will? Er möge sich lieber als Mann, der Anspruch auf Bildung erhebt, willfährig zeigen und nicht eigennützig erscheinen. Die schwerste Arbeit war mit Kramer, der ein böser, starrsinniger und mißgünstiger Mensch war. Nachdem aber die beiden ersteren isoliert worden waren, so blieb dieser vereinzelt mit seinem Begehren, ohne etwas erwirkt zu haben.

Am Vorabend des Einweihungsfestes reiste ich nach Branowitz, um den großen und bekannten Tempelredner, Herrn Isak Mannheimer, abzuholen, den ich in Begleitung seines Freundes und hiesigen Mitbürgers, Herrn Jacob Großheim, hierherführte. In Freinspitz erwarteten uns der hiesige Herr Rabbiner und sämtliche Vorstandsmitglieder, welche ihn willkommen hießen. Gleichzeitig bildeten von dort bis hierher zwölf junge Männer berittenes Spalier. Beim jüdischen Gottesacker, allwo sämtliche Schuljugend mit ihren jüdischen Lehrern aufgestellt war, hielt Herr Gottlieb Neumann als einer der letzteren vorzüglichst eine angemessene Bewillkommansprache, hindeutend auf das Grab des Ahnen Mannheimers, welcher hiesiger Abkunft von mütterlicher Seite war. Von dort bewegte sich der Zug aller hiesigen israelitischen Einwohner bis zum Gemeindehaus, allwo der Herr Prediger in der Wohnung des Herrn Rabbiner abstieg.

Tags darauf hatte der hiesige Ort ein feierliches Aussehen, zweiundsiebzig Beamte und Geistliche hatten sich hier von nah und fern eingefunden, um an diesem Einweihungsfeste teilzunehmen, hauptsächlich aber, um den allbekannten Redner zu hören. Von unserer Konfession waren – außer vielen Privaten und Freunden von auswärtigen Gemeinden – die Vorstände von Kromau und Kanitz mit ihren Rabbinern, die Vorsteher von

Pohrlitz, Eibenschitz, Nikolsburg, Raussnitz und Austerlitz hier versammelt. Alles war festlich gekleidet, jedes Haus war gastfreundlich geöffnet den zuströmenden Fremden. Dem Wunsch des Predigers entsprechend nämlich, im Zirkel der mährischen Vertreter und Rabbiner sich recht gemütlich und ungezwungen unterhalten zu können, veranstaltete ich in meinem Hause ein Souper auf fünfzig Gedecke, um nach dem Einweihungsakte diesen Wunsch zu erfüllen.

Um 3 Uhr wurde das Zeichen zur Feier gegeben. Sämtliche Anwesende unserer Konfession verfügten sich wie oben bemerkt in die zu verabschiedende Rabbinerkapelle, um dort das Mincha-Gebet[1]) zu verrichten, die Abschiedsrede unseres Herrn Rabbiners anzuhören und schließlich die Sifre Thora [Gesetzrollen] durch die hiesigen Vorstandsmitglieder mit Gesang und Musik – begleitet und ausgeführt von der Znaimer hierher bestellten Kapelle J. E. H. Ludwig – ins neue Gotteshaus zu übertragen. Da ich als Vorsichtsmaßregel bei dem Andrange so vieler Menschen persönlich die Ordnung leiten mußte, so konnte ich dem vorstehenden Akte außerhalb des neuen Tempels nicht anwohnen, sondern empfing sämtliche Autoritäten, insbesondere das Präsidium des Znaimer k. k. Kreisamtes sowie die übrigen hier ankommenden Gäste anderer Konfession, an der Pforte des Tempels, um ihnen die gebührenden Sitze anzuweisen, worauf sich unverzüglich der Zug der ankommenden Sifre Thora nachbewegte. Bei der Pforte angelangt wurde das Sau scheorim[2]) abgesungen, die Sifre Thora von den Trägern in der Bundeslade eingesetzt, vom Kanzelredner Herrn Mannheimer die Einweihungsrede gehalten, sich stützend auf einen Vers in Haggai[3]) und bezugnehmend

---

1 Nachmittagsgebet.
2 „Hebet euch ihr Tore."
3 Haggai, einer der „kleinen Propheten", dessen Buch vor allem vom Tempelneubau handelt. Der angesprochene Vers ist 2,9.

auf die hebräische Jahreszahl als Aufschrift:[1]) „Godaul jihjeh kewaud habajis hase, hoacharaun min horischaun." [Größer wird die Herrlichkeit dieses zweiten Hauses sein als die des ersten.] Er kleidete hierin die jetzige Epoche ein, wo es den Juden nicht mehr verboten ist, ihre Andachtshäuser schön und der Zeit angemessen einzurichten, dann wurden noch einige Piecen aus dem Joelsohnischen Gesangsbuch[2]) ausgeführt, dann das Schlußgebet Adaun aulom [Herr der Ewigkeit] gesprochen.

Es war erfreulich wahrzunehmen, daß bei einem so großen Andrange von Menschen aus allen Klassen nicht die mindeste Störung stattfand. Bis zu diesem Moment wurde ich zum Teil von meinen Verwandten bedauert, zum Teil von meinen Mißgönnern gleichgültig betrachtet für die zweijährige Aufopferung meiner Person in der Synagogenbauangelegenheit, indem erstere hierin meinen Ruin befürchteten, aber dabei auf das Vertrauen, unserer heiligen Religion meine Zeit und Kraft gewidmet zu haben, ihre Stütze setzten, während letztere recht gerne Zuschauer machten und sich die Befürchtung der ersteren als Rache dachten. Da sich aber an eben dem vorangezeichneten Einweihungstage ein Funke von Ehre und Anerkennung für mich an den Tag legte und ich in mir ohne alles Gepränge von Öffentlichkeit das Bewußtsein fühlte, etwas zum Wohle meiner Gemeinde beigetragen zu haben, infolge dessen der große Zuspruch zu diesem Feste herbeikam, und jeder, wenn auch in leisester Berührung, mein Verdienst anerkannte, da ward alles und

---

1 Die Jahreszahl der Einweihung ergibt sich aus der Aufschrift durch den Zahlenwert bestimmter durch Punktierung hervorgehobener Buchstaben, und zwar: G = 3, O = 6, D = 4, L = 30, H = 5, O = 6, R = 200, Sch = 300, A = 1, N = 50, zusammen 605. Das Jahr 6605 n. E. d. W. entspricht dem Jahr 1845.
2 Josef Johlson, Schirey Jeschurun, Deutsches Gesangsbuch für Israeliten zur Beförderung der öffentlichen und häuslichen Andacht, Frankfurt am Main, 1816.

alle in Neid umgewandelt. Der Reiche konnte dieses von mir Ausgeführte nicht ertragen, der mir Ebenbürtige dachte sich als so klug und mit gleichen Mitteln begabt weit zurückgesetzt, die mindere Klasse wollte ihren Zorn gegen mich loslassen aus Gründen, die dieser Menschenklasse eigen ist. Auf diese Weise hatte ich zu kämpfen, da ich überdies an Erfahrung noch zu jung, mit etwas exaltiertem Temperament begabt, alles rasch ausgeführt wissen wollte, wozu sich Kollegen und Gemeindebürger nicht verstehen wollten. Insbesondere fehlte es mir an Politik oder, wie die Volkssprache es nennt, an Zweitrittigkeit, Falschheit oder Doppelzüngigkeit.

*... neben der Synagogenordnung
sollte auch der Unterricht geordnet werden*

Samstag nach dem Feste hielt unser Rabbiner, Herr Ascher Lamberg, seine Einweihungsansprache, in welcher er wieder auf meine Fürbitte die Gründung einer vereint jüdisch-deutschen Schule in Anregung brachte und infolgedessen Wolf Kramer für eine Lehranstalt ohne nähere Bestimmung fünfzig Gulden beim Vorlesen der Thora öffentlich spendete. Der Gottesdienst war durch den Kantor Moses Abraham Sabl nebst seinem Quartett, welches aus guten Sängern, die zwar mehr praktisch als theoretisch waren, sehr gut bestellt, und es verging kein Sabbat oder Festtag, an dem die Gemeinde nicht Zuspruch von Fremden dieserwegen hier beherbergte, um dieser in Mähren neueingeführten Synagogenordnung und Andachtserbauung beizuwohnen.

Die Rechnung des Synagogenbaues und deren innere Einrichtung wurde von mir gegen Kontrolle der Mitvorsteher beim Oberamte gelegt und im Gemeindehause verlesen. Da aber sehr wenige Gemeindemitglieder an dieser Versammlung teilgenommen, wurden zehn Individuen zur Revision bestellt, welche, von meiner Person aufgestachelt, zehn Monate lang an der Rechnung revidierten, ohne ein Resultat abgegeben zu haben. Hauptsächlich zählte sich zu letzteren Markus Schmidl und dessen Sohn Abraham Hermann, die meine größten Opponenten in dem Synagogenwesen waren. Da aber dieser Gegenstand mir zu langwierig schien, so machte ich den Vorschlag, die von ihnen beanstandeten Einzelheiten in Gegenwart des Herrn Rabbiners, des Gemeindevorstandes und der Revidenten, insbesondere aber meiner Kollegen aus dem Jahr 1845 aufzuklären, weil diese Handlung bereits ins Jahr 1846 fiel, in welchem ich wiederholt als Vorsteher gewählt wurde, und mich über alles und in allem zu verteidigen. Der Vorschlag ward angenommen, und es mußten die Vorstandsmitglieder, welche auf jeder einzelnen Anweisung ihre Fertigung als echt erklärten, zu diesem bösen Spiele gute Miene machen und alles mitanerkennen. Da nun hierauf vom Oberamte das Absolutorium erfolgte, war diese Sache als beendet anzusehen.

Mein Wunsch war nur zum Teil in Erfüllung gegangen. Neben der Synagogenordnung sollte auch der Unterricht geordnet und besonderen Lehrern anvertraut werden. Hierzu wurde Herr Hofman, angehender Schwiegersohn des Isak Eisner, berufen. Allein – an der Störrigkeit des Lehrers Isak Kann, welcher zwar seine Einwilligung zur Abtretung mündlich abgab, bei der schriftlichen jedoch durch Aufreizen des Moses Wenger und Josef Kann wieder zurückzog, scheiterte der ganze Plan, und es war der Zukunft vorbehalten, dieses gute Werk zu vollenden.

Das Jahr 1847 ging ohne besondere wichtige Vorfälle in unserer Gemeinde vorüber, außer daß Herr Raphael Hirsch aus Oldenburg als Landesrabbiner für Mähren in Nikolsburg einzog, ein Mann von hoher Bildung, der sogar in dem darauffolgenden ereignisreichen Jahr als Abgeordneter zum Landtage nach Brünn selbst von Christen gewählt wurde. Infolge meiner Praxis wurde ich von den Gemeinden Austerlitz, Butschowitz und Eibenschitz wegen des Umbaus ihrer Synagogen einberufen und zu Rate gezogen, welchen auch sämtliche Gemeinden dankend befolgten. Als im Jahr 1848 die Wahl zum Vorsteher mich wieder getroffen, holten wir bei diesem großen Gelehrten und Fachmann des Schulwesens Rat ein, wegen der Gründung einer vereint jüdisch-deutschen Schule, welcher Plan aber immer wieder an der Unbeugsamkeit des Normallehrers und der bestehenden Winkelschulen[1]) scheiterte. Zur einstweiligen Linderung wurden Gottlieb Neiman, Jacob Rattinger und Isak Schwarz als Gehilfen in mehreren Lehrzimmern mit dem jüdischen Unterricht betraut, aber mit der Zeit wieder entlassen, weil einige von ihnen weder Methode noch einen Lehrkurs innehatten, wogegen die Absolvierten arrogant waren und keineswegs die nötigen Tugenden eines Lehrers besaßen. Was über alldem der Sache die Krone aufsetzte, war, daß sämtliche Gemeindegeborene waren und jeder seine Partei beim Richterstuhl geltend zu machen wußte.

Was uns Israeliten das Jahr 1848 brachte, braucht hier nicht verzeichnet zu werden, weil es hinlänglich in der Geschichte der Völker verzeichnet ist. Daß es aber im Verbande der jüdischen Gemeinden eine Lockerung hervorrief, steht wohl außer Zweifel, weil der Begriff von Freiheit unecht aufgefaßt wurde und jeder hierin bloß die Loslösung seiner Verbindlichkeiten zu seiner Gemeinde erkennen wollte. Infolge dieses Umstandes wurden auf Anregung des Landesrabbiners sämtliche Gemeinden Mährens aufgefordert, ihre Deputierten zu einer Beratung nach Nikolsburg abzusenden, bei welcher die künftige Gebarung der Kultusgemeinden ihren christlichen Mitbürgern gegenüber und die Erhaltung ihrer Angestellten in Erwägung gezogen werden sollte, wobei auch ein Komitee von zwölf Gliedern aus deren Mitte gewählt wurde, welche die hier besprochenen Grundzüge ausarbeiten sollten und zur Genehmigung der hiesigen Statt-

---

1 Schule ohne amtliche Anerkennung.

halterei vorzulegen hatten. Da ich dreimal an diesen Beratungen teilgenommen habe, bleibt es mir unvergeßlich, welche Autoritäten der mährischen Judenschaft hier versammelt waren und welche erleuchteten Männer das Judentum überhaupt besitzt, mit denen verglichen ich mich wie ein Ysop zur Zeder sehe. Das Resultat dieses Zusammentretens war das im Jahre 1849 von der Statthalterei erlassene Gesetz über die Regelung der einzelnen Glieder zu den bestehenden Gemeinden und deren Zahlungspflicht zur Kultussteuer.

Wieder hatte ich einen harten Kampf zu bestehen: die Bildung der Nationalgarde, welche einige Hitzköpfe zu ihren Gliedern zählte. Insbesondere Abraham Hermann Schmidl, der sich von diesem Institute goldene Berge versprochen hat, drang darauf, das aus den Synagogensitzen erübrigte Geld zum Ankauf von Feuergewehren zu verwenden. Welcher Opposition es hier bedurfte, um der angefachten Masse entgegenzutreten, kann sich nur der vorstellen, welcher in diesem Jahre eine öffentliche Funktion auszuüben hatte. Am meisten aber beunruhigte es mein Gemüt, daß ich für unsere Gemeinde acht jüdische Soldaten abstellen mußte. Es werden unsere Nachkommen sich hievon keine Vorstellung zu machen imstande sein, was das heißt, separiert jüdische Jünglinge auf den Assentplatz führen zu müssen. Während man einerseits, um gerecht zu sein, allgemein recht handeln soll, verlangt jeder Vater, seinem Kinde gegenüber schonungsweise vorzugehen. Was aber mein Gemüt am meisten erschütterte, war die Vorführung meiner Brüder- und Schwestersöhne, für welche, da deren Verhältnisse es nicht zuließen, die gewöhnliche Beisteuer zum Rekrutengeld abzutragen war und diese dennoch in die Reihe der Genießenden eintreten sollten. So kann man sich einen Begriff von meinen Leiden machen. Gott hat mich diese Stürme alle unversehrt überleben lassen. Allein – die Erbauung des beim hiesigen Schlosse aufgeführten Ökonomiegebäudes, wozu ich die Arbeit lieferte, erschütterte meine Gesundheit, indem ich mir beim Schweißen einer schweren

Schließenstange das Zwerchfellnetz sprengte, infolge dessen ich durch volle vier Jahre kein Werkzeug in die Hand nehmen durfte und lebenslang jeder schweren Arbeit entsagen mußte.

Hausbau –

Das Unternehmen grenzte an Leichtsinn, nämlich mit leeren Händen ein Haus aufzuführen

Das Jahr 1849 war zwar etwas ruhiger am politischen Horizont, aber meine Verhältnisse gestalteten sich schwierig durch Kündigung meines Verschleißlokales in dem Hause meiner Schwester Weininger, welches an ihren Sohn Ezechias überging, der mir bei der Übertragung des Eigentums eine zehnjährige Pachtüberlassung gegen eine jährliche Bezahlung von sechzig Gulden versprochen hatte. Er löste jedoch schon im zweiten Jahr als Hausherr dieses Versprechen auf – nicht nur daß er mir kündigte, sondern er drängte mich hinaus. Dieses war ein großer Schlag für meine pekuniären Mittel, und ich mußte mich in dem kleinen Gewölbe des Jacob Lewi Brukner einpferchen. Was aber dieser Sache die Krone aufsetzte ist, daß dieses Lokal neben meiner Konkurrentin, der berüchtigten Ester Eisner, gelegen war, wodurch ich das größte Herzleid ertragen mußte.

Es mußte nun ein Mittel zur Abhilfe ausgedacht werden, und dieses wurde darin gefunden, daß ich dem Gutsbesitzer, Herrn von Hopfen, der gerade die Herrschaft als Majoratsherr angetreten, um einen Bauplatz auf dem sogenannten Grätzl vis-à-vis dem Schloßgarten zur Herstellung eines Verkaufslokals und anzuberaumenden kleinen Zimmers angesprochen habe. Da meine Geldmittel nicht zum besten bestanden, so mußte ich darauf bedacht sein, einen Nachbarn anzuagieren, der mir wenigstens die Friedmauer herzustellen behilflich wäre. Diesen fand ich in meinem Neffen, Salomon König, der kein Besitztum hatte, aber die Geldmittel besaß, ohne fremde Hilfe ein neues Gebäude aufzuführen. Allein – auch hier wurde ich getäuscht. Denn als die Realisierung dieses Übereinkommens kommen sollte, zog er sein Versprechen zurück, und ich ward infolgedessen genötigt, auf eigenen Füßen zu stehen.

Gottes Milde waltete allenthalben. So ward mein Unternehmen, welches an Leichtsinn grenzte, nämlich mit leeren Händen ein Haus aufzuführen, welches eine Auslage von zweitausend Gulden erforderte, zur Wahrheit, indem ich die fünfundsechzigeinhalb Quadratklafter Bauareal zu zweieinhalb Gulden nicht gegen bares Geld, sondern – ebenso wie die aus einer zusammengefallenen Scheuer erübrigten Bausteine – auf Abrechnung bekam. Mit dem Holzwerk hatte ich es nicht minder gut getroffen, indem ich im Dukowanen-Revier Stammholz licitando um hundertdreiundachtzig Gulden kaufte, wovon ich nicht nur meine Dippelböden und mein Dachwerk aufstellte, sondern noch überdies um einige hundert Gulden Unverwendetes verkaufen konnte. Tischler- und Glaserarbeiten wurden dem Schuldner als Abtragung überlassen.

Es sollte aber nicht so leicht der Bau fortgesetzt werden und ohne Hindernisse entstehen. Die Marktgemeinde meldete auf Auskunft eines ihrer Mitbürger, Prinhaska, den Rekurs an und verzögerte diesen bis in das Jahr 1850, in welchem ich mit Gottes Hilfe den Bau vollendete. Die Wohnung vermietete ich, und das Verschleißgewölbe zu meiner Bequemlichkeit samt den unterirdischen Ubikationen[1]) behielt ich für mich. Nun hatte ich zwar, wie eben gesagt, ein großes Gewölb, dessen ich bis dahin hatte

---

1 Räumlichkeiten.

entbehren müssen, aber das Warenlager ward durch das Auslagern und Übersiedeln in einen anderen Teil des Ortes, wodurch auch die Kundschaften zerstreut wurden, stark gelichtet. Und nun sollte Eisen und Geschmeide eingelagert werden, um die Scharte wieder auszuwetzen. Was tat Gott? Er schuf erst Rat, indem ich mir aus der Sparkasse in Waidhofen an der Thaya auf zwanzig Jahre siebenhundert Gulden entlehnte und jährlich Kapital und Interessen abzuzahlen hatte. Und er schuf Tat, indem die Herrschaft in Socherl einen neuen Meierhof baute, zu welchem ich um achthundert Gulden Arbeit lieferte. Und zum Schluß dieses Jahres waren alle geschlagenen Wunden in meinen Vermögensverhältnissen geheilt.

Schulwesen –

*Welchen Umschwung der Unterricht
in kurzem genommen hat ...*

Eine neue Wahl des Gemeindevorstandes nach dem neuen Gemeindegesetz wurde angeordnet, und, da das Jahr 1848 eine allgemeine Verbrüderung, wenn auch nur nach außen, hervorbrachte, so wollte die hiesige Judenschaft, insbesondere aber die Hitzköpfe, Toleranz zeigen, indem sie sich in die Marktgemeinde verschmolzen, welches uns zwar keine wesentlichen Nachteile brachte, dennoch manches, wodurch unsere Abteilung im Inneren auf eine Zeitlang Zerwürfnisse hatte. Aus dieser Wahl ging Abraham Schmidl zum Gemeinderat, ich, Abraham Hermann Ehrnreich, Johann Schmidl und Leopold Deutsch als Ausschußmitglieder hervor. Wenn schon im ersten Momente die verschiedenen Charaktere nicht ganz in allen Sachen übereinstimmten, so wurde doch durch

Zeit und Umstände, überhaupt aber durch den zur besseren Einsicht in meine Gebarung gelangenden Abraham Hermann Schmidl, eine Vereinigung mit mir erzielt, welche bald darauf ihre besten Früchte tragen sollte.

Das Jahr 1851 verlief ohne besonders bemerkenswerte Vorfälle, wogegen das Jahr 1852 daran desto reichlicher war. Die Gemeinde, endlich von der Unfähigkeit des angestellten Normalschullehrers überzeugt, dessen vorgerücktes Alter und Mangel an zeitgemäßer Bildung ihn dieses Postens zu entheben notwendig machten, ließ sich durch öffentliche Stimmung laut vernehmen. Da die Durchführung seines Rücktrittes hauptsächlich mir übertragen wurde, er, Sekl Kann, zwar immer dem Scheine nach die Schule in jüngere, tüchtige Hände wünschte, der Ausführung aber immer Hemmnisse in den Weg legte, blieb nichts anderes übrig, als bei der nächsten Jahresprüfung, welche nicht nur schlecht ausgefallen, sondern auch die Disziplin der Schuljugend unter aller Kritik auf der untersten Stufe zeigte, diesen Rücktritt herbeizuführen. Nachdem sich der Canonicus[1] der Überzeugung angemessen hierüber ausgesprochen hatte und eine starke Rüge vernehmen ließ, benützte ich den günstigen Augenblick und setzte letzteren von dem guten Willen der Gemeinde in Kenntnis, nämlich daß sie dem Lehrer Kann seine ganze Congrua[2] per hundertdreißig Gulden als lebenslängliche Pension belassen und den zerrütteten Schulzustand zwei jüngeren tüchtigen Lehrern überlassen wolle.

Man kann sich das Zetergeschrei des alten Lehrers, der sich jederzeit in der Gemeinde Geltung zu verschaffen wußte und der überhaupt gewisse Parteien zu beschwadronieren suchte, leicht denken. Allein – diesmal scheiterte sein Reklamieren und barsches Auftreten gegen mich.

---

1 Wohl der Vertreter der Schulaufsichtsbehörde.
2 Das zum standesgemäßen Unterhalt gesetzlich bestimmte Gehaltsminimum.

Der Würfel war gefallen, und die Kommission entschied, den Willen der Gemeinde als maßgebend und wünschenswert anzusehen. Demzufolge wurde ein Vorberatungsprotokoll, in welchem der Wunsch nach neuen und guten Lehrkräften mit zwei Lehrern, und zwar den Oberlehrer mit vierhundert Gulden und den zweiten mit dreihundert Gulden anzustellen, ein Holzpauschale von fünfundachtzig Gulden, ein Schulreinigungsbeitrag von zwanzig Gulden jährlich ausgesprochen und verfaßt wurde, welches von den meisten jüdischen Familienvätern unterschrieben worden ist. In Beziehung darauf ward der Concurs eröffnet, welcher mit dem schönsten Erfolg gekrönt zum Ziele führte, indem Herr Markus Schüller aus Piesling – eine allbekannte Autorität im Gebiete des Lehrfaches, verbunden mit praktischem Wissen und Klugheitsregeln – als Oberlehrer, Herr Abraham Adler aus Aussee – ein zwar mehr auf jüdischem Gebiete sich fußender Lehrer, aber dennoch für diesen Posten vortrefflicher Mann – als zweiter akzeptiert und laut verfaßter Dotationsurkunde, welche, um die Pension des Abgetretenen wie auch die Sicherstellung der neu angestellten Lehrer samt nötiger Lehr- und Wohnzimmer von seiten der Gemeinde nebst der Benützungs- und Erhaltungskosten zu sichern, auf den Gemeinderealitäten grundbücherlich aufgezeichnet wurde.

Welchen Umschwung der Unterricht in kurzem bekommen hat, davon kann sich nur der einen Begriff machen, der Augenzeuge von der vergangenen und der folgenden Epoche gewesen ist. An diesem Platze möge der Wahrheit ihre Krone aufgesetzt werden. Der Hauptleiter dieser guten Sache war Abraham Hermann Schmidl, dem ich als Sekundär mit eiserner Konsequenz zur Seite stand. Aber bei alldem war es sein Widerstand, den er seinen zwei Cousins, den Brüdern Neumann, leistete, welche geprüfte Lehrer und Ortskinder waren und denen man hier mit festem Willen entgegentreten mußte. Leider verloren wir Markus Schüller nach einjähriger Wirkung, der an Tuberkulose starb – mit großem Nachruhm.

Familienunglück –

... ging mein Vater in eine bessere Welt über

Das Jahr 1853 brachte uns durch besondere Tätigkeit des jüdischen Ausschusses, insbesondere durch Abraham Hermann Schmidl, den hiesigen Wochenmarkt, von dessen Folgen wir uns viel versprachen, weil er uns das zu ersetzen hoffte, was wir durch Aufhören des Patrimonialgerichtes verloren hatten.

Desto ereignisvoller war das Jahr 1854. In diesem, am 3. Schewat 5614, ging mein Vater in seinem siebenundachtzigsten Lebensjahr in eine bessere Welt über. Dessen Wirken und Charakter ist oben verzeichnet, und wenn schon meine kindliche Liebe mich drängt, hier manches seines Guten zu wiederholen, so verweise ich den Leser bloß auf das Urteil, welches die Welt im allgemeinen über diesen Mann noch heute ausspricht und im Munde führt.

Um den Charakter ihres Ahnes Josef den Nachkommen bekannt zu machen, möge nachfolgender Zug seinen Platz finden: Als mein Vater im Jahr 1817 nach Znaim übersiedelte, um dort die jüdische Garküche in der oberen Vorstadt im Hause des damaligen Steinmühlenbesitzers Erlinger zu übernehmen, kam an einem Samstagabend, zur Zeit, als mein Vater das Hafdole-Gebet[1] verrichtete, der Hausknecht von Herrn Buchberger, einem Mann der vornehmsten Bürger in Znaim, mit dem Begehren: Herr König wird von seinem Herrn ersucht, ihn noch heute zu besuchen. Ich war als neun- bis zehnjähriges Bürschl und Liebling meiner Eltern der Page meines Vaters und mußte ihn als Leuchter mit der Laterne begleiten. Als wir ins Zimmer des uns Gerufenen eintraten, allwo sämtliche Hausleute versammelt waren, sprang der Hausherr von seinem Sitz auf, dem Vater entgegen, mit dem freundli-

---

1 Segen über den scheidenden Sabbat.

chen Willkommen: „Das freut mich, daß Sie sofort Folge leisteten. Ich möchte gerne für meinen ältesten Sohn eine Realität kaufen, und da ich gehört habe, daß Ihr Hausherr die Steinmühle feilbietet, wofür er fünfunddreißigtausend Gulden verlanget, und Sie als praktischer Mann den Kauf leichter zuwege bringen, so wollen Sie mir diese Freundschaft erweisen." Auf die Frage, um welchen Preis er die Mühle kaufen wollte, setzte der Herr Buchberger achtundzwanzigtausend Gulden an; jedoch möge mein Vater sich in den Büchern von dem Ertrag der Mühle, soweit es möglich wäre, überzeugen. Er gab sogleich als Angabe tausend Gulden dem Vater mit.

Wir empfahlen uns und gingen zur Steinmühle über den Trenkberg. Beim Eintritt war der Herr Müllermeister so überrascht, daß er unseren Vater fast küssen konnte. Auf die Frage „Was führt Sie denn so spät noch zu mir?" wurde ihm die Antwort zuteil, daß der Vater den Auftrag erhalten habe, die Mühle, wenn möglich, preisgünstig zu kaufen. Die Freude dieses Mannes zu beschreiben ist unmöglich, als er dieses Besuches Ursache hörte. Nachdem das Anbot fünfunddreißigtausend Gulden als zu hoch bemerkt wurde und der Vater in die Bücher Einsicht genommen hatte, setzte der Müller sukzessive den Preis bis achtundzwanzigtausend Gulden herab. Der Vater erbat sich schließlich eine achttägige Bedenkzeit. Mit diesem Bescheide stiegen wir wieder den Trenkberg zur Stadt hinauf und brachten Herrn Buchberger die Antwort, welche den Herrn Buchberger verstimmte. Der Vater hätte abschließen können und sollen. Allein – mein Vater erwiderte: „Sie haben mich als Sachverständigen beordert, und da, wie Sie wissen, jetzt der Malter Weizen fünfzig Gulden kostet und im Frühjahr auf drei bis vier Gulden bei guter Aussicht fallen könnte, so fällt auch der Preis der Mühle um den dritten Teil im Werte. Der Herr Buchberger ließ sich dieses sagen, nahm hundert Gulden und legte diese auf den Tisch für seine Bemühung. Allein – mein Vater war kein gemeiner Mensch, der alles für Interesse tut, und wies dankend das Geld zurück.

Das Frühjahr rückte heran, und es zeigte sich eine schöne Aussicht auf eine gute Ernte. Wieder an einem Abend kam der Hausknecht des Herrn Buchberger mit der Bitte, der Vater müsse ihn besuchen. Als wir das Zimmer betraten, kam Herr Buchberger freudig dem Vater entgegen mit fünfhundert Gulden in Händen, mit dem Bemerken, daß mein Vater weit klüger wäre als er und daß er gut geurteilt habe, indem auf dem heutigen Wochenmarkt der Weizen auf fünf Gulden gefallen wäre, daher er die Mühle bei zehntausend Gulden erhalten hätte und ihn damit entschädigen wolle. Mein Vater wies dieses Geld zurück mit dem Bemerken, daß er nicht aus Interesse gehandelt habe. – Wer kann sich vorstellen welchen Klang dieser Zug meines Vaters in Znaim damals gab!

Leider reiht sich an dieses Familienunglück, welches durch den Todesfall meiner ältesten Schwester, Betti Lindner, noch vermehrt wurde, das Wehklagen im allgemeinen, indem die in diesem Jahr ausgebrochene Cholera, die hier an manchem Tag zehn Opfer verlangte, verheerend wütete und wir uns über das Hinscheiden unseres Vaters mit dem hebräischen Spruch „Bephne roo neesoph hazadik." [Vor dem Übel ist der Gerechte heimberufen worden.] – weil er noch vor Ausbruch dieser Seuche eingetan worden ist – trösteten.

Gemeindeangelegenheiten –

Die Schule ward vakant...

Das Abtreten des hiesigen Kantors Abraham Sabl nach Triesch brachte ein Zerwürfnis in unserer Gemeinde hervor, denn obschon Abraham Hermann Schmidl an dieser Übersiedelung ein wenig schuld war, so war es doch die Dummheit, Halsstarrigkeit und Sucht nach einer frischen Gemeinde, die diesen Mann fortzog. Hauptsächlich aber dürfte dessen Weib, welche eine Rabbinerstochter aus Nachod in Böhmen war und großen Ahnenstolz hatte, die Triebfeder dessen gewesen sein. Und so kam es, daß der Pöbel dessen Entlassung dem Vorstande in die Schuhe schob. Insbesondere gab hiezu ein aufgeblähtes, von Ehrsucht und Roheit getriebenes Individuum, nämlich der mitgewählte Kultusvorsteher Selig Horner, die Veranlassung, indem er bei jeder Partei als Hauptperson dirigieren und sich wichtig machen wollte, während er durch Zweizüngigkeit den Samen der Zwietracht in die Gemüter streute. Mir ging die Sache so zu Herzen, daß ich – als nach der Aufnahme des bei der Probe allgemein akzeptierten Kantors Stern aus Weißkirchen durch Aufreizen dieses oben erwähnten Subjektes der größte Teil der Gemeinde später wider diese Wahl war und Stern auf alle erdenkliche Art insultierte – das viertägige Fieber bekam und volle fünf Monate leiden mußte.

Dieser Stern war ein guter Hebräer, hatte einige Realklassen gemacht und war ein Bonmotist und Gesellschafter, deren es in dieser Klasse wenige gab. Denn wenn er auch der Geschmacksweise des hiesigen Publikums nicht entsprach, so ist doch der Beweis seines geschulten Gesanges dadurch hergestellt, daß er von hier nach Holitsch mit einer halben Gehaltserhöhung und von dort nach Fünfhaus bei Wien mit einem weit größeren Gehalte als erster Kantor und Religionslehrer berufen wurde.

Wieder kehre ich zu meiner Lieblingsidee zurück. Die Schule ward durch das Ableben unseres vielgeliebten und geachteten Mannes Meier Schüller, der in seinem Testamente ein Legat mit zwanzig Gulden an Prämien für den bravsten Schüler machte, vakant, und da er mir bei seinen Lebzeiten sehr oft von der Tüchtigkeit seines Bruders Josef im Schulfache erzählt, ja ihn sogar in letzterem als Fachmann über sich erhoben hatte, so wurde mit Vergnügen und Akklamation dieser Josef Schüller sogleich während der dreißigtägigen Trauertage des ersteren als Oberlehrer aufgenommen, und die Folgen haben uns von der Wahrheit und Bescheidenheit des Seligen die sicherste Überzeugung verschafft.

Aber – nebst diesem Ersatz sollte dieses Jahr auch noch mehr Ersprießliches bringen, für die Nachkommen unserer Gemeinde ein ewiges Denkmal. Die Schule sollte fondiert werden, und obschon mein Kollege, der oft genannte Abraham Hermann Schmidl, der eifrigste Verfechter der Schule und deren Einrichtungen war, konnte ich ihn dennoch nicht dazu bewegen, daß, wie es längst in meinem Plane lag, jeder Heiratswerber eine gewisse Summe zur Gründung dieses Fonds beitragen möchte, sondern es wurden dabei eingegangene Beträge als zeitweilige Auslagen verwendet. Obschon hundert Gulden – welche von J. Jacob Singer aus Althart als Legat für seine verstorbene Gattin Katti, geborene Weininger, welche hiesiger Abkunft war, festgesetzt waren und von welchem ich Bevollmächtigter war, diese Stiftung zu realisieren – auf mein Bestreben die erste Schulstiftung geworden sind, so wurde mein Bemühen bloß durch die Übersiedelung des Schmidl nach Lomnitz erzielt, indem ich die ersten eingegangenen fünfzig Gulden, welche von Herrn Samson Hofman als Aufnahmsgeld gegeben waren, als Anfangskapital des Schulfonds verwendete. Nicht so leicht sollte der Beginn des Guten sein. Letztere fünfzig Gulden sowie weitere zweihundertzwanzig Gulden, welche von mehreren Heiratswerbern, deren das Jahr 1854 und 1855 viele hatte, eingegangen sind, die dem nachfolgenden Gemeinderat Johann Schmidl als Repräsentant eingehändigt wurden, verwendete dieser zur Bestreitung der Gemeindeauslagen, um den Gemeindebürgern eine Konzession zu machen, wodurch das Kultus-Budget kleiner ward – er entzog daher obiges Kapital seinem Bestimmungszweck.

Weil sie meinem angestrebten Ziele widersprachen, konnte ich diese Tat nicht nur nicht begünstigen, sondern mußte mich mit aller Kraft widersetzen und fand hierbei unseren Kollegen J. Hermann Ehrenreich als einen tüchtigen Mitverfechter. Und wieder war es die eiserne Konsequenz, die mich zur Ausführung dieses schweren Kampfes leitete. Dieses Geld mußte, ich sagte mußte, weil es die regierende Partei, nämlich Josua G. Paschka, welcher Gemeinde- und Kultuskassier gewesen, in Händen hatte, demselben auf Schuldschein geliehen werden, so wie die nächsteingegangenen zweihundertfünfzig Gulden dem Isak Winkler zum Ausbau seines unvollführten Hauses ebenfalls vorgeliehen worden sind. Die Zeitumstände und die öftere Beratung mit Fondsverwaltern belehrten mich, daß ich von der Zeit an weiter keine Gelder auf Privat-Obligationen, sondern zum Ankauf von Staats- und Lotterieeffekten verwendete.

Familiäres – Geschäftsausweitung

*... mußte daher bedacht sein,
eine Filiale zu eröffnen*

Meine Vermögensverhältnisse waren in diesem Jahre, wenn auch nicht die außerordentlich günstigsten, so doch wenigstens gut zu nennen, indem ich ohne fremde Hilfe meinen Einkauf zu decken immer imstande war. Da aber meine beiden ältesten Töchter den reiferen Jahren nahe kamen, so mußte ich darauf bedacht sein, dieselben meinen Verhältnissen angemessen ausstatten zu können. Da überdies durch das Ableben meines seligen Vaters unsere Übersiedlung in das neuerbaute Haus Nr. 151 an der Straße stattfand, so beschloß ich, das alte Haus Nr. 95, welches ich mit Mühe und großen Sorgen erworben hatte, zu veräußern und für vorbenannte zwei Töchter Mina und Sali anzulegen. Der Hausverkauf an Joachim Grünbaum brachte mir tausendsiebenhundertzwanzig Gulden ein, wovon dreihundertzwanzig Gulden als Waisengeld haften blieben und achthundert Gulden bar eingingen. Diese wurden an Max Österreicher in Stiegnitz verliehen. Sie wurden mir zum Teil bei Verheiratung unserer ältesten Tochter, Mina, mit Israel Schmidl von hier, dem ich siebenhundert Gulden Mitgift gegeben, im Jahre 1859 zurückerstattet.

In diesen Jahren hatten wir leider den Verlust von drei Geschwistern zu beklagen: meine Schwester Betti Lindner, die vierzig Jahre hindurch mit dem bösen Geschick ohne Geld und ohne Beschäftigung zu kämpfen hatte und bei alldem ein Muster von Reinlichkeit und Zärtlichkeit gegen Gatten und Kinder, mildtätig gegen Arme und Kranke, mitleidsvoll ohne Grenzen gegen Leidende war und an Glaubensgenossen und Andersgläubigen ohne Unterschied des Glaubens Wohltaten übte; meine zweite Schwester, Fani Weininger in Pulgrum, welche ebenfalls fünfunddreißig Jahre ohne Hilfe ihres Mannes, welcher von roher Natur war, zwölf Kinder erziehen, ernähren und versorgen mußte und von unbegrenzter Herzensgüte war, von allen, die sie kannten, tief betrauert; meinen ältesten Bruder, Gabriel, der seinen Ehestand nicht glücklich verlebte, um seine dreißig Jahre noch dazu das Unglück hatte, ein Gichtleidender zu werden und infolgedessen ganz erblindet ist, fast wie wahnsinnig wurde und dem sein Weib und seine Kinder nicht die gehörige Achtung schenkten. Ich sage, den Tod dieser drei Geschwister hatten wir in kurz nacheinander folgenden Zeiträumen zu beklagen.

Nicht minder trübte sich der politische Horizont, indem die Regierung alles im Jahre 1848 den Juden Gegebene zurücknahm, und es mußten diejenigen, welche nicht grundbücherliche Eigentümer einer Realität in Österreich waren, dieselbe zurückgeben. Dieser Schmerz schien unerträglich und währte bis zum Jahr 1859, nach welchem der italienische Feldzug eine Konstitution zustande brachte und die Juden einer Gleichstellung sich zu erfreuen hatten.

Das Jahr 1860 berief die Landtage einer jeden Provinz in ihren Hauptstädten zusammen. Aus diesen wurden die Reichsräte in einem Unterhaus nach Wien und vom Kaiser ein Oberhaus aus den erblichen Aristokraten gewählt. Allein – Ungarn wollte und konnte sich nach der Pragmatischen Sanktion und den ihm im Jahre 1848 von Kaiser Ferdinand gegebenen Rechten nicht mit den anderen Provinzen amalgamieren[1]), und so schleppte sich dieses Rumpfparlament mehrere Jahre fort, ohne ein wesentliches Resultat zu erzielen.

Für meine Familie ist das Jahr 1863, und zwar sein Ende und sein Anfang, zu verzeichnen: Meine Söhne Jacob und Salomon wuchsen heran, und obschon ich sie nach Wien zur Ausbildung in unserer Profession sandte, so konnte ich, da meine Gattin in der Erziehung mit mir nicht gleichen Schritt halten konnte, meinen Zweck nicht erreichen und mußte daher darauf bedacht sein, auf irgendeinem geeigneten Platze eine Filiale zu eröffnen. Obschon auch in dieser Beziehung meine Ehehälfte nicht einverstanden sein wollte, so begab ich mich konsequenterweise nach der Stadt Retz in Österreich, mietete daselbst ein Lokal samt Eisenhandlung unter meiner Firma mit der Leitung meines Sohnes Jacob und meiner Tochter Sali. Nachdem aber binnen einiger Wochen der hiesige Branntweinhausbesitzer, Herr Josef Bauer, nach Brünn übersiedelte und dieses Geschäft, das heißt das Schankrecht, an seinen Cousin, Johann Pollenz aus Czeitsch, vermietete, so wurde letzterer mit meiner zweiten Tochter, Sali, verlobt und am 6. März desselben Jahres mit einer Mitgift von neunhundert Gulden getraut. Meine dritte Tochter, Pepi, ersetzte diesen Posten in Retz, der ich die fünfte Tochter, Katti, zur Aushilfe beigegeben habe. Dieses Jahr war zwar nicht das kummervollste, aber das sorgenvollste, welches ich bis nun hatte, weil beide Unternehmungen in eine Zeit fielen, in der

---

1 Verschmelzen.

weder Frucht noch Wein geerntet wurden und ich drei volle Jahre mit der Haltung einer Equipage abwechselnd Misslitz und Retz besuchen mußte.

In eben dem Jahre 1864 übersiedelte meine älteste Tochter, Mina, mit ihrem Manne und Kindern nach Brünn, allwo sie von Herrn Ahron Schild aus Pohrlitz eine Alteisen-Niederlage übernahmen, und mit Gottes Hilfe sich ehrlich ernähren. Meiner zweiten Tochter, Sali, gelang das auch, trotzdem ihr Beginnen im Ehestand nicht das glücklichste war. So haben Gott und das Bemühen der jungen Leute es dahin gebracht, daß sie sich vor Ausgang des Pachtes das anstoßende Haus gekauft haben und dort ein Geschäft errichteten, welches ihren Bedarf deckt und von welchem sie vielleicht auch etwas ersparen können.

1866 –

... entsagte meine Frau als Leiche dieser Welt

Das Jahr 1866 beschwor uns einen deutschen Bruderkrieg herauf, indem Preußen, dem wir trotz Einsprache des Reichsrates im Jahr 1863 Schleswig-Holstein zu erobern geholfen haben, jetzt die beiden Provinzen für sich allein beanspruchte. Es machte dieser Potentat noch überdies ein Bündnis mit Italien, welches uns südlich und ersterer nördlich angriff. So wurden wir von beiden Seiten mit Krieg bedroht, wozu noch überdies Napoleon III. seine geheimen Ratschläge erteilte. Die Preußen schlugen uns bei Königgrätz am 3. Juli binnen drei Stunden am Nachmittag durch die Unvorsichtigkeit unserer Feldherren so total, daß unsere ganze Nordarmee, völlig in Unordnung geraten, die Flucht ergriff und sofort, ohne streng verfolgt zu werden, bis vor und hinter Wien, allwo Schanzen aufgeworfen waren, sich zurückzog. Ganz Böhmen, Mähren und Schlesien sowie ein Teil Niederösterreichs wurden von Preußen überschwemmt. Da die meisten in erstere Provinz sich flüchteten, so litten sie daselbst zwar Mangel an Lebensmitteln, wofür ihnen aber Mähren Ersatz leistete. Die zu Österreich haltenden Kleinstaaten als Sachsen und Hannover wurden alle zurückgedrängt. Bayern spielte einen Falschen, und so marschierten die feindlichen Truppen den 12. Juli 1866 gegen fünftausend Mann hier ein und quartierten sich, ohne anzuweisen, wo es ihnen beliebte, in allen besseren Häusern hier und in der Umgebung auf vierundzwanzig Stunden ein.

Mein Haus war so glücklich, von diesen Gästen im ersten Anmarsch befreit zu sein. Ich war nur darauf bedacht, die jungen Leute, Knaben wie Mädchen, fernzuhalten, weil ersteren durch ihr rasches Auftreten, letzteren aus Moralitätsrücksichten fernzubleiben angezeigt war und überhaupt der Ruf vorausging, daß sie junge Leute assentieren und nach Preußen zurücksenden, welches sich aber nicht bestätigte.

Obzwar diese Geschichte mehr der Weltgeschichte als der Familie angehört, so sei es mir gegönnt, einiges hierüber anzumerken: Der Feind drang von allen Seiten auf Land- und Heerstraßen gegen Wien vor. Alle Brükken, welche über Flüsse und Ströme führten, wurden weggeschossen und demoliert. Der rechte Flügel reichte bis Schaffa und Hardegg, allwo sie nicht weiter vordrangen, aus Furcht, von Krems aus durch die Schützen vernichtet zu werden. Der linke und stärkere Flügel ging zwischen Auspitz und Hradisch nach Ungarn bis Blumenau vor Preßburg, während der König und sein Gefolge als Zentrum geradeaus gegen Wien in Nikolsburg im Schloß sein Quartier aufschlug und die Truppen bis Stockerau und ins Marchfeld vorschob, bis bei Preßburg Frieden oder vielmehr Waffenstillstand und endlich in Nikolsburg und Prag Frieden geschlossen ward, wobei

Napoleon eine Hauptrolle spielte, um Deutschland zu zerreißen. Dieses gelang ihm nur teilweise, weil unter dem Protektorat Preußens sich ein Nordbund bildete, der allen europäischen Mächten und insbesondere Frankreich sosehr imponierte, daß sich letztere Macht als an Ansehen und Größe zurückgesetzt sah.

Die hier anwesenden feindlichen Truppen waren meistens intelligente Männer. Während des feindlichen Marsches wurde hier nur um dreißig Taler Huf- und Stabeisen requiriert, welches meinem Weibe sosehr zu Herzen ging, daß sie von der Stunde im stillen an Herzkränkung litt. Durch das unmäßige Leben der Preußen, welche Eier, Gurken, Butter und Selchfleisch durcheinander aßen und sich an unserem Wein und Bier nicht genug satt trinken konnten, wurden viele von der in dieser Zeit eingetretenen Cholera-Epidemie hingerafft, welche in civile weitere Nahrung fand und einen großen Teil der Bevölkerung mitfortraffte. Unter letzteren mußte auch ich ein Opfer bringen, indem ich bei meiner Ankunft von Retz am Vorabend des Versöhnungsfestes[1]) mein geliebtes Weib im Bette traf. Am 11. Tischri um 5 Uhr früh entsagte sie als Leiche dieser Welt. Die Trauer meines Hauses war groß. Sämtliche Kinder, bis auf die Älteste, welche in Brünn, und die Jüngste, welche einstweilen in Retz war, waren alle anwesend. Gleich darauf verfiel mein Sohn Salomon in diese Epidemie und wurde gottlob gerettet.

Einsam und traurig vergingen einige Wintermonate, und ich entschloß mich, meinen ältesten Sohn Jacob zu verheiraten, um mich zu erleichtern. Flora, Tochter des in Eibenschitz eines guten Rufes sich erfreuenden Herrn Wolf Schmeidler, wurde dessen Ehegattin. Die Folge hat es gezeigt, daß die Wahl eine getroffene zu nennen war, obschon der Vater Schmeidler nur zu bald auf Trennung des Retzer Geschäftes drängte, sodaß ich einen großen

---

1 Jom Kippur am 10. Tischri (September/Oktober).

Teil meines Kapitals und außenstehende Schulden einige Zeit unter meinem Sohne stehenließ.

Das Jahr 1867 war in geschäftlicher Beziehung ein gutes zu nennen, indem die österreichischen Provinzen an Getreide Überfluß hatten, wogegen in Preußen Mangel und sogar Hungersnot durch Entziehung der Arbeitskräfte 1866 herbeigeführt wurde, wodurch das Vierfache der von unserer Regierung gezahlten Kriegsentschädigung von zwanzig Millionen Taler unserem Lande ersetzt worden ist.

Amtsenthebung –

*Hütet euch, meine Nachkommen,
ein Gemeindeamt anzunehmen!*

Eine Episode aus dem Jahre 1870 möge hier ihren Platz finden; sie verdient, unter meine Erlebnisse eingereiht zu werden. Abraham Hermann Ehrenreich, unter den hiesigen jüdischen Einwohnern ein Geldaristokrat, aber allen Wissens und aller Kenntnisse bar, wurde des öftern, und zwar als noch die jüdische Gemeinde mit dem Markt vereint war, als Gemeinderat und nach der Trennung als Bürgermeister gewählt. Ich habe mich, indem ich mit meinem Hause und der Steuer zur Marktgemeinde gehörte, weder an dieser noch bei jener bei irgendeiner Wahl beteiligt und von jeder öffentlichen Verwaltung zurückgezogen, den Grundsatz annehmend, daß zwar jeder Mensch etwas beitragen soll zum öffentlichen Wohl, hingegen nicht verpflichtet ist, immer und immer wieder daran zu arbeiten. Da überhaupt das Gemeindewesen eine Lockerung durch die neue Verfassung bekam, so war es angezeigt, sich zurückzuziehen.

Ich war nur mehr Schulaufseher und Schulstiftungsverwalter. Was ich in diesen beiden Eigenschaften geleistet habe, darüber möge die Mit- und Nachwelt urteilen, obzwar in unserer Gemeinde bei einer Einwohnerzahl von zweihundert Familienvätern durch ihren Indifferentismus kaum fünf Personen sich von Schulfonds und Schulstiftungen Kenntnis oder Einsicht verschaffen wollten. Im Jahr 1869 wurde mir von der jüdischen Repräsentanz, Ehrenreich obenan, Herr Salomon Neuman als Kontrollor zum Schulfonds beigegeben – eine Verfügung, die angemessen und löblich war, indem es billigerweise angezeigt ist, einen Fonds, welcher bis dahin gegen sechstausend Gulden erreichte, nicht von einer Person verwalten zu lassen.

Wie ganz anders lautete ein zweiter Auftrag im Jahre 1870. In diesem letzten Auftrag von Bürgermeister A. H. Ehrenreich, von Hermann Eisner und Michael Kramer gefertigt, den beiden letzteren als Kultusvorstehern, ward mir beschieden, daß ich, nachdem die Gemeinde gesonnen ist, die Schulfondsverwaltung einer anderen Person zu übertragen, dieses Amtes sowie des Schulaufseheramtes enthoben werde. Ich möge binnen acht Tagen die Rechnungen und Papiere in der Gemeindekanzlei übergeben. Nachdem ich zu diesem Behuf das Hauptbuch und den Kontrollor unausweichlich benötigte, war ich genötigt, eine Eingabe an den Vorstand zu richten, wonach mir Vorstehendes zu Gebot stehen möchte und überdies die Person angegeben werde, welche die Übernahme vollziehen wird und meine Liquidation unterfertigen soll, worauf mir der kecke Bescheid zukam, daß ich weder das Buch zur Rechnungslegung bekäme, noch mir die Person namhaft gemacht werde, der ich zu übergeben habe, sondern daß ich Rechnungen und Papiere in der Kanzlei niederzulegen habe. So widersinnig und roh dieses Verlangen war, gegen welches ich bei der k. k. Behörde protestieren konnte, glaubte ich mich gegen das profane Gassengespräch – wonach der niedrigste Proletarier sein Urteil ausgesprochen hätte, daß ich gewiß die

Übergabe dieses Fonds darum verzögere, weil ich hievon Nutzen ziehe – schützen zu müssen, und so weigerte ich mich nicht weiter und übergab sämtliche Akten an den Herrn Salomon Schmidl gegen ein spezifiziertes Liquidationsprotokoll.

Als Schulräte wurden an meiner Stelle von Ehrenreich die beiden Herren Israel Herzog und Hermann Eisner gewählt. Daß die Art und Weise, wie das Landvolk Verdienste anerkennt, ich will nicht sagen belohnt, mich auf kurze Zeit im Gemüte beunruhigte, wird jeder, der diese Zeilen zu Gesicht bekommt, leicht beurteilen können, aber die Zeit heilt größere Wunden, und es war desto leichter für mich, der ich in der Weltgeschichte ähnliche Fälle des öfteren vorgefunden habe – und an größeren Männern als meiner winzigen Persönlichkeit vollzogen. Daher hütet euch, meine Nachkommen, ein Gemeindeamt anzunehmen!

Verehelichungen –

Möge Gott ihr Unternehmen segnen!

Die Wirtschaft von vier meiner unverheirateten Mädchen konnte mir nicht zusagen, und da überhaupt die älteste derselben durch ihre dreijährige Alleinherrschaft in Retz etwas mehr an vermeinter Selbständigkeit sich einbildete, so blieb mir nichts übrig, als eine Person, die mir von meinem Neffen und meiner Nichte in Eisgrub anempfohlen ward und die weiter keinen Anspruch machte, als in einem ordentlichen Haus Unterkunft zu finden, zu ehelichen. Theresia, geborene Fleischer, aus Bun–St. Georgen in Ungarn, gewesene verehelichte Bauer, ist nur um zwei Jahre jünger als ich und verspricht, meine Kinder, da sie keine besitzt, als die ihrigen zu behandeln. Die Folge hat es erwiesen, daß meine Wahl sowohl für meine Person wie auch für meine Kinder nur von Vorteil war, indem diese Person für meine Reinlichkeit, wie auch für die gute hausmännische Erziehung meiner Töchter ganz geeignet erscheint.

Das Jahr 1868 war zwar dem vorangegangenen Jahr etwas nachgestanden, aber immer noch gut zu nennen, weil teils die Fechsung[1]) und teils die Verbindungsbahn der Staatsbahn von Brünn–Wien–Pest, die dreiviertel Stunden von hier vorüberfährt und allen Klassen Verdienst gibt, auch meiner Branche Nutzen verschaffte. Zu Ende dieses Jahres verlobte sich mein Sohn Salomon mit Fanni, der Tochter des hiesigen Josef Kann, welche Heirat ich zwar nicht genehm fand, ihr aber auch nicht streng entgegentrat. Dieser Verehelichung, welche im Jahr 1869 stattfand, konnte ich durch ein Unwohlsein nicht anwohnen. Sein Domizil nahm Salomon mit Eisenhandel und Profession in Pohrlitz. Noch in demselben Jahr verheiratete ich meine Tochter Paulina mit einem schlichten und braven jungen Mann, Jacob Bader aus Schaffa. Es errichteten sich dieselben in Retz einen Kleinhandel und übersiedelten im Jahr 1871 nach Frain in Mähren.

Am 1. Dezember 1872 verheiratete ich meine Tochter Rose mit Sandor Steiner, Enkel des in Schidrowitz verstorbenen Rabbi Jehudah Steiner, dessen Gastfreundschaft und streng religiöser Lebenswandel allgemein bekannt war und der ein besonders guter Freund meines seligen Vaters war. Der Mann ist Drechsler, und es haben sich die jungen Leute in Baumgarten nächst Wien angesiedelt. Leider mußten sie gleich nach vierzehn Tagen den Leidenskelch zum Teil kosten, indem erst Sandor streng in die Blatternkrankheit verfiel und nach drei Wochen sein Weib Rosi ebenfalls die Blattern bekommen hat,

---

1 Ernte, Ernteertrag.

sodaß ich genötigt ward, meinen Sohn Michael zur Bedienung dahin abzusenden, der ihnen kochen und sie pflegen mußte. Es sind gottlob beide wieder genesen, und es werden sich dieselben durch Fleiß und Sparsamkeit hoffentlich ernähren.

Nach Rückkunft meines Sohnes Michael wurde meine jüngste Tochter, Josefa, leidend, und nach achttägigem Krankenlager ward sie mir entrissen, um in eine bessere Welt einzutreten. Sie starb am 4. Schewat. Welche Fähigkeiten diese meine Tochter, welche in ihrem vollendeten neunzehnten Jahre die irdische Laufbahn verlassen mußte, und welches Talent in Frauenarbeiten jeder Art sie besessen hat, davon kann die Mitwelt das beste Zeugnis geben. Ihr scharfer Verstand, gepaart mit einem ausdrucksvollen Auge und klangvoller Stimme, waren Zierde ihres schönen und anmutigen Körpers. Ruhe ihrer Asche!

Dieser Todesfall machte mich, trotzdem ich auf Gott vertraue, sehr alt, und ich konnte mich bei alldem, obwohl ich mit Festigkeit diesem Unglück Trotz bieten wollte, nicht ganz zurechtfinden und meinem Körper die verlorenen Kräfte nicht geben. Überhaupt erschütterten mich zwei wichtige Ereignisse, nämlich das Leiden der verheirateten Tochter Rosi, welche in kurzer Zeit ihre Mitgift durch beider Krankheitsfälle aufzehrte, und der Umstand, daß mein Sohn Salomon, welcher sein Geschäft in Pohrlitz gänzlich aufgelassen hatte, sein Weib und Kind hier zurückließ und nach Wien ging, um an der Börse seine Anstellung zu suchen, diese aber in vier Monaten nicht erhielt und endlich als Schlosser bei meinem gewesenen Lehrling Moritz Paschka eintrat. Salomon ging als Schlosser wieder nach Pohrlitz, und ich mußte das von ihm verkaufte Werkzeug von meinem älteren Sohne Jacob wieder zurückkaufen, um ihn in den Stand zu setzen, wieder arbeiten zu können, wozu ich ihm mit Blech und Eisen einigermaßen Aushilfe leistete. Leider sind alle meine Anstrengungen fruchtlos, denn wenn er auch ein guter Professionist ist, so sind teils seine Gesundheitsumstände, teils sein Leichtsinn sowie der seines Weibes danach angetan, nicht vorwärts zu kommen.

Unsere Gemeinde erlitt im Jahre 1876 einen herben Verlust durch das Hinscheiden des Rabbiners, Herrn Ascher Lamberg. Denn wenn dieser Mann schon durch sein körperliches Leiden einerseits und durch die Schwäche seines Charakters, das heißt, weil er keine Energie besaß, keinen Einfluß auf die hiesige Judenschaft auszuüben imstande war und Irreligiosität bei den einzelnen Individuen sich einheimisch machte, so nahm dieses Übel nach seinem Tod nur noch mehr überhand. Da überhaupt Ehrgefühl keine Tugend der hiesigen israelitischen Einwohnerschaft ist, so löste sich das Band der vormals den Juden angeborenen guten Eigenschaft der Zusammenhaltung fast gänzlich auf, und es fehlte nicht viel, daß beschlossen wurde, keinen Rabbiner anzustellen, die Kantorstelle aufzulassen, den Synagogenbesuch einzustellen und alles Heilige und sittlich Notwendige mit Füßen zu treten. Was die Folge bringen wird, wer vermag dieses zu bestimmen?

Für mich, der ich aus der früheren Zeit mit den Drangsalen der Menschen und mit denen unserer Nation zu sehr vertraut bin, und noch einen Funken von Religion und Zeremonie besitze, ist es herzleidend, wenn ich über alles Heilige von Injuranten, die von Gott und allem Besseren keinen Begriff haben, mit Entwürdigung muß reden hören, ohne daß ich solchen Leuten schweigen gebieten kann.

Im Monate Dezember 1876 verheiratete ich meine jüngste Tochter an Josef Winkler von hier, welcher ich tausendfünfhundert Gulden Mitgift gegeben habe. Das Ehepaar errichtete sich in Groß-Enzersdorf nächst Stadlau eine Holzhandlung. Möge Gott ihr Unternehmen segnen!

Nach mehreren Monaten wird mir die erfreuliche Nachricht, daß sich vorbenanntes Holzgeschäft bewährt und Aussicht vorhanden ist, daß es diesen Mann ernähren wird. Erfreuliches wurde mir auch von meinem Sohn

Salomon zuteil, indem er gottlob wieder seine Gesundheit erlangt hat und in der Profession seinen Nahrungszweig findet. Wenn auch die Pohrlitzer Israeliten mit seinen religiös-zeremoniellen Anschauungen nicht übereinstimmen und ihn deshalb verachten, so wird er seines geraden und schlichten Benehmens halber von der dortigen Beamten- und Bürgerschaft verehrt und geachtet. Ebenso ergeht es meinem Sohn Jacob in Retz.

Im Monate Mai dieses Jahres trat ich in mein siebzigstes Lebensjahr. Der Beginn dieser Periode ließ mich wahrnehmen, daß ich alt geworden und zu keiner anstrengenden Arbeit mehr tauglich bin. Die Läufer versagen ihren Dienst, die Fenster, deren ich mich bis nun ohne Glas bedienen konnte, wollen durch letzteres nur ihre Arbeit verrichten, und obschon ich mich der häuslichen Beschäftigung gerne hingebe, so übt der Sorgendruck des Geschäftes einen eigentümlichen Alp auf mein Nervensystem so gewaltig aus, daß ich mich sehr gerne vom Geschäfte zurückziehen und Ruhe im engsten Zirkel genießen möchte. Was aber hiezu größte Veranlassung gibt, ist, daß der heutige Landmann, nämlich der Bauer so wie der Häusler, nur auf Betrug und Bevorteilung des mit ihm verkehrenden Geschäftsmannes ausgeht und sich nicht scheuet, Lug und Trug allüberall anzuwenden, wo er seinen Vorteil wahrzunehmen nur gedenkt. Wenn ich demnach geneigt wäre, mein Geschäft meinem jüngsten Sohne, Michael, zu übertragen, so scheitert dieses an seinem Starrsinn, sich nicht verheiraten zu wollen.

Die Weltgeschichte wird durch Veranlassung der drei nordischen Mächte, nämlich Österreich, Preußen und Rußland, deren drei Kaiser vor zwei Jahren eine Zusammenkunft hatten, über deren Resultat bis heute noch kein Licht in die Öffentlichkeit getreten ist, um vieles bereichert, indem wahrscheinlich die Hinausdrängung der Türken aus Europa insgeheim beschlossen wurde und der nordische Koloß unter dem Vorwand, die Christen daselbst zu befreien, einen Krieg begonnen hat, der sich nun über Asien und Europa zieht und große Dimensionen annimmt. Die Russen zogen in großen Massen gegen Kars in Asien einerseits und gegen die Donau über den Pruth andererseits, hatten zwar bei Annäherung bei ersterem einen schweren Stand, indem die dort angrenzenden Kaukasier aufgewiegelt und zum Streit beredet wurden und demnach den Russen ihre Stellung sehr verleideten. An der Donau schloß sich Karl, Fürst von Moldau und Walachei, den Russen an. Beide Heere gingen ungestört über die Donau, drangen bis auf den Balkan vor, bis wohin ihnen die Türken nur wenig Gegenwehr bis auf kleine Scharmützel entgegensetzten. Von beiden Seiten werden Greueltaten ausgeübt.

Durch ein Familienereignis erschüttert, mußte ich im Jänner 1878 zweimal nach Wien gehen. Die im vorigen Artikel vermeinte Erwartung, daß mein jüngster Schwiegersohn, Winkler, anscheinend große Holzgeschäfte macht, zerfloß in ein Rinnsal. Er hat nicht nur viele Scheingeschäfte unternommen, sondern außer seinem Kreditgeber, dem er eine Summe Geldes schuldete, noch einen zweiten um Kredit ersucht, welcher diesen auch gewährte. Er sollte hiedurch, weil er insolvent war, in eine Strafuntersuchung verwickelt werden. Ich trachtete wohl, letzteres abzuwenden, jedoch konnte und wollte ich für die auszugleichenden Beträge bei seinen Gläubigern keine Garantie leisten, weil ich aus seiner Gebarung die richtigste Überzeugung hatte, daß er leichtsinnig und auch verschwenderisch gewirtschaftet hat. Sein Bruder Gottlieb übertrug das Geschäft auf seinen Namen, und es kam ein Ausgleich zustande. Was mein Gemüt darunter gelitten hat, kann nur der ermessen, der mit solchen Leuten wie der Mutter meines Schwiegersohnes zu tun hat, indem diese Leute den Ruin meiner Tochter Katti zuschrieben, weil sie Taglöhnern und Dienstboten ihren gehörigen Lohn ausbezahlte. Gott möge ihr beistehen!

Der Gemeinderabbiner –

*... wir wurden in unseren Erwartungen
sehr enttäuscht*

In unserer Gemeinde tauchte leider ein düsteres Bild auf: Ohne Weisel,[1] ohne Rabbiner, von profanen, unwissenden Leuten geleitet, ohne System, ohne Religion, indifferent im höchsten Maße, ohne Gemeinsinn gehen Schule, Synagoge, nein, auch die früher wenigstens in Anregung gebrachten Institutionen dem Verfall entgegen. Charakterlosigkeit überhandnehmend, Schönheitssinn außer acht lassend, das sind die Straßen zum gänzlichen Verfall unserer Gemeinde. Ich kann mich demnach bloß mit Noah, Job und Jeremias trösten, welche Welt, Haus und Tempel gebaut, zerstört und wieder gebauet erlebten. 1878 wurde dem hier angestellten Kantor Hirsch durch den Gemeinsten der Gemeinen, Ausschußmitglied Josef Eisner, welcher auf den dermaligen jüdischen Bürgermeister, Israel Herzog, den größten Einfluß hatte, gekündigt und an dessen Stelle ein zwar dem Gesange nach vorzuziehender junger Mann namens Müller aus Göding auf diesen Posten berufen, der aber – allen Wissens des Hebräischen bar – von letzterer Literatur oder Geschichte keinen Dunst besitzt. So muß es sich ein großer Teil gefallen lassen, bei den Vorlesungen im Pentateuch[2] wie auch in anderweitigen Gebet-Vorträgen die gröbsten Fehler mitanzuhören, ohne daß eine Abhilfe geschieht.

Nun wendet sich vieles zum Besten: Durch Strebsamkeit einiger weniger, die das Kultuswesen vertreten, ist es gelungen, den schon lange ausgeschriebenen Rabbinerposten mit der Person des Herrn Dr. Wolf, dermal Rabbiner

---

1 Vorsteher, Anführer.
2 Thora, die fünf Bücher Mose.

in Pissek, Böhmen, geboren in Holleschau, Mähren, zu besetzen. Obschon sich ein vorzeitiges Urteil über dessen Walten nicht leicht aussprechen läßt, sind doch die besten Hoffnungen nicht zu versagen. Der Mann, ledig und in seinem achtundzwanzigsten oder neunundzwanzigsten Lebensjahr, scheint reiche Erfahrung gemacht zu haben, ist voll von hebräischem und talmudischem Wissen, dessen Vorträge ohne Einmischung von fremden Sprachen recht populär gehalten sind und der, was viel sagen will, sein Hauptaugenmerk auf den Unterricht in allen Fächern zu leiten sich bemüht, gibt zu den besten Hoffnungen Anlaß.

Meine Tochter, Paulina Bader, welche auf Veranlassung meines Schwiegersohnes Pollenz mit Mann und Kindern ihr derzeitiges Domizil verließ, um in Pohrlitz ein Branntweingeschäft zu führen, ist im Juni 1878 nach letzterem Orte übersiedelt und muß derzeit von barem Geld zehren, weil sich der Kreierung dieses Geschäftes Hindernisse entgegenstellen. Gebe Gott, daß diese bald beseitigt werden mögen!

Es ist gottlob gelungen. Sie hat das Feiflische Gasthaus, obzwar teuer, jedoch mit guter Aussicht auf Parnossoh[1]) gepachtet, und es ist Hoffnung vorhanden, daß diese ehrlichen Leute ihr Fortkommen finden werden.

Im heurigen Jahr, dem 31. August 1879, nach hebräischer Zeitrechnung den 12. Tag Elul 5639, hat unsere Familie einen schweren Schlag erlitten. Es ist unser Bruder Israel, in Znaim wohnhaft, nach neunwöchiger Krankheit einer Gehirnlähmung erlegen. Dieser Mann, welcher sich durch schwere Arbeits- und Nahrungssorgen durchgewunden hat, um in seinen späteren Jahren etwas freier von Kummer leben zu können, von jeher von kräftigem und gesundem Körperbau, mußte in seinem fünfundsechzigsten Lebensjahre seinen Geist aushauchen. Friede seiner Asche!

---

1 Gewinn.

Das Jahr 1880 beginnt wohl in pekuniärer Beziehung etwas besser, dafür aber in jeder anderen Art für mich nicht am besten. So wie wir in unserer Jugend den Alten nicht zugesagt haben, so trifft uns wahrscheinlich das gleiche Los in unseren alten Tagen. Es findet sich keine Gesellschaft von gleicher Gesinnung. Von Religion und was sonst zum Glauben nötig ist, davon ist keine Rede mehr. So wie es bei den Propheten heißt: „Der Junge wird gegen den Alten, der Geringe gegen den Ehrwürdigen ohne Achtung sich benehmen." Selbst meine eigenen Kinder sind hievon nicht ausgeschlossen – und warum sollten sie es sein? Ist doch die ganze Generation vermessen und keck genug! Es wird alles Heilige entwürdigt und alles Ästhetische mit Füßen getreten.

Ich muß zur Ergänzung meines Berichtes über das hiesige Rabbinat um ein Blatt zurückgreifen: Die Folge hat dem Beginnen nicht nur nicht entsprochen, sondern wir wurden in unseren Erwartungen sehr enttäuscht.

Die dritte Ehe –

... der zweiten eingegangenen Ehe verlustig zu werden

Leider habe ich wieder ein Unglück zu verzeichnen: Den 23. Mar-Cheschwon[1]) starb meine Ehegattin Theresia Fleischer, geliebt und geachtet von jedem, der sie kannte, nach dreivierteljährigem Leiden infolge eines Magenkrebses. Wie tief mich dieser Todesfall erschütterte, kann nur der ermessen, der in der Lage war, der zweiten eingegangenen Ehe verlustig zu werden. Ich

---

1 Oktober/November.

machte für sie ein Legat mit hundert Gulden Rente, und es sollen an ihrem Sterbetag alljährlich von den hievon entfallenden Zinsen vier Gulden an hiesige jüdische Ortsarme auf Holz und zwanzig Kreuzer auf Baumöl als Jahrzeitlicht in der Synagoge verwendet werden. Hoffentlich werden meine Kinder und Nachkommen dieses nicht als eine Bevorzugung ansehen, denn einerseits ist das Legat aus ihrem hinterlassenen Vermögen und andererseits habe ich in meinem Testamente dafür Sorge getragen, daß sowohl für mich wie auch für meine in Gott ruhende Gattin Hani Nejedl ein ähnliches Legat bestimmt ist und, so Gott will, sogar für meine Eltern Josef und Theresia König ein Legat zum ewigen Andenken errichtet werden wird, und zwar nur dann, wenn in unserer Gemeinde das Armeninstitut, verbunden mit der Chewra Kadischa,[1]) geregelt werden wird, welches sehr im argen liegt.

Am 24. April 1881 bin ich in die dritte Ehe eingetreten, und zwar mit Frau Witwe Henriette Klam, geborene Flekeles in Wien. Es scheint diese Wahl eine soweit gut getroffene zu sein, als meine Kinder – wenigstens die hier anwesenden – mit ihr in bestem Einvernehmen leben und sehr kollegial mit ihr sind; hauptsächlich mein Sohn Michael, dem die Kost ihrer Küche besonders gut mundet. Hervorzuheben in dieser Periode ist, daß, nachdem mein Sohn Salomon in Pohrlitz sich zu ernähren nicht vermögend war und mich ersuchte, ihm die Werkstätte in meinem Hause zu überlassen, ich ihm dieselbe am 1. Mai 1881 samt allen Werkzeugen ohne Vertrag und ohne Entgelt auf unbestimmte Zeit überließ. Wie und in welcher Weise er sich dieser meiner Güte nutzbringend bedienen wird, soll die Zukunft lehren.

Mai 1881: Indem der hiesige Kantorsposten durch die Übersiedlung des Kantors Müller frei wurde, welcher nach Deutschland ging und durch dessen Abzug weder in

---

1 Begräbnisbruderschaft.

ritueller noch in liturgischer Beziehung der Gemeinde ein großer Verlust entstanden ist, so ward dieser Posten durch Vermittlung des hiesigen Rabbiners, des Bürgermeisters Israel Herzog, des Gemeinderates Michael Spitzer und des Kultusvorstandsmitglieds Isidor Horner, obschon bloß provisorisch in der Person eines Vagabunden S. Klein aus Ungarn besetzt, welcher bloß mit einer guten Stimme begabt, jedoch keinen Dunst von musikalischer Bildung, viel weniger von religiöser Fachkenntnis oder sonst klassischer Bildung besaß. Während die bessere Klasse stillschweigend diesem Treiben zusah, verheiratete sich dieser Unmensch, während seine Gattin noch lebte, zum zweiten oder dritten Mal mit der Tochter des hiesigen Schuhmachers Josua Meisl. Allein – die Bigamie wurde ruchbar, und er mußte nächtlicherweise flüchten, wodurch der hiesige Rabbiner zum k. k. Bezirksgericht eine Vorladung erhielt, deren Inhalt bis nun unbekannt ist. Leider haben sich dadurch Fraktionen gebildet, wodurch lange Zeit hindurch der Posten eines Kantors unbesetzt blieb und sogar viele Konkurrierende, welche zur Probeablegung hieherberufen wurden, unverrichteter Sache wieder abziehen mußten. Und noch bis heute, den 20. Dezember 1881, ist dieser Posten unbesetzt.

Den 8. November dieses Jahres brach auf eine bis heute noch unaufgeklärte Weise im Wiener Ringtheater fünfzehn Minuten vor Beginn der Vorstellung bei vollem Hause Feuer aus, wodurch bei siebenhundert Menschen ihr Leben einbüßten. Dieses Ereignis machte nicht nur in Wien, sondern auch außerhalb der Residenz und außerhalb Österreichs, sogar außer Europa ein solches Aufsehen, daß in acht Tagen von allen Seiten gesammelt ein Betrag zur Unterstützung der verwaisten Kinder und Notleidenden von einer Million zusammenkam. Auch Misslitz hatte ein Mitglied verloren, nämlich den Techniker Gustav, Sohn des hiesigen Schneiders Hermann Steiner, bei welchem ich zu Gevatter stand.

1882: Den 1. Jänner kam zu mir Frau Rosa Zwicker, Witwe in Zwittau, mit ihrem zukünftigen Schwiegersohne, Hermann Nettl aus Gilič in Böhmen, und sagte, daß ihnen Herr Dawid Ellenbogen angetragen hätte, daß ich willens wäre, mein Geschäft und Haus zu verkaufen. Ich möchte ihnen die Modalitäten bekanntgeben. Aber nur das Warenlager wollen sie ablösen, jedoch das Haus bloß auf sechs Jahre pachten. Ich brachte eine Vorbesprechung zu Papier, in welcher festgesetzt wurde, daß ich ihnen mein Warenlager, welches unfähr einen Wert von fünftausend Gulden repräsentiert, um den von mir angeschafften Preis und Frachtlohn überlasse, daß sie eine Anzahlung von wenigstens dreitausend Gulden bei der Übernahme, welche am 1. März 1882 angesetzt wurde, leisten müssen und daß sie den Restbetrag in vier monatlichen Raten zu fünfhundert Gulden nebst vier Prozent Verzinsung bis zur Tilgung desselben abzutragen haben werden. Für die Überlassung meines Hauses Nr. 151 in Misslitz, außer der Schlosserwerkstätte und dem Magazin, haben sie einen jährlichen Mietzins von zweihundertfünfundzwanzig Gulden nebst der Hauszinssteuer einvierteljährlich anticipando zu erlegen. Obschon bei der Übernahme Zwistigkeiten entstanden, wurde die Sache dennoch auf gütlichem Wege beigelegt. Es wurden wohl die dreitausend Gulden bar erlegt, über die restlichen zweitausendsiebenhundert Gulden von den Eheleuten Nettl ein Schuldschein ausgestellt, und ich bestimmte anstatt der ursprünglichen sechs Prozent für die restlichen zweitausendsiebenhundert Gulden bloß eine vierprozentige Verzinsung.

Antisemitismus –

*Eine unangenehme Strömung gegen unsere
Glaubensgenossen
machte sich bemerkbar*

Eine unangenehme Strömung gegen unsere Glaubensgenossen machte sich bemerkbar. Der Impuls hiezu ging von dem großen Staatsmann und Politiker Bismarck, dem Lenker von Deutschlands Staatsschiff, aus, ob aus dem Grunde, weil ihm die jüdisch-deutsch Liberalen im deutschen Reichsrate viel zu schaffen gaben, oder aus minderen Gründen, ist bis nun noch nicht aufgeklärt. Genug an dem – es schlossen sich in Preußen große Männer wie Treitschke und dergleichen mehr diesem widrigen Ansinnen an. Es wurde, Gott sei Dank, die ganze Angelegenheit durch Widerlegung von verschiedenen Seiten unter der Benennung „Antisemitische Bewegung" als dem 19. Jahrhundert unwürdig und als abscheulich im Keime erdrückt. Aber leider hat dieser Funke in dem absolutistischen Rußland unter dem Regime des Ministers Ignatiew Brennstoff gefunden, und es wurden und werden ganze Judengemeinschaften mit zehn- bis zwanzigtausend jüdischen Einwohnern dem Pöbel zur Plünderung, Mordbrennerei sowie zur Mädchen- und Frauenschändung preisgegeben, ohne daß Behörden, Polizei oder Militär die mindeste Bewegung machten, um die Bedrängten in Schutz zu nehmen. Die Zeitungen aller Schattierungen, mit Ausnahme der klerikalen, bringen haarsträubende Berichte aus Rußland. Obschon sich in Wien, Paris, London, Berlin und Frankfurt Komitees gebildet haben, welche den aus Rußland Flüchtigen in Amerika und anderen Gegenden Asyle anweisen und eine Massa Geldes sammeln, so reicht dieses alles für eine so große Anzahl von Emigranten nicht aus.

Am 12. Mai habe ich mein vierundsiebzigsten Lebensjahr zurückgelegt und trete demnach in mein fünfundsiebzigstes Jahresalter. Obschon ich mit Hilfe des Allmächtigen an Körperkraft ungeschwächt bin, tritt bei der mindesten Seelenunruhe oder durch irgendeine Kränkung in meinem Gemüt eine Störung ein, welche für mein Verdauungsorgan die nachteiligsten Folgen nach sich zieht.

Mit meiner Gattin Jetti habe ich im Monate März dieses Jahres im oberen Stock des dem Gastwirt Rudner gehörigen Kellers neben der evangelischen Kirche eine Wohnung, die zwar klein, jedoch für zwei Leute hinreichend ist, bezogen, allwo die Luft rein und die Aussicht aufs Gebirge sowie talwärts bis nach Pollau und Wisternitz an der Thaya sehr schön ist. Meine Beschäftigung besteht teils im Zeitunglesen und anderweitiger Lektüre, teils aber auch in körperlicher Bewegung, als Holzspalten etc.

Ich lese zwei in dieser Zeit erscheinende Broschüren, und zwar eine von Isidor Singer als Ratgeber über jüdische Gemeindeführung, Schule und Kanzel und die zweite von Josef Ritter von Wertheimer, Wien, in welcher der Bericht der Wiener Israelitischen Allianz nebst vom Vorstehenden rätlich beigegebener Anweisung zur Förderung unserer Emanzipation und zur Hintanhaltung des jetzt sosehr in den Vordergrund tretenden Antisemitismus enthalten sind. Herr Isidor Singer, welcher mit unseren heiligen Büchern eindringlich vertraut zu sein scheint und überdies auch mit unseren Zuständen sosehr verwoben ist, daß er mit vollem Rechte erst unsere Mängel bis ins kleinste Detail hervorhebt und dann belehrend an die Gemeindevorsteher, Rabbiner und Lehrer mit wahrhaft begeisterten Worten herantritt, vertritt die Meinung: Wenn es im Bereiche der Möglichkeit läge zu verbessern, zu verschönern, Institutionen in der Gemeinde zu wahren, bestehende aufzufrischen, neue zu schaffen, Schule und Gotteshaus ihre gebührende Achtung zu verschaffen, die Erziehung der Jugend nach jeder

Richtung zu fördern, würden wir nicht zurückgesetzt und verachtet werden in den Augen unserer christlichen Mitbrüder, denen wir, so glauben unsere jugendlichen Brauseköpfe, bloß dann gleichstehen, wenn wir mit ihnen an der christlichen Tafel teilnehmen.

Klagen –

Der Gottesdienst wird vernachlässigt...

Noch einmal muß ich das Jahr 1880, in welchem ich über das hiesige Rabbinat berichtete und in welchem ich die Täuschung ausgesprochen habe, der wir verfallen sind, in Erwägung ziehen, weil dieses den Verfall unserer Gemeinde mit Riesenschritten herunterzerrt. Wir wurden in allen unseren Erwartungen getäuscht. Die Schuljugend wird verwahrloset, die jungen Leute, welche ohnedies vom zeremoniellen Judentum nichts wissen und im Elternhause letzteres nicht üben, die Männer, welche von jüdischer Geschichte und unseren Erlebnissen wenig oder gar nichts wissen und hiedurch an dem Rettungsanker Religion keinen Gefallen und keine Stütze finden, das jüdische Weib, welches früherhin die Stütze des Hauses, die Erzieherin ihrer Kinder war, sind dem religiösen Wandel fremd. Der Gottesdienst wird vernachlässigt, und zwar derart, daß am Eingang des Sabbat fünf bis acht Erwachsene und hiezu im übrigen Kinder, welche nicht Bar Mizwa[1]) sind, den Tempel besuchen.

Am 26. Dezember 1882 verheirateten meine Tochter Sali und ihr Mann, Johann Pollenz, ihre achtzehnjährige Tochter Flora an den in ihrem Hause domizilierenden

---

1 „Sohn des Gebots", religiös mündig; in der Regel mit dreizehn Jahren.

Ölfabrikanten Josef Spitzer, Sohn des in Hosterlitz wohnenden Elieser, welchem Vermählungsfest hundertfünfzig Gäste von nah und fern anwohnten. Hervorzuheben ist hiebei, daß die Eltern ihrer Tochter zehntausend Gulden Mitgift und eine Ausstattung von einigen tausend Gulden gegeben haben, ein Betrag, der hierzulande etwas mehr als gewöhnlich gegeben genannt werden kann. Es verlief alles ohne Störung, und es durfte sich niemand über Unbequemlichkeit oder sonst etwas beklagen.

Im Jänner 1883 wurde ich durch eine mir zugezogene Verkühlung krank, der ich lange Zeit Trotz bieten wollte und der ich fast zu unterliegen glaubte, indem ich durch sehr starke Grippe nicht nur an Brustbeklemmung und Magenleiden viel leiden mußte, sondern sogar ein Kopfleiden hatte, welches mich im Bette nicht ruhen noch schlafen ließ. Sosehr ich an Menschen und deren Besuch gewöhnt bin, konnte ich, da mein Zimmer nicht den großen Raum hat, niemanden laut reden hören. Auf diese Weise dauerte mein Zustand zwei bis drei Wochen, in welchen ich weder Speise noch Trank außer den gereichten Medikamenten zu mir nahm. Der liebe Gott hat geholfen, und es sollten meine Tage Verlängerung erhalten. Nun bin ich nach wenigen Wochen wieder zu meiner Gesundheit gelangt, in der ich meine gewöhnliche Lebensweise, nämlich meinen Rundgang zu machen, wieder fortsetzen kann. Wohl bleibt manches zu wünschen übrig, welches zum Lebensglück gehörig nicht ausbleiben sollte. Allein – dieses sind Vorkommnisse, wie sie bei einer größeren Familienanzahl täglich hereinbrechen.

Zu letzteren Besorgnissen gehören hauptsächlich die Reibereien meines Sohnes Salomon mit meinem Pächter Nettl, dem die Ausübung der Schlosserprofession ein Dorn im Auge ist, weil er sich hiedurch beeinträchtigt glaubt. Mein Sohn ist durch sein körperliches Leiden aufgeregter Natur und wird, was auch wahrscheinlich sein dürfte, von seinem Weib mit Vorwürfen überhäuft, daß doch er, ihr Mann, dieses Eisengeschäft hätte nach dem Vater fortführen können. Was jedoch mein Herz noch intensiver berührt, ist, daß ich meiner Tochter Sali Tag für Tag Trost zusprechen muß über das Benehmen ihres Mannes ihr gegenüber, der zwar kein böses Herz hat, jedoch inkonsequent im höchsten Grade ist, sich von jedem äußerlichen Luftzug – und sei es vom ordinärsten und niedrigsten Menschen – bestimmen läßt, wodurch das Weib mitsamt ihren Angehörigen in den Kot getreten wird.

... so mußte ich die Klage durchführen lassen

1883: Im März dieses Jahres kam die Nachricht von meiner Tochter Pepi Bader aus Pohrlitz, daß, nachdem ihr Hausherr, Feitel, das Schankhaus verkauft hat, ihr dieses gekündigt wurde. Obschon ich nicht für die Familie zu sorgen bemüßigt bin, beratschlagte ich mich mit meinen zwei Söhnen Salomon und Michael und dem Schwiegersohne Josef Spitzer, ob es nicht ratsam wäre, das in der Judengemeinde vernachlässigte Gasthaus von den Wengerischen Erben zur Unterbringung der Familie Bader zu kaufen. Auf deren Zustimmung reiste ich nach Wien, kaufte dasselbe Haus Nr. 88 um viertausendvierhundert Gulden, um am 1. April zu übernehmen. Als ich jedoch vierzehn Tage später mit dem Geldbetrag dort anlangte, mußte ich der Verkäuferin, Viktoria Wenger, für die Abtretung der Konzession, welche keinen Wert hatte, hundert Gulden nachzahlen. Welches Herzleid und Kränkung ich hatte, bevor ich den Pächter Rosenfeld aus dem Hause entfernen konnte, ist unbeschreiblich. Ich mußte nun dem Auftrag einer gründlichen Renovierung des Hauses Folge leisten. Die Arbeit war viel zu beschwerlich und vieles des Baus faul und zerstört. Ich mußte zum Beispiel hundert neue Fensterscheiben machen lassen. Nun, da ich soweit mit Gottes Hilfe bereits fertig bin, meine Tochter Pauline mit ihrem Mann und den Kindern sowie auch ich mit der Meinigen eingezogen sind, ist ein Stück große Arbeit vollbracht.

Nun haben sich neue Sorgen eingestellt: Zwei Leute von geringstem Kaliber, und zwar Isak Wertheim und dessen Cousin Isak Grünbaum als Armenfonds-Verweser klagen mich auf Besitzstörung aus Rache, weil der Bruder, Joachim Grünbaum, dieses Haus kaufen wollte und ich ihm zuvorkam. Der Gutsherr hat alle freien Plätze des Dominikalgrundes dem jüdischen Armenfonds geschenkt, und da mein Vorbesitzer Wenger von der verstorbenen Gutsfrau soviel Raum als Geschenk erhielt, als er sich angeeignet hatte, jedoch nicht im Grundbuche alles verzeichnen ließ, der Raum aber seit mehr als dreißig Jahren teils verbaut, teils eingezäunt und mit Bäumen besetzt ist, so glaube ich, nichts zu verlieren.

Den 12. Mai des Jahres 1883 habe ich mein fünfundsiebzigsten Lebensjahr zurückgelegt, wofür ich dem Gott und Lenker unserer Geschicke vielmals danke. Im Monate Juni 1883 besuchten mich Herr Michael Kramer als Bürgermeister und Hermann Eisner, Gemeinderat, und ersuchten mich, von meiner Meinung abzustehen, als gehöre mir der übrige Grund, der nicht im Grundbuche auf meinen Namen angeschrieben wäre, und mich zu einem Vergleich herbeizulassen. Da ich mich in keinen Prozeß einlassen wollte, bezahlte ich hundertfünfundzwanzig Gulden an den hiesigen jüdischen Armenfonds, wofür mir der Raum des Gartens und Hofes, obschon noch nicht zugeschrieben, jedoch als Abtrennung zugesagt wurde. – Meine Beschäftigung besteht in häuslicher Arbeit, aufräumen und dergleichen.

Bis zum Oktober 1883 habe ich dieses Haus Nr. 88 samt den Baulichkeiten ausgezahlt, und da ich im Juli eine Konzession hierauf als Gast- und Schankhaus erwirkte, welches meine Tochter Pauline und ihr Mann leitet und welches zu den besten Hoffnungen Aussicht hat, so wäre alles nach Wunsch erfolgt.

Allein – wie nichts auf Erden vollkommen ist und sein kann, so ging es auch mir: Meine Tochter so wie ihr Mann sind nicht diejenigen, die das Gute anerkennen. Sie sehen dieses Ereignis nicht als Grund zur Dankbarkeit an, sondern gerieren sich als Eigentümer, grob und roh, und es wird eine große Aufgabe heißen, wenn ich mit diesen Leuten werde auf gutem Fuße bleiben können.

Im Auftrag der k. k. Regierung werden für alle Gemeinden neue Grundbücher angelegt, und bevor der betreffende Beamte sich dahin verfügt, werden Besitzbögen für jeden Haus- und Grundeigentümer nach der im Orte bestehenden Mappe zugemittelt. Der mir für das Haus Nr. 88 zugestellte Besitzbogen zeigt oder enthält hundertsiebenundachtzig Quadratklafter Ortsried und sechsundsiebzig Quadratklafter Garten. Da der 19. Feber d. J. zur Besichtigung und Vollziehung eines jeden Besitztums bestimmt ist, so wird es sich zeigen, ob ich die hundertfünfundzwanzig Gulden, welche ich an den israelitischen Vorstand gegeben habe, rechtmäßig abverlangt oder unnützerweise gegeben wurden.

Da Ende Oktober 1883 die letzte Rate des Kaufschillings für Eisenwaren der Eheleute Nettl per fünfhundertvierzig Gulden samt vier Prozent vom Monate nach Abschlag der von ihnen richtig eingehaltenen Termine fällig war, welches ihnen hundert Gulden Nachlaß eintragen sollte, sie aber nicht bezahlten, so mußte ich die Klage durch Dr. Meister in Znaim durchführen lassen. Meine Gegner hatten Dr. Haas aus Brünn, welcher bei der ersten Tagfahrt einwendete: Nachdem die Gegner mit dem Übernehmen sämtlicher Eisenwaren erst am 10. März fertig wurden und der Schuldschein vom 1. März 1882 datiert ist, so erscheint ein Widerspruch. Bei der zweiten Tagfahrt erschien derselbe mit einem Verzeichnis sämtlicher gekaufter Waren, wobei angemerkt war, daß ich diese Leute im Preise überzogen hätte, während dieselben in der Schulderklärung ausdrücklich erklärten, daß sie sowohl mit den Preisansätzen als auch dem Gewicht und der Zahl einverstanden waren, und überhaupt mit eigener Handschrift in meinem Stempelbuche alles aufgezeichnet hatten. Es mußte mein Doktor gegen zehn Bogen als Replik vollschreiben. Daß mein Gemüt hierbei leidet, wird wohl jedermann einsehen und glauben.

1884: Vorstehender Prozeß ist Ende Juli noch nicht beendet, und schon hat das Geschick ein zweites Leid zuwege gebracht: Als ich im Jahre 1883 den Wasserlaufgraben, der zwischen meinem Hause und dem Wenzeldorfer Judengärten ein Rinnsal formiert, längs meines ganzen Besitztums ausheben und reinigen ließ, rieten mir die Deichgräber, daß ich an der Böschung meines Ufers Stoppeln oder sogenannte Setzlinge einsetzen möge, damit der Graben dadurch an meiner Seite mit diesen letzteren verwachsen und dadurch nicht weiter eingerissen werden könne. Ich befolgte diesen Rat und ließ hundertfünfzig Stück solche Stoppeln von sechs Fuß Länge einsetzen, wovon jedoch schon nach einigen Tagen durch ruchlose Hände zwei Drittel derselben herausgezogen und vernichtet wurden.

Nach einigen Monaten ließ mich der Wenzeldorfer Gemeindevorstand zum Graben hinabrufen und forderte mich auf, die noch übrig stehenden Stoppeln zu entfernen, weil hiedurch ihr Ufer bei Überschwemmung Gefahr laufe, worauf ich in meiner Unschuld und Unwissenheit dahin mich entschuldigte, daß, nachdem das diesseitige Ufer denn doch der Judengemeinde gehöre, ich doch erst meinem Gemeindevorstande hievon Anzeige erstatten müsse, welch letzterer mich auch dahin unterstützte, daß, nachdem der Wassergraben zur Hälfte der Wenzeldorfer und zur Hälfte der Judengemeinde gehörig ist, ich die Stoppeln nicht auszuziehen brauche, und er stellte dieses der Wenzeldorfer Gemeinde schriftlich zu. Allein – letztere richtete durch einen Doktor beim Brünner Gericht und bei der Hauptmannschaft eine Besitzstörungsklage wider mich, und da ich vom israelitischen Vorstand nur mit Phrasen unterstützt wurde, so wollte ich mich bei der ersten Tagfahrts-Kommission nicht vergleichen. Es wurde eine zweite Kommission mit Zuziehung des Kreisingenieurs und Bezirkskommissärs bestimmt. Bei Aufnahme des Protokolls sah ich ein, daß zwar bloß zwei Stoppeln vorgefunden wurden, jedoch ein langes und breites aus diesem Prozeß entstehen könnte, welches bloß durch die Unkenntnis des jüdischen Bürgermeisters, meines Neffen Michael Kramer, entstand. So bezahlte ich die Kosten in der Höhe von neununddreißig Gulden nebst meinen Kosten von fünfzehn Gulden und stand gänzlich von meinem Vorhaben ab. Dieses ist der zweite Akt der Unterstützung durch meinen Gemeindevorstand, den letzterer ihrem sechsundsiebzigjährigen Mitbürger in Liebe und Achtung angedeihen läßt. So geschehen, den 5. Juni 1884.

Hauptursache dieses Vergleiches war, daß ich und meine Gattin ins Bad reisen wollten, welches auch am 15. Juni 1884 nach Baden bei Wien vollzogen wurde, allwo wir durch dreiundvierzig Tage Bäder, ich warme Bäder in Baden und sie kalte Bäder in Vöslau, genommen haben und sie den besten Erfolg hievon hatte.

Indem ich des Prozeßführens müde bin ...

Eine alte Sage von Raschi[1] lautet: Als sich unser Patriarch Jacob zur Ruhe setzen wollte, überkam ihn das Leid des Verschwindens seines Sohnes Josef. Obschon ich mich keineswegs zu den Frommen meines Zeitalters zu zählen berechtigt fühle, so empfinde ich dennoch, daß der Gläubige nicht aufhören darf, an einen Lenker unserer Geschicke zu glauben und auf ihn zu vertrauen. Ich war kaum einige Zeit in meinem Hause, um von der Badereise mich ein wenig zu erholen, als mein Schwestersohn, Gevatter Gottlieb Kramer, ein böser rachsüchtiger Injurant, mich anklagte. Ich soll sofort meine Pumpen auf meinem Territorium beseitigen – welche in meinen Brunnen mit seiner Einwilligung vor vierzehn Monaten eingesetzt wurden, weil in besagten Brunnen ein Wasserkanal aus dem Brunnen seines Kellers hineinmündet – und den Auslauf im vorüberlaufenden Wassergraben, den ich

---

[1] Rabbi Schelomo Jizchaki, jüdischer Gelehrter 1040 bis 1105.

durch ein eisernes Rohr zur Sicherstellung gegen ein Zurückstauen des anschwellenden Baches angelegt hatte, beseitigen. Obschon ich mich vor Erscheinen einer gerichtlichen Kommission herbeilassen wollte, daß, wenn er mir angeben wolle, was und wodurch er von meiner Änderung Schaden erleide, ich bereit bin, sofort seinem Willen zu entsprechen, war er nicht zu bewegen, mir anzugeben, wie und was ich eigentlich umändern oder auflassen sollte, bis die Kommission erschien. Ich wurde zur Entfernung der Pumpe aus meinem Brunnen, zur Entfernung des Auslaufrohres und gänzlichen Offenlassung des Ablaufes, welchen ich aus diesem meinem Brunnen hergestellt habe, veranlaßt und mußte überdies dreiundzwanzig Gulden Kosten bezahlen, weil ich mich auf einen Rekurs an die Statthalterei nicht einlassen wollte. Das Merkwürdigste bei dieser Sache ist, daß, nachdem ich den Bürgermeister Kramer, welcher dessen Bruder ist, von dem Vollzug des mir gegebenen Auftrages benachrichtigen ließ und letzterer den Kläger von der Richtigkeit des Vollzuges verständigte, der Kläger selbst mit diesem noch nicht zufrieden war, jedoch nicht anzugeben wußte, was er eigentlich wolle. So geschehen, den 25. September 1884.

Anknüpfend an Seite 145 [hier S. 138], wonach ich der Gemeinde respektive dem Bürgermeister, Michl Kramer, hundertfünfundzwanzig Gulden als Abfindung einhändigte, und zwar auf eindringliches Anraten meines Neffen, Josef König, mit der Gemeinde in keinen Prozeß mich einzulassen, obzwar ich alle Aussicht hatte, den Streit zu gewinnen, sondern mich mit den Leuten auszugleichen, obschon mir mehrere Beamte rieten, keine Antwort in dieser Sache zu geben: Nun habe ich nach einigen Monaten an den Vorstand mit Beilage meines Besitzbogens, welcher auf zweihundertdreiundsechzig Quadratklafter lautet, ein Gesuch eingereicht, in welchem ich das Begehren des Vorstandes als irrtümlich darstellte und um Rückerstattung meiner hundertfünfundzwanzig Gulden ersuchte. Hierauf wurde mir der Bescheid, daß ich mich mit dem Kaufvertrag ausweisen solle, in welchem jedoch im Grundbuche bloß ein Gebäude auf hundertdreiundzwanzigdreiviertel Quadratklafter vorgemerkt erscheint.

Ich verfügte mich zum Rentmeister des Herrn Baron von Hopfen und ließ mir von diesem einen Auszug aus dem Buche seines Katasters von der an Moses Wenger seinerzeit abgetretenen Grundparzelle mit dessen Namensfertigung geben, welches ich dem Vorstande präsentierte. Dieses wurde als ungenügend abgewiesen. Ich reiste nach Wien zu Herrn Baron von Hopfen und ersuchte ihn, und er versprach Abhilfe. Er müsse jedoch zuvor einen Auszug aus seinen Büchern in Misslitz bekommen. Als ich zu Hause anlangte, war ein Auftrag an seinen Rentmeister schon eingelangt. Der Auszug wurde gemacht und nach Wien geschickt. Da ich aber unter einem Monat keine Antwort erhielt, wendete ich mich schriftlich an den Herrn Baron, welcher mir antwortete, daß er gut wisse, seinerzeit an meinen Vorbesitzer, Moses Wenger, nebst dem von seiner Mutter an letzteren abgetretenen Grund noch Hof und Garten gegeben zu haben, und daß die Gemeinde kein Recht habe, auf den an meine Vorbesitzer vor mehr als dreißig Jahren abgetretenen Grund einen Anspruch zu machen. Dieses Schreiben, welches ich nach dessen Ausspruch dem Vorstande vorzeigen soll, habe ich vorgelegt, und auch hierauf bekam ich bloß Bescheid, daß ich mich mit einem früheren Besitzbogen ausweisen soll.

Nachdem im Kromauer Steueramt von den alten Bögen nichts zu finden war, wendete ich mich an das Katastralamt in Brünn, und von dort wurde mir der Bescheid, daß ich mich an den Geometer in Kromau zu wenden habe. Nach langem Warten erhielt ich endlich einen Auszug des alten Bogens, in welchem der Besitzstand von zweihundertdreiundsechzig Quadratklafter mit dem neuen Bogen übereinstimmte. Als ich endlich mittels Gesuch auch dieses einbrachte, wurde mir vom Vorstand der Bescheid, nach welchem ich mit meinem Begehren abgewiesen wurde. Indem ich des Prozeßführens müde bin, habe ich keine weiteren Schritte mehr gemacht, und ich tröstete mich darüber, daß mir hundertfünfundzwanzig Gulden nebst siebzig Gulden Kosten verlorengingen, und lebe in der Hoffnung, Gott wird das Unrecht belohnen.

Wo ist Hoffnung auf Besserwerden?

Allgemeine Bemerkungen über die Welt und die Menschen in der Sphäre, in der ich lebe und wohne, dürfen hier eine Stelle finden: Obzwar jedem Erdensohn, dem von Gott ein hohes Alter beschieden ist, in den späteren Tagen der Umgang mit der jüngeren Generation unbehaglich erscheint, kann es geschehen, daß er selbst unter Männern seines Alters im Umgang kein Vergnügen, keine Unterhaltung, wenig oder gar keine Gleichgesinnten findet, überhaupt auf dem Lande, wo sich bloß solche Individuen niederlassen und ansässig machen, welche weder klassische noch soziale Bildung genossen haben, aber auch bei sehr wenigen Herzensbildung anzutreffen ist, wohl mancher gut zu sein scheint, bei dem es mehr Leichtsinn als Güte ist, und wo der Indifferentismus in größerem Maße vorhanden ist. Und was über allem die Oberhand hat, daß die Menschen jetzt mehr am Materialismus festhalten. Wohl schmeichelt es dem gewählten Bürgermeister, Vorsteher etc., auf einem Posten zu stehen, der geehrt werden sollte. Aber wie ist es möglich, sein Amt mit Gewissen und Umsicht zu leiten, wenn er seine Interessen weit höher hält als die allgemeinen, die er mit Leib und Seele durchzuführen berufen wäre?

Nun kommt hiezu die neue Einteilung, wonach das Kultuswesen und dessen Verwaltung vom Politischen scharf begrenzt und getrennt ist, also zwei entgegengesetzte Elemente. Außerdem ist in jeder jüdischen Gemeinde eine Totenbruderschaft, deren Bestand zwar einen löblichen Zweck hat, deren Institution jedoch veraltet, verrottet, gar nicht mehr der Zeit angemessen erscheint –

und über alldem sich die Vorsteher dieser Anstalt von niemandem überwacht, keiner Behörde sich unterworfen fühlen und uneingeschränkt schalten und walten. Schließlich kommt hiezu, was der ganzen Sache die Krone aufsetzt, daß, wie ich schon früher meine Bemerkung zu machen Gelegenheit hatte, mit der Aufnahme eines Seelenhirten ein so starker Mißgriff gemacht worden ist, daß alles Heilige entwürdiget und mit Füßen getreten wurde, welches hier niederzuschreiben die Feder sich sträubt. Wie das alte Sprichwort sagt: „Besudle das Fleisch in Asche, und esse es dann selbst!" Bei diesen Umständen ist es kein Wunder, daß die Korporationen zerfallen, sich auflösen, verwildern und fern von allem Besseren in Schlamm versinken. Wo ist Hoffnung auf Besserwerden? Wo Hilfe auf Änderung zu erwarten? Oder sollte wirklich der biblische Spruch in Erfüllung gehen, daß, wenn es so tief gesunken sein wird, daß es nicht weiter herabsinken kann, Hoffnung zum Auferstehen vorhanden sein wird?

Das Jahr 1886 brachte in meiner Familie eine Änderung. Meine Tochter Rosi, welche sechs Kinder hat, deren Mann Drechsler ist, sich jedoch des großen Zinses und der Steuer wegen in Fünfhaus sehr schwer fortbrachte, sodaß ich genötigt war, von Zeit zu Zeit Hilfe zu leisten, wurde von meiner Tochter Pollenz besucht. Da letztere mit Glücksgütern gesegnet ist, daher eine schöne Wohnung etc. besitzt, bei ihrer Schwester Rosi aber nur ein Zimmer, in welchem Werkstätte und Wohnung vereint und das nicht so ausgestattet ist, als sie es in ihrem Haus findet, kam sie mit Zetergeschrei nach Hause und klagte mir dieses Elend. So entschloß ich mich, welch Opfer mich dieses auch kostete, für meine Tochter Rosi in der hiesigen Judenstadt ein Haus à achthundert Gulden mit vierhundert Gulden Anzahlung und vierhundert Gulden Sparkassaschuld in Joslowitz von B. Meier zu kaufen. Da mir jedoch die Zinsen zu hoch schienen, so zahlte ich es gänzlich aus, und dem Anschein gemäß werden sich die tätigen Leutchen fortbringen.

Was die besonnene und bessere Klasse der hiesigen jüdischen Bevölkerung vor sechs bis sieben Jahren vorausgesehen hat und den Mahnruf an den Vorstand nur zu oft ergehen ließ, nämlich den Rabbiner zu beseitigen, was jedoch aus persönlicher Neigung gegen ihn nicht erfolgte, das mußte vier Wochen vor unserem Neujahr[1] nunmehr von seinen Gönnern mit Sturm gefordert werden, indem er sich eines Vergehens schuldig machte, dessen hier zu verzeichnen die Feder sich sträubt. Es wurde ihm eine sechsmonatige Frist nebst Gehalt zugestanden, jedoch hat er sich jeder Funktion zu enthalten.

Im Monat November 1886 verschied in Rausenbruck unser Cousin Selig, ein Sohn unseres Onkels Wolf König, als braver rechtlicher Mensch und Jude. Friede seiner Asche! Auch der älteste in unserer Familie, nämlich Abraham Herzog, neunzig Jahre alt, ging in eine schönere Welt über.

Im Jahre 1887 ist das wichtigste Ereignis, daß ich den 28. September 1887 das Wengerische Judengasthaus Nr. 77, welches ich im Jahre 1883 angekauft habe, an meinen Schwiegersohn Jacob Bader und meiner Tochter Paulina, des ersteren Ehegattin, per sechstausend Gulden verkaufte, bedingungsweise, daß sie mir sogleich tausend Gulden als Angabe und fünftausend Gulden in Raten und zwar jeden 15. Jänner, 15. April, 15. Juli und 15. Oktober jedes Jahr mit fünf Prozent Verzinsung, letztere immer im vorhinein, in vierteljährlichen Zahlungen von hundertfünfundzwanzig Gulden bei Terminverlust abzuzahlen verpflichtet seien. Hiemit sei ihnen gezeigt, daß ein Vater immer dann doch barmherzig sich zeigt, wenn Kinder es verdienen. – Gebe Gott, daß sie es durchführen sollen zum Guten!

Die als Angabe von meinen Kindern Jacob und Pepi Bader erhaltenen tausend Gulden übergab ich meinem Sohn Salomon zur Errichtung eines Eisenhandels unter

---

1 1. Tischri, im September.

der Führung seines Weibes Fani, geborene Kann. Möge es ihnen gelingen, das auf die Firma Raphael Königs Nachfolger eröffnete Geschäft glücklich zu führen. Wir wollen warten, was die Zukunft bringen wird.

Späte Anerkennung –

Ein schöner Tag meines Lebens ...

Meine Übersiedlung nach meinem Hause Nr. 151 an der Straße kostete mich große Anstrengung, da ich, um Prozessen auszuweichen, den ausziehenden Parteien keine Anstände wegen Verletzungen in meinem Hause machte und lieber meinen Sack öfters öffnete, ohne meine körperliche Anstrengung in Rechnung zu bringen. Demnach sind wir im Monat Mai 1888 völlig fertig mit allen Einrichtungen, und ich habe mit Hilfe Gottes den 12. Mai d. J. im Stillen meinen achtzigsten Geburtstag gefeiert. Da einer meiner Gönner dieses in der „Neuzeit"[1]) einschaltete, so wurden mir von auswärts brieflich und telephonisch Glückwünsche zugesendet.

1888: Am 17. Siwan 5648 verschied meine Schwester Katti, verehelichte Kramer, nach langem Krankenlager in ihrem vierundsechzigsten Lebensjahr, von vielen der unserigen betrauert. Am Krankenlager besuchten sie viele. Sie ruhe in Frieden, und mögen ihre geübten Wohltaten ihre Fürsprecher sein!

Im März 1888 räumte ich meinem Sohn Salomon mein im Haus Nr. 151 bestehendes Verschleißgewölbe samt zwei Magazinen und Eisenlagern im Hof zum Eisenhan-

---

1 Seit 1861 erscheinende Wochenschrift der liberalen Gruppe in der Wiener jüdischen Gemeinde.

del ein. Es scheint der Erfolg recht gut zu sein für ihn. Den 29. September traf der neugewählte Ortsrabbiner, Herr Dr. Simon Stern, in Neustadt an der Waag in Ungarn geboren und in Prag an der dortigen Erziehungsanstalt der Israeliten als Religionslehrer wirkend gewesen, hier ein, welcher in Gesellschaft seiner Eltern reiste, sohin ein feierlicher Empfang bereitet wurde, nachdem derselbe sowohl vom Gemeinde- als auch vom Kultusvorstande und überdies von einigen hiezu geladenen älteren Gemeindemitgliedern in der Gemeindekanzlei mit einer Ansprache freundlichst bewillkommt und in dessen bereitstehende Wohnung, welche schon früher möbliert wurde, geleitet worden ist. Wir geben uns der Hoffnung hin, daß die Wahl eine gelungene sein möge, auf daß die Herde unter der Leitung dieses Mannes in Beziehung auf Einigkeit, religiösen Sinn und, was über allem Wert hat, die Erziehung der Jugend und Erhaltung der Institutionen gedeihen möge.

Ein schöner Tag meines Lebens ist der 3. Dezember 1888, als zum vierzigsten Regierungsjahr unseres vielgeliebten Landesvaters, Sr. Majestät unseres Kaisers Franz Joseph I., am Morgen ein Schulfest abgehalten wurde, welches im hiesigen Tempel auf Veranstaltung des derzeitigen Oberlehrers und Schulleiters, Herrn Markus Fessler, durch eine Ansprache eröffnet wurde, zu welchem auch der Rabbiner, Herr Simon Stern, den Schlußsatz an die anwesende Schuljugend dahin aussprach, daß dieselbe immer beflissen und bestrebt sein möge, ihrem Lehrer, ihren Eltern, wie auch jedem Menschen mit Ehrerbietung und Achtung zuvorzukommen. Nach Schluß desselben wurde jedes schulfähige Kind ohne Unterschied mit einem Büchel beteilt, welches die Geschichte unseres vielgeliebten Monarchen enthält. Auf dem Titelblatt ist zum Andenken an diesen Tag das Porträt desselben. Als Jugend- und Schulfreund, der ich durch beinahe vierzig Jahre als Schulaufseher und Stiftungsverwalter der hiesigen Schule gewesen bin, habe ich hundertfünfzig Stück auf diesen Tage Bezug nehmende Büchel kommen lassen, wovon an die hiesigen Kinder dreiundachtzig und die übrigen teils an der Schule in Socherl und teils in Kaschnitzfeld nach Anzahl der dortigen Schüler gespendet wurden. Ich habe den Herrn Oberlehrer ersucht, vor der Verteilung den Spender nicht namhaft zu machen.

1. Feber 1889: Eine tief erschütternde Nachricht, welche jeden patriotisch gesinnten österreichisch-ungarischen Einwohner ohne Unterschied zu Tränen rührte, ist, daß im Ratschluß des Allerhöchsten beschlossen wurde, unsern geliebten Kronprinzen, den Erzherzog Rudolf, welcher auf seinem Jagdschloß bei Baden verweilte, durch einen Herzschlag [sic!] aus der irdischen Hülle abzuberufen. Es wurden in allen Gotteshäusern, in Kirchen und Moscheen Dankgebete und Requiem abgehalten, und es ließen alle Korporationen ihr Beileid an die hohen Stufen des hohen Kaiserhauses gelangen. Auch unsere Gemeinde hielt am 5. Feber 1889 nachmittags einen Trauergottesdienst mit Gesang und Gebet ab, welchem die hiesige jüdische und auch ein großer Teil der evangelischen Insassen beiwohnten.

6. März 1892: Nachdem ich 1890 und 1891 an Nervosität viel gelitten habe, konnte ich diese Memoiren nicht fortsetzen. Ich fahre nun fort: Mein Sohn Jacob, der seine älteste Tochter, Rika, zur Braut eines in Wien ansässigen Trebitscher jüdischen Telephonbeamten machte, veranlaßte das nächste Familienereignis, zu dem ich einen Teil des Heiratsguts vorlieh. Ein Hauptereignis ist, daß die hiesige Judenschaft den hiesigen Rabbinerposten mit einem jungen ledigen Mann, Herrn Dr. Oppenheim, dessen Vater Joachim in Thorn lebte, besetzte.

Antisemitismus und Streiks –

... wie eine Pest ...

Eine schwere Krankheit, welche sich von Deutschland respektive Berlin über die Häupter unserer Glaubensgenossen von fast ganz Europa wälzte: Der größte Kopf und Diplomat unserer Zeit, Fürst Bismarck, wollte im Deutschen Reiche durchführen, was den hervorleuchtenden Männern im Reichsrate dort zuwider zu sein schien, worunter auch einige unserer Glaubensgenossen wie ein gewisser Lasker waren. Diese Männer wollte sich Bismarck vom Halse schaffen. Er hetzte den dortigen Hofprediger Stoecker auf, gegen die Juden nicht nur zu predigen, sondern eine Partei zu schaffen und zu bilden, die sich den Namen „Antisemiten" gab und über unsere Nation allen im Mittelalter anhangenden Schimpf und alle Schande heraufbeschwor. Es wälzte sich diese Krankheit über alle Königreiche und Länder wie eine Pest und steckte alle Klassen epidemisch an. Unsere Männer mußten sich zusammennehmen, diesem Übel entgegenzutreten und einen Damm zu setzen. Alle jüdischen Zeitschriften hatten vollauf zu tun, diesem Treiben Einhalt zu tun und mit eiserner Konsequenz entgegenzutreten. Und gerade in unserer Metropole Wien war der größte Herd dieser verruchten Sippschaft, nämlich durch die Tagesblätter „Vaterland", „Volksblatt" etc., welche aufreizend gegen die Juden agitierten, bis in die höchsten Zirkel hineingriffen und alle Schichten ansteckten, bis das Maß voll war und zum Stillstand kam. Ein Gutsbesitzer in Niederösterreich, der von einer Jüdin in Pohrlitz abstammte, einen Sitz im Oberhause innehatte und sich als Deutscher hervortun wollte, deshalb mit seinem Helfershelfer um 12 Uhr nachts eine Druckerei überfiel, wurde zur Haft verurteilt, und dieser Umstand führte zum Sturze der ganzen Sippschaft.

Zu Beginn des Jahres 1890 stellte sich eine neue Krankheit in allen Ländern Europas, störend an Handel und Wandel, ein: Arbeiter aus Werkstätten, Fabriken usw. fingen an zu streiken, verlangten doppelte Lohnerhöhung, achtstündige Arbeitszeit, Freilassung des 1. Mai jeden Jahres, wodurch alles ins Stocken geriet, in mehreren Ortschaften Ausschreitungen vorkamen und in vielen über die jüdischen Branntweinschenker hergefallen wurde, raubend, plündernd und brennend, k. k. Militär attackiert wurde, bis die Behörden allmählich Vorsichtsmaßregeln trafen und vorläufig Ruhe und Ordnung hergestellt wurde.

Leider hatten die Juden in Schlesien, Galizien und Ungarn an manchen Orten viel zu leiden. Erfreuliches ist zu melden: Daß die Regelung der jüdischen Gemeinden des österreichischen Kaiserstaates durch beide Häuser beraten und von Sr. Majestät als Gesetz im April 1890 bestätigt wurde.

Hohes Alter –

Ich finde keinen Chawer mehr...

Der Monat Juni 1890 brachte mir leider viel Unangenehmes. Ein nervöses Leiden, wodurch ich an Appetitlosigkeit, Schlaflosigkeit etc. sehr viel zu leiden hatte, und zwar derart, daß ich menschenscheu, zu keiner wie immer gearteten Arbeit fähig war, immerwährend die freie Luft suchte, während mich die Füße nicht ertragen wollten noch konnten, und ich ärztliche Hilfe sehr in Anspruch nehmen mußte. Erst als die Witterung kühler wurde, änderte sich mein Leiden, und ich konnte mit etwas Ruhe eine Kost genießen, von der ich vordem keine Idee hatte. Mit Hilfe Gottes habe ich fastend den Jom

Kippur[1]) verbracht, ohne ihn als Fasttag zu verletzen, und hoffe, daß mir der Allmächtige eine Verlängerung meiner Tage und Jahre verzeichnet habe.

Der heurige Winter ist von vielen vorangegangenen eine Ausnahme, weil er des vielen Schnees wegen für jung und alt, reich und arm fast unerträglich war. Wir haben gottlob dann den 6. März erlebt.

Mit Bedauern muß ich den Niedergang unserer Religion mitansehen, den zu erleben ich mir keineswegs vorgestellt habe.

21. Feber 1891: Den 13. Ador 5651 hauchte mein Bruder Daniel in seinem achtundsiebzigsten Lebensjahr nach eindreivierteljährigem Krankenlager seinen Geist aus und wurde Sonntag, den 14. Ador, unter Begleitung fast sämtlicher israelitischer Einwohner, aber auch der Geistlichen zum Friedhof begleitet, allwo ihm vom hiesigen Herrn Rabbiner Stern ein wohlverdienter Nachruf gehalten wurde infolge seines guten Herzens gegen jung und alt, Juden und Andersgläubige. Indem ich als der einzige noch mit Gottes Hilfe meiner Gesundheit mich erfreue, so sage ich ihm, da er kinderlos starb, das nötige Kaddischgebet[2]) nach. Langsam gehen meine Kollegen hinüber ins Jenseits und überlassen mir den immerwährenden Streit über Religion und Einrichtungen in Haus und Gemeinde.

Der neue Rabbi war es, dessen Großvater Beer Oppenheim vormals in Eibenschitz diesen Posten bekleidete. Der junge Mann ist hochgebildet, hat eine sehr schöne Aussprache, seinen Predigten lauscht die ganze Gemeinde mit besonderer Aufmerksamkeit recht gerne und, was besonders hervorzuheben ist, daß er der Jugend mit Lieb und Freude den Unterricht erteilt. Hervorheben kann und darf ich auch, daß dieser Mann mein Hausfreund ist, und da ich mehrere Wochen samt meinem Weibe leidend bin,

---

1 Versöhnungstag, im September.
2 Seelengebet. Das Kaddisch zu beten, ist eine Pflicht der Söhne.

ist er fast mein täglicher Gast. Dessen Mutter, verwitwete Oppenheim, die ihm wirtschaftet, ist eine kluge Freu, die mit Menschen gut umzugehen weiß.

Im Winter 1891 habe ich mir durch einen Sturz auf Glatteis auf der Hirnschale eine Wunde zugezogen, dessen Folgen sehr nachteilig für meine Gesundheit wurde, indem mein Gedächtnis geschwächt worden ist, weshalb ich jede Arbeit unterlassen mußte.

1. Dezember 1892: Durch mein nervöses Leiden war ich gehindert fortzusetzen: Der hiesige Rabbinerposten wurde durch mehrere Jahre durch junge, unerfahrene, mit wenig hebräischem Wissen begabte Leute besetzt. Der letzte, ein Enkel des vormaligen Eibenschitzer Rabbiners Oppenheim, dessen Vater in Thorn in Preußisch-Polen als Rabbiner fungierte und gestorben ist, kam als vierundzwanzigjähriger Mann. Aus der preußischen Schule hervorgegangen, war er wohl ein deutsch-feingebildeter Bildner der Jugend, ein guter Prediger, allein für den hiesigen Ort, allwo der größte Teil der hiesigen jüdischen Insassen noch an den alten Zeremonien hangend existiert, in zu schroffem Gegensatz lebend. Die Bestimmung hat es wollen, daß der Mann, welcher unverheiratet ist, seinen Vertrag nicht gehalten hat, nämlich drei Jahre hier zu verbleiben. Er löste ihn, um in Olmütz, allwo sich eine neue Judengemeinde bildete, den dortigen Rabbinerposten anzunehmen. Auch die Schule, welche schwach besetzt ist, läßt vieles zu wünschen übrig. Die heutigen Männer, denen ihr Interesse höher steht als das des Allgemeinen, stellen letzteres in den Hintergrund. Was mein persönliches und Familienleben anbelangt, ist manches zu tadeln.

Die Jahre 1892 und 1893 vergingen unter Krankheitsschmerzen, teils Nervosität, teils mein Bruchleiden, und hiezu gesellte sich noch ein Darmleiden, derart, daß ich alle sechzig bis achtzig Minuten bei Tag als auch des Nachts Wasser lassen mußte. Was sich noch hinzugesellte war, daß mein Weib, welche einige Jahre kopfleidend war, dieses verlor, sich aber ein Schwindel einstellte, der derart ausartete, daß sie wie eine Wahnsinnige Kleider und

Wäsche zerschnitt und ruinierte. Im Monat September 1893 wollte sie nach Wien, um Kleider zu kaufen. Ich wollte sie nach Brünn begleiten, um sie dort untersuchen zu lassen, welchem sie jedoch nicht nachgab und nur nach Wien reisen wollte. Ich konnte dem nicht lange widersprechen, gab ihr fünfundzwanzig Gulden, und sie reiste mit der Bahn nach Wien. Nach acht bis zehn Tagen wurde mir durch das Bezirksamt zugestellt, daß die Frau König in der Brigittenau mit Kindern einen Streit hatte, wodurch sie als irrsinnig befunden und der Irrenanstalt übergeben wurde. Einundzwanzig Gulden, die bei ihr gefunden wurden, sind abgenommen worden. Ich sendete zweimal meinen Sohn Salomon nach Wien. Er konnte weder mit einem Professor, viel weniger mit ihr reden, sondern es kam der Bescheid, daß sie in acht bis vierzehn Tagen, wenn sie nicht besser werden sollte, nach Brünn geschickt werden wird. Dieses geschah auch, obzwar nicht so geschwind, jedoch nach einigen Wochen. Heute ist mir die Nachricht überbracht worden, daß sie in Brünn-Tschernowitz ist und ich nach Wien Geld schicken möge. Alles Nähere später.

Jeder Denkende möge sich mein Leiden vorstellen. Ich bin ganz allein in meinem Haus, lasse mir die Kost von meiner Tochter Pauline, welche Gast- und Kaffeehaus besitzt, schicken, lasse mich von einem Christenweib bedienen usw. Man muß sich den Schmerz vorstellen: Ich bin im sechsundachtzigsten Lebensjahr, habe achtzig Kinder, Enkel und Urenkel und habe keinen, der um und neben mir ist.

Ich denke über die Worte meines seligen Vaters nach, der bei mir die letzten Jahre verlebte und oft die Judengasse besuchte und zurückkam mit den Worten: Ich finde keinen Chawer[1]) mehr. Und so geht es mir. Von allen öffentlichen Ämtern zurückgetreten, sehe ich leider keinen, dem das allgemeine Wohl am Herzen läge.

---

1 Gefährte, Genosse.

Die Haushaltszusammensetzung der Familien König nach der Volkszählung der Stadt Retz 1900

Haus-nummer	Name	Verhältnis zum Wohnungsinhaber	Geburtsdatum	Geburtsort	Glaubensbekenntnis	Familienstand	Beruf, Stellung im Beruf
42	Jakob König	Wohnungsinhaber	29. III. 1841	Misslitz	israelitisch	verwitwet	Eisenhandlung, Besitzer Schlosserei, Meister
	Josef König	Sohn	20. VIII. 1874	Stadt Retz	israelitisch	ledig	Schlossergewerbe, Geselle
	Ida König	Tochter	11. VIII. 1879	Stadt Retz	israelitisch	ledig	Haushaltung, führt den Haushalt
	Max König	Sohn	23. V. 1883	Stadt Retz	israelitisch	ledig	Besuch höherer Bildungsanstalt
	Josefa Pavlíček	Dienstbote	18. II. 1863	Radiborič	röm.-kath.	ledig	Haushaltung, Mädchen für alles
	Cyrill Foral	Gehilfe	3. VII. 1880	Eibenschitz	röm.-kath.	ledig	Schlossergewerbe, Geselle
	Josef Ingert	Gehilfe	3. III. 1880	Rausenbrück	röm.-kath.	ledig	Schlossergewerbe, Geselle
	Thomas Loidold	Lehrling	22. VII. 1885	Michmanns	röm.-kath.	ledig	Schlossergewerbe, Lehrling
	Alexander Senger	Lehrling	24. II. 1887	Dörflitz	röm.-kath.	ledig	Schlossergewerbe, Lehrling
	Bertha Angemar	Nichte zu Jakob König	13. VII. 1887	Groß Tajax	israelitisch	ledig	Schülerin
64	Theodor König	Wohnungsinhaber	3. II. 1868	Stadt Retz	israelitisch	verheiratet	Eisenhandlung, Commis
	Ida König	Gattin	26. XI. 1879	Trebitsch	israelitisch	verheiratet	–
	Justina Osovsky	Dienstbote	18. IX. 1883	Namest b. Trebitsch	röm.-kath.	ledig	Haushaltung, Mädchen für alles

Haushaltsliste 1

Haushaltsliste 2

Die Haushaltszusammensetzung der Familien König nach der Volkszählung der Stadt Retz 1910

Haus-nummer	Name	Verhältnis zum Wohnungsinhaber	Geburtsdatum	Geburtsort	Glaubensbekenntnis	Familienstand	Beruf, Stellung im Beruf
42	Josef König	Wohnungsinhaber	20. VIII. 1874	Stadt Retz	israelitisch	verheiratet	Schlossereigewerbe, Meister, Eisenhandlung, Mitbesitzer
	Theresia König	Gattin	11. X. 1883	Oslawan	israelitisch	verheiratet	
	Gerda König	Tochter	11. IX. 1904	Stadt Retz	israelitisch	ledig	
	Fritzi König	Tochter	28. V. 1908	Stadt Retz	israelitisch	ledig	
	Hermine Kopeček	Dienstbote	28. XII. 1887	Zwittau	röm.-kath.	ledig	Mädchen für alles
	Maria Wymetal	Dienstbote	30. XI. 1892	Znaim	röm.-kath.	ledig	Mädchen für alles
64	Theodor König	Wohnungsinhaber	3. II. 1868	Stadt Retz	israelitisch	verheiratet	Eisenhandel, Gewerbeinhaber
	Ida König	Gattin	26. XI. 1879	Trebitsch	israelitisch	verheiratet	hilft im Eisenhandel
	Flora König	Tochter	9. XI. 1901	Stadt Retz	israelitisch	ledig	Schülerin
	Hilda König	Tochter	1. IV. 1906	Stadt Retz	israelitisch	ledig	
	Maximilian König	Bruder	23. V. 1883	Stadt Retz	israelitisch	ledig	Eisenhandel, Handlungsgehilfe
	Maria Dworak	Erzieherin	10. VII. 1889	Jelene-Pusta	röm.-kath.	ledig	persönliche Dienste
	Maria Leitgeb	Dienstbote	16. XII. 1888	Ober Nalb	röm.-kath.	ledig	häusliche Dienste
	Franz Paltl	Lehrling	22. VII. 1892	Weitersfeld	röm.-kath.	ledig	Schlossergewerbe, Lehrjunge
	Franz Swoboda	Lehrling	31. VIII. 1895	Unterkloster	röm.-kath.	ledig	Eisenhandel, Lehrjunge

Jacob König
1841–1921

Frühe Erinnerungen –

*Mein seliger Vater
war ein seltener Menschenkenner*

So weit ich zurückdenke, kann ich mich genau erinnern, daß ich als fünfjähriger Knabe bis zu meinem zehnten Lebensjahre das sogenannte „Cheder" (Religionsschule) besuchte. Mein Lehrer war ein Verwandter meiner seligen Mutter, Itzig Hersch Schwarz, der mir die Anfangsgründe im Hebräischen beibrachte. Seine Methode bestand darin, daß er ein Gebetbuch auf die Knie legte und mit einem spanischen Rohr auf den Buchstaben zeigte, den ich benennen sollte. Sobald ich einen Fehler machte, bekam ich einen Klaps; dagegen wurde ich mit einem Stückchen Lakritze, dem sogenannten schwarzen Bärenzucker, belohnt, welchen mein Lehrer stets in der Westentasche vorrätig hatte und selbst hievon häufig Gebrauch machte.

Die Einrichtung bestand aus einem langen, ungestrichenen Tisch aus weichem Holz und beiderseits ebensolchen Sesseln ohne Lehne, worauf ein langes Brett lag. Das Lehr- und gleichzeitig Wohnzimmer hatte keinen gedielten Fußboden, sondern einen solchen aus geschlagenem Lehm, welcher alle Freitag gewaschen und mit frischem Sand bestreut wurde.

Im Deutschschreiben und Rechnen wurde in dem Lehrzimmer des Gemeindehauses von Herrn Seckel Kann unterrichtet. Dieser, mit dem Beinamen „Seckel-Fresser", nahm auch von den Müttern seiner Schüler Eßwaren entgegen, besonders wenn ihm seine Lieblingsspeise, „Powidltascherl", gebracht wurde, welche er mit Gier verzehrte, ohne den Unterricht zu unterbrechen. Auch besuchte ich kurze Zeit die Privatschule des Herrn S. Neumann im ersten Stock seines Hauses, gegenüber von Wenzelsdorf, bis es meinem seligen Vater nach vieler Mühe gelang, eine sogenannte Vereinsschule ins Leben zu rufen.

Als erster Lehrer wurde Herr Markus Schüller aus Piesling angestellt. Nachdem dieser aber nach zweijähriger Tätigkeit mit dem Tode abging, kam dessen Bruder Josef an seine Stelle, welcher sich als tüchtiger Pädagoge bewährte. Trotz seiner Strenge hatten ihn alle seine Schüler sehr gerne. Er begleitete uns fleißig ins Freie und in den Wald, wo wir unter seiner Aufsicht Ball spielten, ebenso im Winter aufs Eis.

Dies war im Jahre 1853. Lebhaft erinnere ich mich an die Einweihung des Tempels 1845, wobei eine Militärmusik, welche eigens aus Iglau kam, mitwirkte. Abends fand ein Festessen in meinem Elternhause statt, nachdem mein seliger Vater damals und noch lange nachher der sogenannte „Rosch-Hakohel" (Richter) war. Die Einweihung des Tempels hatte durch die Funktionen des Herrn Dr. Mannheimer und des ersten Kantors und späteren Professors Sulzer aus Wien eine besondere Weihe bekommen. Beide Herren ließen sich für ihre Mühewaltung nicht entlohnen, weil der Misslitzer Tempel der erste in Mähren war, der errichtet wurde und einen geregelten Gottesdienst bekam. Angeregt durch diesen Bau nahmen auch die Gemeinden Kanitz, Lomnitz, Pohrlitz und Eibenschitz den Neubau ihrer Bethäuser vor.

Der Einweihung des letzteren wohnte ich in Begleitung meiner teuren Eltern bei, wozu mein seliger Vater als einziger jüdischer Schlossermeister die Eisenarbeiten lieferte. Der damalige Rabbiner in Eibenschitz bemängelte das Gitter, welches die Frauengalerie abschloß, wodurch mein seliger Vater veranlaßt wurde, dasselbe zu erhöhen – ein Zeichen von Zelotentum. Erst in späteren Jahren

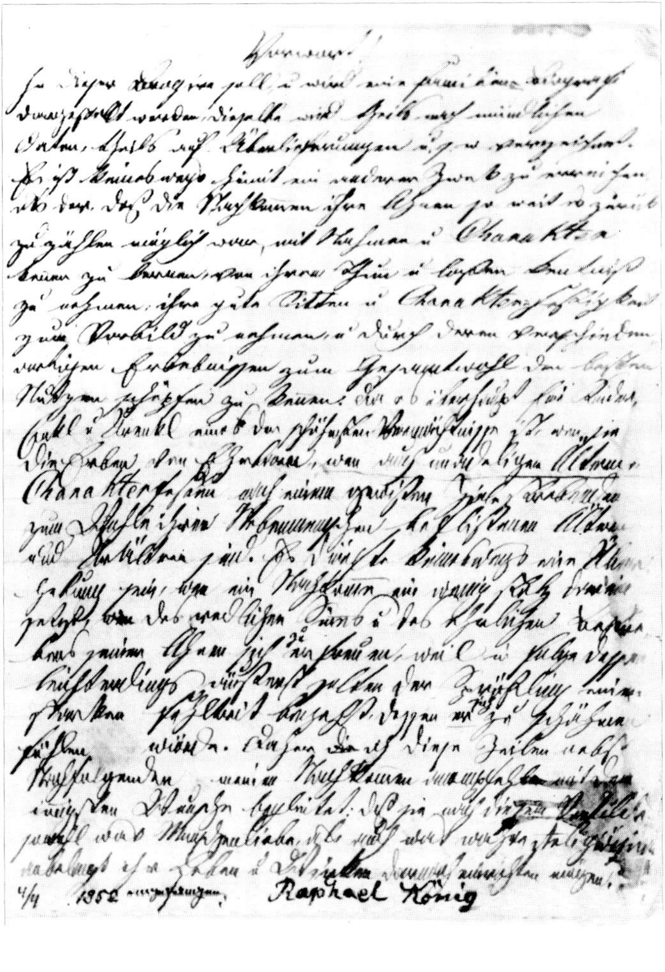

Abb. 1: Die Handschrift Raphael Königs.

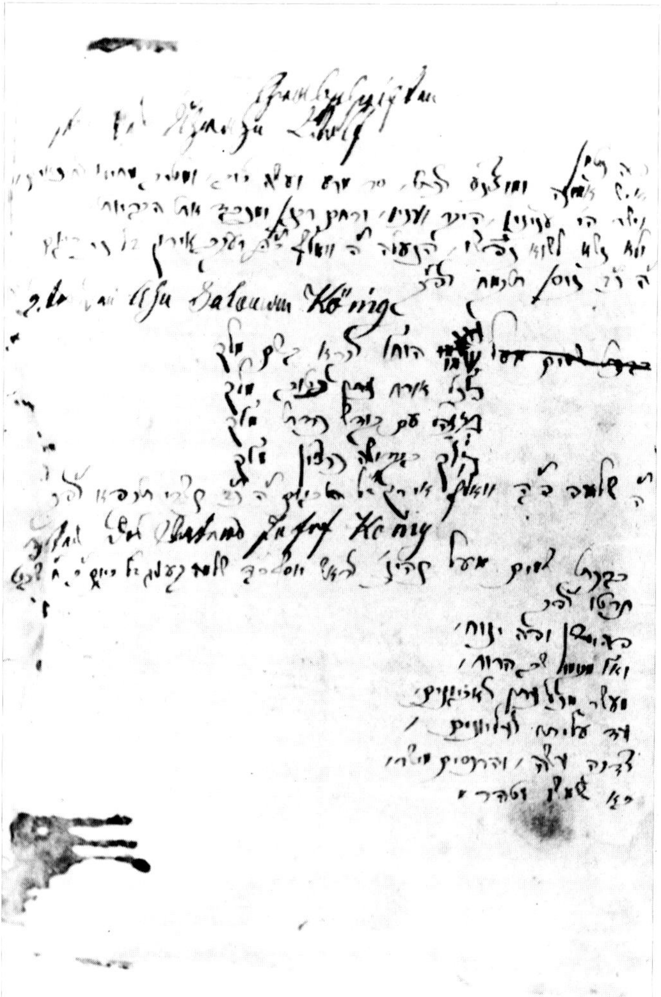

Abb. 2: Die Grabinschriften der Vorfahren Raphael Königs, aufgezeichnet in dessen Autobiographie.

1
Hier liegt begraben
der Mann der Standhaftigkeit und demütig im Wandel,
das Böse meidend und das Gute übend, und zu ...
und recht waren seine Dinge (?), ...
er erbarmte sich der Gelehrten und ehrte die Geschöpfe
und erhob seinen Geist nicht in Eitelkeit,
der edle Wolf, Sohn des Jakob Iritz s. A. (= seligen Andenkens)
gest. am Donnerstag, 27. Nissan 5548

2
Sein Name machte den Anfang, genannt zu werden KÖNIG
Jeden Gast beschenkte er wie ein guter KÖNIG
Er leitete das heilige Volk nach dem Gesetze des KÖNIGs
Er ging ein in die Heiligkeit nach dem Willen des KÖNIGs
Salomon, Sohn des Wolf Iritz s. A.,
(gest.) Donnerstag, 27. Tischri 5581 (= 5. Oktober 1820).

3
Der Segen des Himmels komme herab auf[1]) das Haupt des
Josef, Sohn des Salomon König s. A.,
(gest.) Montag, 8. Schwat 5615[2]) (6. Februar 1854).
Hier schlummert und hier ruht er,
und an seinen Ort kehrt der Geist wieder.
Den Zehnten von allem gab er den Armen
bis zu seinem Aufstieg zu den Höhen.
Gerechtigkeit übte er (= Almosen gab er)[3]) und das Unebene
machte er gerade.[4])
Seine Sonne ging unter und er ward rein.[5])

Übertragen von Dr. Nikolaus Vielmetti, Institut für Judaistik der Universität Wien.

---

1 Wörtlich Gen. 49,25.
2 Schreibfehler, muß heißen 5614 = 1854. So stimmt der Wochentag, vgl. auch Text.
3 Wörtlich Isai. 56,1.
4 Vgl. Isai 40,4.
5 Vgl. Lev. 22,7.

Abb. 4: Josef König, 1768–1854.

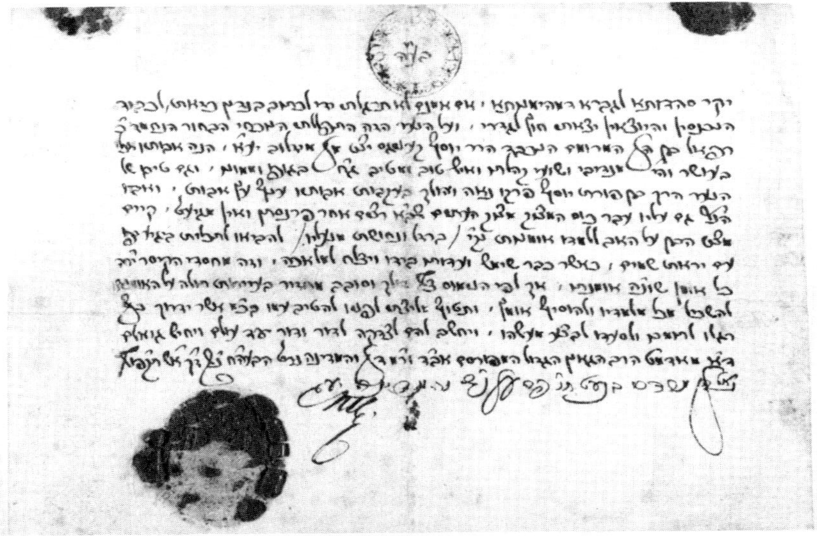

Abb. 5: „Dieses Zeugnis zu meiner auf Reisen angesuchten Unterstützung vom ... Landesrabbiner G.M. Benedikt erteilt würde verdienen in einem Archiv für spätere Zeit einen kleinen Raum als Antike. *Raphael König*"

Abb. 6: Alter Krug der Chewra Kadischa der jüdischen Gemeinde Misslitz; mehrere Gegenstände dieser Totenbruderschaft wurden von Josef König gestiftet.

Abb. 7: Impfzeugnis Raphael Königs. Um den Sockel eines Monumentes, das eine Kuh darstellt, führen Kinder einen Reigen auf. Von links kommt eine Mutter, von rechts ein Vater, die ihr Kind auf das Denkmal hinweisen. Auf dem Sockel liest man: Schutzpocken-Ursprung vom 14. Mai 1796. Über dem Denkmal drei Putten mit einem Bande, darauf die Worte: Heil dem Erfinder der Schutzpocken Dr. Jenner. Rechter Hand eine vom mährischen Adler gekrönte Säule mit der Aufschrift: Schutzpocken-Institut zu Mähren de anno 1809 zur Erhaltung der Gestalt, Gesundheit und des Lebens. Die Unterschrift des Zettels: Raphael König, 1 Jahr alt, wurde geimpft am 6ten Juny zu Znaym in Mähren von Christoph Kaytzmann, Impfarzt.

Abb. 8 und 9: Die unter der Leitung von Raphael König errichtete, 1845 eingeweihte Synagoge von Misslitz.

Abb. 10: Raphael König, 1808–1894.

Abb. 11: Gedenktafel für Raphael König in Misslitz am ehemaligen Horner-Haus, jetzt im Schloßhof. Das Relief nimmt vermutlich auf das Privileg Kaiser Ferdinands Bezug, in einem Haus außerhalb des Ghettos das Schlosserhandwerk auszuüben.

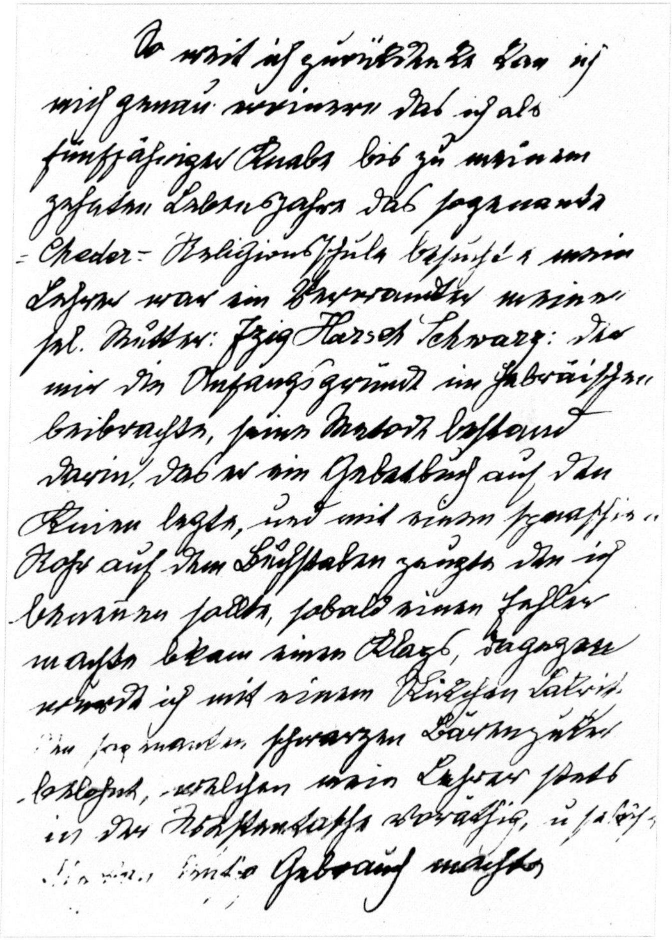

So weit ich zurückdenke kann ich
mich genau erinnern das ich als
fünfjähriger Knabe bis zu meinem
zehnten Lebensjahre das sogenannte
Cheder-Religionsschule besuchte, mein
Lehrer war ein Verwandter meiner
sel. Mutter: Itzig Harsch Schwarz; der
mir den Anfangsgrund im Hebräischen
beibrachte, seine Methode bestand
darin, das er im Gebetbuch auf den
Linien lagte, und mit einem spaßigen
Ross auf den Buchstaben zeigte, den ich
benennen sollte, sobald einen Fehler
machte bekam einen Klaps, dagegen
erhielt ich mit einem Küßchen Lakritz.
Die sogenannten schwarzen Bärenzüter
lodlepich, welchen mein Lehrer stets
in der Rockstasche vorrätig, u. selbst
... von einde Gebrauch machte.

Abb. 12: Die Handschrift Jacob Königs.

Abb. 13: Jacob König, 1841–1921.

Abb 14: Jacob und Flora König mit ihren Kindern Theodor, Friederike, Hermine, Josef, Ida und Max; Ende der achtziger Jahre.

Abb. 15: Der Hauptplatz in Retz; links im Bild Nr. 42, die Eisenhandlung Jacob König.

Abb. 16: Theodor König, 1868–1957.

Abb. 17: Theodor Königs Schwiegervater Leopold Ornstein aus Trebitsch.

Abb. 18: Jacob König.

Abb. 19: Die Eisenhandlung Jacob König im Jahre 1911; vor dem Geschäft Familienangehörige und Mitarbeiter.

Abb. 20: Die Mitglieder des Turnvereins Retz; zweiter von rechts unten der junge Theodor König; 1883.

Abb. 21: Mährische Wallfahrer auf dem Hauptplatz in Retz wie sie auch Theodor König beschreibt.

Abb. 22: Das Gitter des Mößmer-Hauses, ein Meisterwerk aus der Schlosserwerkstatt König, hergestellt vom Schlossergesellen Alois Einzinger.

Abb. 23: Josef König, 1874–1967.

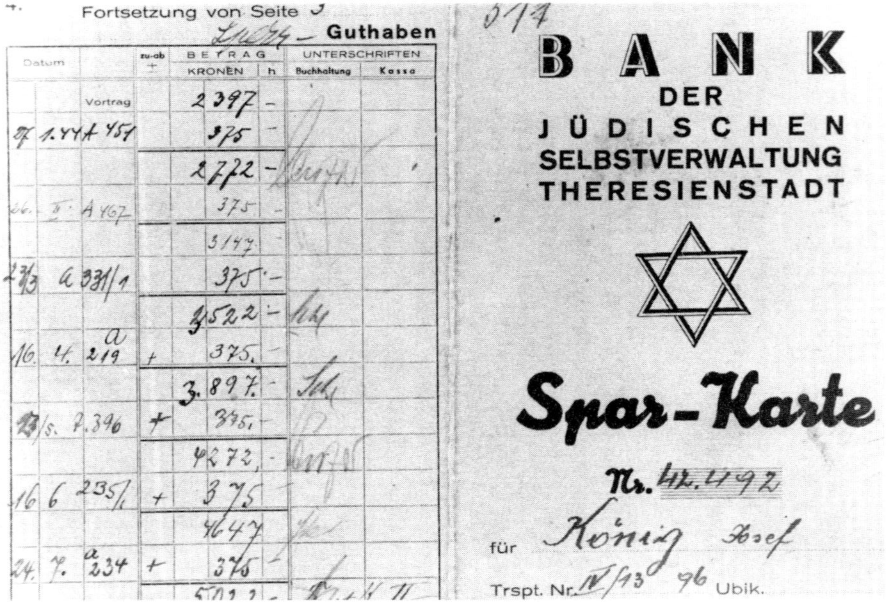

BANK DER JÜDISCHEN SELBSTVERWALTUNG THERESIENSTADT

Spar-Karte

Nr. 48.492

für König Josef

Trspt. Nr. IV/43 96 Ubik.

Fortsetzung von Seite 3

Datum	zu-ab + −	BETRAG KRONEN h	UNTERSCHRIFTEN Buchhaltung Kassa	Guthaben
	Vortrag			2.397 —
1.444.454		375 —		2.772 —
2. 1.167		375 —		3.147 —
2/3 6.031/1		375 —		3.522 —
10. 4. 2.19 a	+	375 —		3.897 —
19/5. 2.396	+	375 —		4.272 —
10. 6. 2351/1	+	375 —		4.647 —
24. 7. 234	+	375 —		5.022 —

Abb. 24

Abb. 25: Die Eisenhandlung Jacob König nach der „Arisierung".

Abb. 26: Josef König mit seinem Sohn Karl im Retzer Büro; im Hintergrund ein Bild des Firmengründers Jacob König.

erzählte mir mein seliger Vater, daß er nach Rechnungslegung des Tempelhauses von einem Vorstandsmitgliede J. Eisner angesprochen wurde, er hätte etwas mit ihm zu besprechen. Mein seliger Vater war ein seltener Menschenkenner und von schneller Auffassungsgabe, er antwortete: „Komm mit mir!" Beim Eintreten ins Zimmer lud er ihn ein, Platz zu nehmen und sein Anliegen vorzubringen, worauf er die ganz verschüchterte Antwort bekam: „Ein Chelek."[1]) Mit anderen Worten – er möge mit ihm den Gewinst teilen! Im selben Moment wurde er schon zwischen Hals und Kragen gepackt und auf die Knie niedergedrückt, mit den Worten: „Glaubst du, daß es lauter solche Schufte gibt?" Als Beweis, daß mein seliger Vater für das Allgemeine zu wirken bestrebt war, möge folgendes zeugen: Meine selige Mutter bekam auf ihre Frage: „Hast du in Wien die fehlende Pflugware besorgt?" die Antwort: „Ich hatte für den Tempelbau so viel zu bestellen, daß ich hierauf total vergessen habe."

Wir wohnten in einem Haus außerhalb des eigentlichen Gettos, mit einem großen Hof und Garten, dem einzigen in der Gemeinde, daher meine Schulkameraden recht fleißig ihre freie Zeit bei mir zubrachten. Die Revolution im Jahre 1848 brachte es dahin, daß die Ortsbewohner ohne Unterschied der Konfession eine sogenannte Nationalgarde (Bürgerwehr) errichteten und abwechselnd zum Schutze gegen den Pöbel Wache hielten. Nachdem aber keine Waffen vorhanden waren, wurden aus Holz geschnitzte Gewehre benützt. Das Exerzieren beobachtete ich von unserem Garten, welcher hoch gelegen war. Die Nachtwachen wurden abwechselnd von den Beteiligten abgehalten, wovon auch mein seliger Vater nicht ausgenommen wurde, trotzdem er das Kommando führte.

---

1 Teil.

Alltagsleben –

*Gewöhnlich wohnten zwei Familien
zu ebener Erde . . .*

Ich will es hier nicht unterlassen, das damalige Leben teilweise zu schildern, um zu zeigen, mit wie Wenigem eine Familie haushalten mußte. Das Frühstück bestand abwechselnd aus Brot-, Grieß- oder Erdäpfelsuppe. Kaffee gab's nicht, ebensowenig Weißgebäck, nachdem im Ort überhaupt keine Weißbäckerei bestand. Nur einmal in der Woche, am Freitag, wurden sogenannte Buchteln aus weißem Mehl für den Samstag gebacken. Für den Mittagstisch gab es höchstens zweimal in der Woche Fleisch, während das Nachtessen gewöhnlich aus Hirse oder gehackten Graupen mit einer Auflage von Zwetschkenmus bestand. Im Winter bekamen wir einen Kreuzer auf Obst nebst Brot. Für diesen Kreuzer erhielten wir freilich einige Hände voll. Dagegen gab es Samstag dazu Fleisch und im Herbst und im Winter auch Gans, welche im Hause selbst gestopft wurde, sowie die Nationalspeise „Scholet" oder „Kugel". Dieselbe bestand aus Mehl oder Grieß und Rindsfett, auch breiten Nudeln und hieß dann „Lokschenkugel". Mir wurde gewöhnlich der Auftrag, diese Mehlspeise, welche in einem kupfernen Topf mit einem Hängeschloß gegen Entnahme des Fettes gesichert wurde, aus dem Backhaus zu holen. Die Besitzerin des letzteren hieß „Jachedel", welche auch die Osterbrote herstellte und die Mutter meines Schulkollegen Jakob Herzog, des späteren Sekretärs der Kultusgemeinde Wien und dann Redakteur der „Montags-Revue", war. Meine selige Mutter beklagte sich oft, wenn sie Donnerstag nach dem Einkauf von Fleisch nach Hause kam, sie hätte schon wieder beinahe einen Gulden ausgegeben (à 60 Kreuzer Wiener Währung und nicht der späteren Münzeinheit).

Anfang Oktober 1849, am ersten Tage des Laubhüttenfestes, wurde vom seligen Vater aufmerksam gemacht, daß bereits in einem Wasserlauf Eis vorhanden sei, mit den Worten: „Merke es dir, als Zeichen eines frühzeitigen Winters!"

Nach vollen sechzig Jahren fühlte ich mich veranlaßt, bei einem Besuch meines leider hoffnungslos erkrankten Bruders Michael meinem Geburtshaus ein Wiedersehen zu widmen. Der Anblick war ein sehr trauriger, ich fand eine Ruine vor. Nach der Erinnerung aus meiner Jugend war das Haus mit dem großen Hof das geräumigste in der ganzen Gemeinde. Wie beklemmend war nun der erste Eindruck; die Werkstätte, wo ich meine Lehrzeit verbrachte, fast ein Trümmerhaufen, der Garten durch Abtragung eines großen Teiles verkleinert, der Rauchfang, die Feueresse abgetragen, was mich bewog, die Stätte meiner Jugend rasch wieder zu verlassen.

Wie die damaligen Gemeindemitglieder hausten, kann man sich ein klein wenig vorstellen, wenn man die schmalen, engen Gäßchen passiert, die heute noch bestehen. Gewöhnlich wohnten zwei Familien zu ebener Erde mit einer offenen Küche, welche gleichzeitig das Entrée bildeten, denn russische Rauchfänge und Sparherde konnten sich die Leute nicht leisten. Es gab aber auch einstöckige Häuser mit einer Treppe aus Holz, eigentlich mehr eine Leiter, mit derselben Einteilung für zwei Familien, welche in den seltensten Fällen mehr als ein Zimmer zur Verfügung hatten. Gasthäuser waren keine vorhanden. Dagegen unterhielt die Gemeinde für die wandernden Schnorrer, welche eine Landplage waren, unter Aufsicht eines Dieners eine sogenannte Schlafstätte, wie Dr. Kompert in „Christian und Lea" es so drastisch schilderte. Gewöhnlich kamen diese Landstreicher Donnerstag oder Freitag und bekamen vom hiezu gewählten Armenrat eine „Plätt", das ist eine Anweisung, bei welchem „Balboß" (Gemeindemitglied) er Freitag abend und Samstag mittag die Kost bekommt.

Von drei solchen Schnorrern, an welche ich mich noch lebhaft erinnere, ward erzählt: Ein ungarischer Bauer (der Vater der Schnorrer) mußte sich im Revolutionsjahre 1848 wegen politischer Umtriebe flüchten und kam zu einem ihm bekannten Juden, welcher ihm den „Talles" (Gebetmantel) über den Kopf wand und ein Gebetbuch in die Hand gab, worauf die ihn verfolgenden Panduren, in der Meinung, einen Juden vor sich zu haben, von der Verfolgung abließen, was den Bauern veranlaßte, aus Dankbarkeit zum Judentum überzutreten. Seine drei Söhne benannte er nach unseren Patriarchen: Abraham, Isak und Jakob. Nachdem sie aber verarmten, kamen sie abwechselnd schnorren und wurden als „Ger" (Fremder) bezeichnet. Der Aufseher der Schlafstelle hatte gleichzeitig die Aufgabe, durch drei Schläge an die Haustür die Leute zum Gottesdienst einzuladen.

Bei unserem ersten Kantor, Sabl, nahm ich schon mit sieben Jahren Gesangsunterricht und war sehr stolz, als ich das erstemal als Chorknabe im Ornat mitwirken durfte. Ich machte auch die Fahrt zur Einweihung des Tempels in Schoßberg, ungarisch Czachzin, 1853 mit, welche Reise durchaus in einem Stellwagen einen Tag und eine Nacht in Anspruch nahm. Nachdem Herr Kantor Sabl seinen Posten verließ, wirkte ich auch weiter beim Tempelchor unter dem Herrn Kantor Stern, welcher nach einigen Jahren als Ober-Kantor nach Wien kam, in den sogenannten Turner-Tempel. Unter Leitung unseres Lehrers Josef Schüller wurde ich privat für die vierte Klasse unterrichtet, worüber ich das Zeugnis der Znaimer Realschule ddo. 29. September 1853 erhielt.

Meinem seligen Großvater, welcher leider acht Tage vor meiner Geburt Witwer wurde, leistete ich als Schlafkollege gute Dienste. Derselbe, ein äußerst energischer und fortschrittlich gesinnter Mann, war in der Gemeinde sowie auch in Znaim, wo er früher seine Existenz hatte, sehr angesehen. Noch lange nach dessen Ableben im Jahre 1854 wurde bei wichtigen Beratungen gesagt: „So würde Reb Josef König vorgehen!" Wir, dessen Enkel, gegen dreißig im Orte, nannten ihn „Dede" im Jargon, ähnlich wie Ahndl im Bauerndialekt, wogegen in unserem Hause das „Mauscheln" strenge verpönt war.

Lehrzeit –

*... daher meiner Bitte,
die Schlosserei zu erlernen,
Folge gegeben wurde*

Im März 1854 wurde ich „Bar Mizwa" (konfirmiert) und lernte privat die erste Unterrealschule, worüber ich das Zeugnis aus Znaim vom 14. September 1854 mit durchaus „Sehr gut" bekam. Im Oktober desselben Jahres kam ich nach Brünn, um dort die zweite Realschule zu absolvieren. Quartier und Verpflegung erhielt ich bei meiner Tante, Frau Bauer, deren Mann bei seinen Verwandten, Firma Bauer & Co., angestellt war.

Zwei Verwandte und Schulkollegen, deren Eltern in Lomnitz eine Tuchfabrik hatten, luden mich ein, über die Weihnachtsferien mit ihnen zu fahren. Nachdem meine Eltern dies bewilligten, fuhren wir mit einer Kalesche nach Lomnitz. Aber bei der Rückreise mußten wir mit einem Lastwagen vorliebnehmen, mit welchem gleichzeitig fertiges Tuch verladen wurde. Dies wurde für mein ganzes Leben verhängnisvoll, denn in erster Linie brauchte die Fahrt die doppelte Zeit, dann wütete während deren vollen vier Stunden ein Unwetter mit Schnee und Regen, wogegen ich nur durch eine Pferdedecke geschützt war. Die Folgen stellten sich schon beim Absteigen in Brünn ein. Ich konnte mit steifen Füßen kaum vom Wagen herunter, und erst nach geraumer Zeit war es mir möglich, bis in die Zeile ins Quartier zu kommen; trotzdem ging ich noch zwei Tage in die Schule am Dornich, ohne meinen Hausleuten mein Unwohlsein zu melden. Doch am 4. Jänner war ich nicht mehr imstande, das Bett zu verlassen, worauf Herr Dr. Kuh, welcher geholt wurde, nach der Untersuchung verlangte, daß meine teuren Eltern sofort verständigt werden, weil eine sehr schwere Krankheit, nämlich Herzbeutel-Wassersucht, bevorsteht. Herr Professor Dr. Bohner, welcher zum Konsilium berufen wurde, erklärte meiner teuren seligen Mutter auf Befragen: „Wir geben für den Jungen keinen Kreuzer." Trotzdem hatten die Natur und die gute Pflege das Resultat, daß ich gegen Ende März gut verpackt vom teuren Vater nach Hause gebracht wurde.

Die Herren Ärzte behaupteten, ich wäre durch mein Herzleiden weder zum Studium noch zur Profession tauglich, daher ich nach einem vollen Jahr, während welcher Zeit ich fleißig Ziegenmilch nahm, nach Wien in ein Schnittwarengeschäft als Lehrling kam. Die Reise per Stellwagen nahm die Zeit von Sonntag bis Montag nachmittag in Anspruch.

Ich wurde bei meinem Cousin, Salamon Lindner, welcher an der Marienstiege beim Salzgries wohnte, einquartiert. Dort mußte ich auf einer Holzbank mein Nachtlager aufschlagen. Nach einer Probezeit von vier Wochen erklärte ich meinen teuren Eltern, daß mir der Posten durchaus nicht paßt, nachdem ich nur den Kunden die Pakete nachtragen oder zur Post gehen mußte. Auch fühlte ich mich bereits frei von dem lästigen Herzklopfen, daher meiner Bitte, die Schlosserei zu erlernen, Folge gegeben wurde.

Doch nach einem Jahre, im Herbst 1856, überfiel mich wieder meine Herzschwäche, und ich mußte einige Zeit das Bett hüten. Auf Rekommandation meines ehemaligen Lehrers, Herrn Josef Schüller, kam ich zu dessen Cousins, Herren Gebrüder Salzer, in eine Bandfabrik am Schottenfeld, Kaiserstraße, als Magazineur. Diese Beschäftigung sagte mir ebenfalls nicht zu, daher ich mich nach kaum einem Jahr meinem seligen Vater gegenüber, welcher zum

Besuche kam, in diesem Sinne äußerte, daß doch dieses Geschäft keine Zukunft für mich voraussetzt, worauf ich die Antwort bekam, das sehe er selbst ein. „Übrigens habe ich dich bereits freisprechen lassen laut Lehrbrief Misslitz 11. 6. 1857; daher kannst du, wenn du dich gesund fühlst, wieder zur Schlosserei kommen." Das nahm ich mit Vergnügen an. Ich fuhr sofort nach Hause und vervollkommnete mich in der Profession, und zwar schon im neuen Hause.

Das Sprichwort „Spiele nicht mit Schießgewehr!" kam mir durch folgende Begebenheit recht drastisch zu Gemüte. Wir bekamen von einem Wiener Eisentrödler eine Partie Gewehrrohre, welche im Revolutionsjahre konfisziert wurden. Ich überzeugte mich, daß einige Rohre noch die Ladung enthielten, öffnete die Verschlüsse und gab das vorgefundene Pulver in einen hohlen Schlüssel, welchen ich mit einem Zündloch versah und abschoß. Doch eine Hinterschraube wollte sich durchaus nicht lockern, ich gab, ohne zu überlegen, den Lauf ins Feuer der Esse, um denselben im warmen Zustande abzuschrauben, doch hatte ich kaum eine kurze Zeit den Blasebalg in Bewegung gesetzt, als auch schon ein ohrenbetäubender Krach erfolgte, der mich fast betäubte. Die ganze Werkstätte war in eine Staubwolke gehüllt. Unser Geselle, welcher beim Schraubstock arbeitete, empfand den Luftdruck in seinem Rücken, es hätte der Lauf nur um zwei Zentimeter nach links gerichtet sein dürfen, dann wäre ihm die Kugel durch den Körper gegangen. Dagegen hatte die Kugel in der gegenüberliegenden Wand ein großes Stück Mörtel losgelöst; meine beiden älteren Schwestern kamen ganz bestürzt gelaufen, mit der Bemerkung, sie glaubten die Werkstätte wäre eingestürzt.

Im Jahre 1859 verlor unser Reich im Kriege mit Italien die Lombardei. Wir hatten im Hause die Zeitung „Ostdeutsche Post", deren Redakteur, Dr. Kuranda, diese im fortschrittlichen Sinne führte, was oft zu politischen Debatten Anlaß gab, wobei mich mein ehemaliger Lehrer, Herr Josef Schüller, auf die gediegenen Leitartikel und

Feuilletons aufmerksam machte. Nach meiner Assentierung im März 1862, wobei ich als untauglich erklärt wurde, weil ich mit offenen Wunden an den Schienbeinen behaftet war, ging ich als Schlossergehilfe laut meinem Arbeitsbuch nach Wien und war dort in mehreren Werkstätten bis März 1863 beschäftigt.

Bei einem Meister in der Unteren Augartenstraße im II. Bezirk hatte ich einen Nebengesellen aus Schwaben, welcher sich auf seine Kenntnisse sehr viel einbildete. Bei einer Konstruktionsarbeit für ein Brauhaus in Belgrad setzte derselbe einen Kaminaufsatz samt Fahne mit den Buchstaben der Windrichtungen zusammen. Ich bemerkte, daß er falsch konstruierte. Auf meine Kritik bekam ich die Antwort: „Sie wollen alles besser wissen." Unser Meister, welcher das hörte, kam aus seiner Schreibstube und fragte, um was es sich handelt, worauf ich ihm den Sachverhalt erklärte und die richtige Zusammenstellung zeichnete. Weil er aber selbst im Zweifel war, gab er meine Zeichnung einem Lehrling, er möge in der Nachbarschaft, wo eine Windfahne bestand, nachsehen, wer Recht hätte. Wie ich voraussah, brachte er die Bestätigung meiner Angabe, worauf ich vom Meister bei größeren Arbeiten zu Rate gezogen wurde.

Von meinen offenen Wunden an den Füßen stark belästigt, fuhr ich nach Hause und traf es sehr glücklich, da sich seit kurzem ein junger Arzt, Herr Dr. Seligmann, etabliert hatte, welcher mich nach sechswöchiger Behandlung vollkommen ausheilte.

Retz –

..., damals noch „Roetz" genannt

Im Herbst dieses Jahres kaufte mein seliger Vater von Herrn Schnabel aus Pohrlitz dessen Alteisengeschäft in Brünn für meinen Schwager Schmiedl, nachdem dessen Spenglerei in Misslitz nicht florierte. Während sich dieses Geschäft für die Folge als Glückskauf bewährte und durch diesen Kauf angeregt, erklärte ich meiner seligen Mutter gegenüber, daß ich auch zu einem Geschäft Lust hätte, und bekam die Antwort: „Auch für dich wird sich etwas finden."

Kurz danach hatte mein seliger Vater in Haugsdorf ein Geschäft abzuwickeln. Dort traf er meinen Schulkollegen Philipp Weininger, an den er die Frage stellte, ob es sich rentieren würde, in Haugsdorf ein Eisengeschäft zu gründen. Aus Egoismus bekam er eine verneinende Antwort, aber unbedingt zu unserem Vorteil; dagegen riet Herr Weininger als besseren Posten Retz, damals noch „Roetz", an.

Mein seliger Vater kannte diese Stadt aus seinen Jungendjahren, welche er in Znaim verlebte. Er begab sich sofort dorthin und mietete ein Lokal am Hauptplatz vom Gasthausbesitzer Herrn Strohmeier um den Jahreszins von sechzig Gulden vom 1. Jänner 1864 an.

Am 31. Dezember 1863 fuhr ich in Begleitung meiner Schwester Sali, welche im Juli 1864 Herrn Johann Pollenz heiratete, mit zwei Wagenladungen hauptsächlich Altmaterial im beiläufigen Gesamtgewicht von vierzig Zentnern (gleich zweitausend Kilo) bis Gnadlersdorf, wo wir in einem Gastzimmer die Nacht zubrachten. In der Früh am 1. Jänner 1864 kamen wir nach Retz und machten uns sofort daran, die Ware nur halbwegs an Ort und Stelle zu bringen, um am nächsten Tag, dem Jahrmarkt, ein bißchen in Ordnung zu sein.

Aus Latten und Brettern, welche ich mir selbst vom Holzhändler holte, stellte ich mir die nötigen Schränke her für das wenige Emailgeschirr und brauchbare Alteisen zum Beschlagen von Wagen und Pflügen. Das Lokal war gewölbt und kaum drei Meter hoch, daher ich Stabeisen in drei Meter Länge nicht aufstellen konnte. Trotzdem meinte mein seliger Vater: „Wie werden wir das Lokal vollbringen?"

Ich kann nicht unterlassen, einer Episode zu gedenken, welche einesteils zeugte von der Energie und Menschenkenntnis meines seligen Vaters, anderseits von dem Neide und der Mißgunst des Publikums. An einem Donnerstag im Juli 1864 brachte zum Wochenmarkte ein Müller aus Freistein wie gewöhnlich Brotmehl zum Verkauf. Mein seliger Vater übernahm von ihm einige Sack Mehl, um einesteils eine Retourfracht herauszuschlagen, anderseits um seinem Bruder Daniel, welcher in Misslitz die Brotbäckerei betrieb, einen Freundschaftsdienst zu erweisen. Damals kannte man noch nicht die Dezimalwagen, sondern die sogenannten Linzer- oder Schnellwagen, wozu wir uns ein eisernes Dreigestell herstellten. Um das Hinein- und Heraustragen der Mehlsäcke zu ersparen, nahmen wir das Abwiegen am Platze vor dem Geschäftslokal vor. Kaum waren wir mit der Übernahme in Ordnung, kam ein Gendarmerie-Wachtmeister mit Herrn Slaby, Vater des Mehlhändlers und späteren Bürgermeisters, ins Geschäft. Der Gendarm mit aufgepflanztem Bajonett fragte: „Sie haben einen Gewerbeschein auf Eisenhandel, wie kommen Sie dazu, mit Mehl zu handeln?" Vor allem ließ mein Vater diese Frage unbeantwortet und wendete sich an Herrn Slaby mit den höflichen Worten: „Mit was kann ich ihnen zu Diensten stehen?" Auf dessen Antwort „Ich begleite den Herrn Wachtmeister", gab ihm mein seliger Vater mit dem Hinweis zur Tür den Wink „Ich empfehle mich!", was derselbe auch schleunigst befolgte. Dann erst wendete er sich an den Herrn Wachtmeister und fragte: „Haben Sie von der Behörde einen Auftrag zu einer Amtshandlung? Wenn nicht, dann belästigen Sie nicht unnötig uns Staatsbürger und Steuerzahler!" Auch dieser gab dann sofort Fersengeld.

1864 und die folgenden zwei Jahre waren durch die Frühjahrsfröste für den Weinbau sehr ungünstig. Hiezu kam noch der Krieg mit Preußen und Italien. Trotzdem wir gegen letzteres im Vorteil waren und unsere Admiralität unter Tegetthoff bei Lissa dessen Flotte zerstörte, gab unsere Monarchie Venetien an Napoleon, um gegen Norden stärker auftreten zu können, aber leider viel zu spät.

Interessant war die Beobachtung, wie die Landleute aus der unteren Pulkaubach-Gegend mit Kind und Kegel, Hausrat und Vieh durch Retz ins sogenannte Waldviertel gegen Nieder-Fladnitz zogen, darunter auch ein Schulkollege, Salomon Seidl, welcher sich in der Folge ein Ledergeschäft in Jetzelsdorf gründete, weil ihm eingeredet wurde: „Die Preußen nehmen alle jungen Leute zum Militär." Auch die Stadt Retz sendete die Herren Josef Verderber und Redtenbacher junior mit den Büchern und dem Vermögen der Sparkassa nach Pest.

Mit einem preußischen Feldwebel hatte ich Gelegenheit zu sprechen, welcher mich versicherte, daß bei ihnen strenge Disziplin gehandhabt wird, daher, was das Militär benötigt, nur gegen schriftliche Bestätigung oder gegen bar requiriert wird. Tatsächlich erhielten wir für gelieferte Hufeisen den vollen Betrag.

Nach dreijähriger Geschäftsführung hatte unser Warenlager schon einen Wert von fünftausend Gulden. Nach Vorlegung der Verrechnung meinte mein seliger Vater: „Da haben wir doch bis jetzt nichts daraufgezahlt!" Das geschmiedete Eisen kostete damals das Pfund (à sechsundfünfzig Deka) zwanzig Kreuzer, während sich das gewalzte Eisen noch etwas höher stellte, weil das Walzeisen erst neu eingeführt wurde. Drahtstifte kannte man überhaupt noch nicht, ebensowenig die Herstellung der Schlosserwaren mit Fabriksbetrieb.

Nach Friedensschluß, im September 1866, trat leider die Cholera epidemisch auf, und gerade am Versöhnungstage,[1]) welchen ich mit meiner Schwester Pepi in Znaim verbrachte, wurden wir gegen 5 Uhr nachmittag mit der unangenehmen Nachricht überrascht, daß unsere teure Mutter hoffnungslos daniederliegt; wir sollen mit dem Boten, welcher uns mit einem Wagen erwartet, sofort nach Hause fahren. Leider trafen wir unsere teure Mutter schon ohne Bewußtsein an, und am nächsten Tage wurden ihre irdischen Reste zu Grabe getragen.

Fast kein Haus in Misslitz blieb verschont, während die Stadt Retz kaum einen Fall von dieser bösen Krankheit zu beklagen hatte.

Verheiratung –

..., daß dies eine sogenannte „Beschau" war

Gegen Ende Oktober des Jahres 1866 kam mein Vater mit der Nachricht, daß mein seliger Onkel Berger für mich eine Zukünftige ausfindig gemacht habe. Nachdem meine Schwestern zu Hause notwendig sind, wäre ich gezwungen, gegen meinen Willen bald zu heiraten. Am 1. November d. J. trat ich die Reise nach Eibenschitz in Begleitung meines ehemaligen Lehrers, Herrn Josef Schüller, meines teuren Vaters und meiner Schwester Pepi an. Dort angekommen, stellten wir den Wagen im Gasthaus außerhalb der Judengemeinde ein und begaben uns zu unserem Onkel Berger, welcher mir und meiner Schwester das Haus meiner Zukünftigen bezeichnete. Die Stadt war mir nicht fremd, weil ich schon bei der

---

1 Jom Kippur, 10. Tischri.

Einweihung des dortigen Tempels und in der Folge auch fast jedes Jahr zu den Halbfeiertagen dorthin Fußpartien in Gesellschaft meines Bruders Salomon und meiner Cousins Wilhelm und Max König unternommen hatte.

In Begleitung meiner Schwester kam ich ins Geschäftslokal, mit der Vorgabe, Bänder zu kaufen. Sofort nach unserem Weggang wurde meine Zukünftige durch die Frage, ob ich ihr sympathisch wäre, aufmerksam, daß dies eine sogenannte „Beschau" war. Nachdem wir uns beiderseits zu einer Verbindung bereit erklärten, wurde sofort beim Mittagsmahl die Verlobung gefeiert. Die Hochzeit wurde für den 10. März 1867 bestimmt. Während der Brautzeit hatte ich nur zweimal Gelegenheit nach Eibenschitz zu kommen. Die Bahnverbindung war erst projektiert, daher war die Reise dorthin mit Beschwerden verbunden. Auch meine Braut hatte nur einmal das Vergnügen, in Begleitung ihrer Cousine Weiß, spätere verheiratete Kantor, nach Misslitz zu kommen, um auch meine Geschwister kennnenzulernen. Wir besaßen eine alte Kalesche, wozu Herr Max Österreicher aus Stiegnitz, ein Cousin meiner seligen Mutter, die Pferde beistellte, mit denen wir die Reise nach der Hochzeit ohne Fährlichkeiten bis Retz zurücklegten.

Ein volles Jahr führte ich das Geschäft im Namen meines seligen Vaters als stiller Kompagnon. Nachdem mir aber für die Folge das Geschäft ohne Profession, an welcher mir sehr viel gelegen war, zu wenig erträglich war, klagte ich dies meinem seligen Schwiegervater, welcher mir versprach, sich mit seinem Bruder in Wien, welcher Effektenkassier bei der Credit-Anstalt war, zu beraten, worauf ich die Zusage erhielt, daß mir letzterer zur Übernahme des Geschäftes eintausend Gulden gegen sieben Prozent in vierteljährlichen Raten zu zahlenden Zinsen vorstrecken wird. Mein seliger Vater erklärte, sich hiemit zufrieden zu geben, und stundete mir den Rest gegen Ratenzahlungen, während ich die Außenstände nach Eingang zu entrichten hatte.

Ich wohnte im Hause Nr. 63, welches heute Herr Ignaz Kurz besitzt, worin ich keine Werkstätte einrichten konnte. Ich nahm daher im Hause Nr. 60 des damaligen Schmiedemeisters Landrichter, welcher dieses in einigen Jahren an die Stadtgemeinde verkaufte, im ersten Stock ein Quartier auf und errichtete mir dort eine kleine Werkstätte. Zum großen Vorteil gereichte es mir, daß ein geräumiger Hof mich in die angenehme Lage versetzte, mir dort eine Esse zu bauen, um die Konstruktionsarbeiten für die Thayabrücke bei Hardegg fertigzustellen.

Geschäftsaufschwung –

*... glückte es mir,
das erste größere Geschäft abzuschließen*

Im Jahre 1869 wurde die Trassierung für den Bau der Nordwestbahn in Angriff genommen, welcher sehr viel zur Besserung meines Geschäftes beigetragen hatte, wozu auch eine bessere Weinernte beitrug. Ich kam daher in die angenehme Lage, die Lasten an meinen seligen Vater auszugleichen, welcher meiner seligen Gattin einen Schuldschein per sechshundert Gulden (welchen wir für die Übernahme des Geschäftes unterschrieben hatten) mit den Worten übergab: „Für dein Kind, meinen Enkel, welcher meinen Namen trägt!"

Im September 1870 war meine Selige zu Besuch in Eibenschitz bei ihren Angehörigen, ich mußte daher mein Geschäft absperren, weil mich mein Lehrling aufforderte, sofort in die Werkstätte zu kommen, um eine Pumpenstange zu schweißen, welche Arbeit der Geselle nicht zuwege brachte. Nach der Fertigstellung wurde ich wieder ins Geschäft gerufen und eilte, in Schweiß gebadet, bei kaltem Regenwetter über den Platz. Sofort empfand ich im Genick einen Schmerz. Trotzdem nahm ich den nächsten Tag von Herrn Göller, Bindermeister, ein Gespann, um meine Selige in Znaim abzuholen, weil die Staatsbahn von dort über Grussbach nach Brünn bereits verkehrte, während die Nordwestbahnstrecke nach Wien noch nicht fertiggestellt war. Den ganzen Tag konnte ich schon gar nichts zu mir nehmen – sogar das Rauchen vertrug ich nicht mehr – und mußte sofort nach meiner Heimkunft ins Bett. Ich war so erkältet, daß mich dieses den ganzen Winter nicht mehr verließ. Nur der energischen Behandlung des Arztes Dr. Ullmann aus Znaim, welcher mit mir im gleichen Alter war, hatte ich es zu danken, daß ich gegen Ostern 1871 wieder meinem Geschäfte vorstehen konnte. Dieser Dr. Ullmann, der im Jahre 1900 den Titel eines kaiserlichen Rates erhielt, gab mir den guten Rat, fleißig kalte Waschungen zu gebrauchen, was sich auch gegen Erkältungen gut bewährte.

Nach Inbetriebsetzung der Nordwestbahn war für mich bezüglich des Reisens und der Besorgungen fürs Geschäft eine bedeutende Erleichterung eingetreten, denn früher mußte ich schon um 7 Uhr abends zu jeder Jahreszeit mit dem Stellwagen nach Hollabrunn und von dort nach zweistündigem Aufenthalt gegen Mitternacht nach Stockerau zur Nordbahn fahren, um gegen 7 Uhr früh in Wien anzukommen. Ebenso verlief die Rückreise. Daß solche Nachtfahrten mit vielen Strapazen verbunden waren und besonders im Winter nicht ohne Fährlichkeiten verliefen, zeigt folgende Episode:

Mitte Jänner 1869 hielt ich mich auf der Rückreise von Wien geschäftlich in Stockerau auf. Nachdem es schon den ganzen Tag geschneit hatte, ging ich gegen Abend zur Post, um mir einen Sitzplatz zu sichern, wurde aber abgewiesen mit dem Hinweis, daß bei solchen Schneeverwehungen der Postwagen nicht verkehren kann. Nichtsdestoweniger versuchte ich mein Glück bei dem dortigen

Stellfuhrinhaber Brauneis, welcher versprach, daß er bestimmt einen Wagen abgehen läßt, wenn auch mit fünffacher Bespannung.

Auf der Straße gegen Ober-Hollabrunn trafen wir viele Fuhrwerke, welche nicht weiterkonnten – und richtig, auf dem Berg vor Mallebern ging das hintere Wagenrad entzwei. Trotz aller Mühe, wenn auch vierzehn Mann mithalfen – so viele zählten nämlich die Mitreisenden –, gelang es nicht, den Wagen so hoch zu heben, um eine Stange unterzuschieben. Wir wanderten endlich im tiefen Schnee samt unserem Gepäck nach Mallebern. Zum Glück war Vollmond, und ein Südwind brachte den Schnee zum Schmelzen. Endlich, nach dreiviertelstündigem Wandern, kamen wir recht ermüdet in einen Gasthof, welchen wir unversperrt fanden. Sofort wurde ein Leiterwagen aus dem Hof gezogen, auch einige Bund Heu vom Hausboden heruntergeholt. Dies alles geschah, ohne daß sich jemand von den Eigentümern meldete. Ich setzte mich aus Vorsicht auf die Seitenstange des Wagens, mußte aber – weil übersehen wurde, die Verbindungskette zu schließen, worauf ich durch das Schleifen der Räder an den Kipfstangen aufmerksam gemacht wurde – nach kurzer Zeit halten lassen, um die Kette einzuhängen. Auch diejenigen, welche sich's auf dem Stroh im Wagen bequem gemacht hatten, mußten aufstehen, weil ihnen der Sitz zu enge wurde.

Endlich, gegen 3 Uhr früh, kamen wir nach Ober-Hollabrunn. Dort wurde uns aber die unangenehme Botschaft, daß kein Postwagen, weder nach Znaim noch nach Retz, abgehen kann, bis die Post aus Stockerau ankommt. Auf mein Drängen ließ mich der Expeditor, Herr Frank, zum Postmeister, Herrn Weiß, mit welchem ich gut befreundet war, nachdem ich sehr oft mit ihm in dessen eigener Equipage nach Stockerau gefahren. Ich versicherte ihm, daß vor dem nächsten Nachmittag keine Post aus Stockerau anlangen werde, und bekam die Erlaubnis, daß der Stellwagen des Herrn Leidenfrost nach Retz abgehen darf, worauf ich ohne weitere Fährlichkeiten gegen 11 Uhr vormittag, mit fast vierstündiger Verspätung, zu Hause ankam, während die Passagiere, welche gegen Znaim fahren wollten, in Ober-Hollabrunn bleiben mußten.

Im Jahre 1872 glückte es mir, das erste größere Geschäft abzuschließen. Die Bauunternehmung der Nordwestbahn verkaufte mir das in Ober-Hollabrunn lagernde Altmaterial, dessen Übernahme mir nur möglich war, weil ich ein Guthaben per sechshundert Gulden für gelieferte Waren und Arbeiten bei der Unternehmung hatte und diesen Betrag als Kaution beließ. Außerdem hatte ich es dem Oberingenieur Ritter von Gira zu verdanken, daß mir die erste Übernahme von sieben Waggons Rollbahnschienen, wofür ich von der Firma A. Herm. Frankl & Söhne in Wien sechs Gulden per Zollzentner (gleich fünfzig Kilo) erhielt, gestundet wurde.

Nachdem in diesem Jahre aus Anlaß der nächstjährigen Weltausstellung die Bautätigkeit eine sehr rege war, wurden diese Rollbahnschienen, bestehend aus Flacheisen, 55 bis 60 Millimeter breit und 12 bis 14 Millimeter dick, als Schließeneisen verwendet. Die Eisenpreise besserten sich bis zum Frühjahr 1875 konstant, und zwar wurden für Stabeisen ab Bahnhof Wien vierzehn Gulden für fünfzig Kilo bezahlt; dagegen trat nach dem Fiasko der Ausstellung eine Reaktion ein. Die Preise gingen zurück. Erst im Jahre 1881 gelang es mir, von der Firma Waldmann & Bruder einen kompletten Waggon Stabeisen aus Schlesien um zehn Gulden per Meter-Zentner ab Station Retz geliefert zu bekommen.

Am 16. Juli 1874, gegen 1 Uhr nachmittag, kam ein Unwetter mit Wolkenbruch, welches sich am Manhartsgebirge entlud und einige Stunden anhielt. Das Wasser kam so rapid vom Gebirge, daß unter kurzem alle Felder und Weingärten oberhalb der Altstadt knietief versandet wurden. Am Anger stand ein vollkommener See, fast metertief. Dort stürzten auch einige Häuser und Keller ein. Auch ein alter, kranker Mann, welcher sich nicht retten konnte, mußte ertrinken, bevor ihm Hilfe wurde. In der Znaimer Straße gingen ebenfalls einige Keller ein, wodurch die Straße unpassierbar wurde und der Wein in den Fässern verdarb. Die Nordwestbahn, deren Dämme bei Unter-Retzbach und zwischen Ober- und Unternalb weggeschwemmt wurden, mußte den Verkehr teilweise reduzieren. Eine Sammlung für die durch das Unwetter zu Schaden Gekommenen ergab fast eine Million Gulden. Der damalige Bürgermeister Johann Liebl und der Stadtsekretär Puntschert erhielten für ihre aufopfernden Bemühungen und die Verteilung der Spenden das Verdienstkreuz.

Anfang 1875 war ich gezwungen, mich um ein Lokal für Geschäft und Werkstätte zu bemühen, einesteils wegen Raummangels, und anderseits behinderte mich der weite Weg, den ich von der Wohnung und Werkstätte ins Geschäft zurückzulegen hatte. Die Erben nach Frau Kathi Schwach verkauften das Haus Nr. 42 kurz nach deren Ableben an Herrn Haas, Finanzbeamten in Wien, welcher als Ober-Retzbacher beabsichtigte, in dem Hause Wein einzulagern. Es glückte mir, dieses Objekt auf sechs Jahre um den Jahreszins von dreihundert Gulden nebst der entfallenden Zinssteuer von siebzig Gulden zu mieten.

Die Werkstätte mußte ich mir auf eigene Kosten in der rückwärtigen Scheune adaptieren, durfte aber weder den Keller mit Vorkeller noch das Preßhaus benützen, was mir erst drei Jahre später, nachdem der Hausbesitzer die Presse verkaufte und für den Keller eine separate Tür machen ließ, zugestanden wurde. Trotzdem zeigte sich beim Übersiedeln am 1. Mai 1875, daß ich bedeutenden Raum gegenüber dem früheren Lokal gewonnen hatte. Um aber ein größeres Warenlager anzuschaffen, fehlte es mir an dem hiezu notwendigen Kapital. Ich wendete mich an Frau Pulschofsky, Witwe des ehemaligen Gasthauspächters vom „Goldenen Hirschen" und Schwester des Herrn Judtmann, dessen Haus Nr. 124 heute mein Sohn Max besitzt, und fragte, ob sie nicht geneigt wäre, mir mit etwas Kapital, wie bisher, aber gegen Verzinsung, auszuhelfen, worauf ich die Antwort bekam, bares Geld habe sie keines, dagegen würde sie mir eine Österreichische Rente per tausend Gulden vorstrecken, wenn ich ihr am Verfallstage die Zinsen für die Kupons per fünf Prozent erlege.

Für das Papier erhielt ich nach dem damaligen Kurs siebenhundert Gulden, welche mir sehr gut zustatten kamen. Nach vier Jahren, bei Erlegung der Zinsen, sagte die Frau Pulschofsky, sie hätte von mir keine Empfangsbestätigung in Händen, worauf ich ihr antwortete, das wäre nicht notwendig. Ich überbrachte ihr vom Hause die in der Zwischenzeit nach und nach angeschafften zehn Stück Rente à hundert Gulden.

Im Juli 1875 mußte ich das erstemal die Schwefelbäder in Baden aufsuchen, weil ich durch Überanstrengung sehr häufig geschwollene Finger bekam, welche mir sehr große Schmerzen verursachten und mir den Schlaf raubten. Durch fast dreißig Jahre setzte ich diese Schwefelkur mit bestem Erfolge fort.

Hauskauf –

..., aber keinesfalls unter neuntausend Gulden

Im Mai 1881 einigte ich mich mit meinem Hausherrn auf eine weitere sechsjährige Pacht zu den früheren Bedingungen; zwei Jahre darauf segnete Herr Haas das Zeitliche, worauf ich an dessen Witwe das Ansuchen stellte, mir ihr Haus zu verkaufen, nachdem ich genötigt wäre, um Raum zu gewinnen, Bauveränderungen vorzunehmen, trotzdem ich im Hause Nr. 40 des damaligen Besitzers, Herrn Fuchs aus Ober-Retzbach, den rückwärtigen Trakt zur Verfügung hatte.

Mein Anbot von achttausend Gulden wurde von der Besitzerin sowie vom Vormund der damals noch minderjährigen Kinder, Herrn Tischler, mit dem Vorbehalt einer vierundzwanzigstündigen Bedenkzeit angenommen, worauf am nächsten Tag deren Sohn Moritz, damals Student der Medizin, welcher sich bei seinen Verwandten in Retz erkundigte, zu mir kam: Letztere würden es nicht gerne sehen, wenn das Haus an einen Juden verkauft würde, während Herr Leopold Seher – der zukünftige Schwiegervater – auf seine Anfrage geantwortet habe: „Warum sollte Herr König das Haus nicht bekommen, aber keinesfalls unter neuntausend Gulden." Trotzdem ich vorsichtshalber tags vorher ein Sparkassabuch mit der Einlage von tausend Gulden und als Schlüsselgeld eine kleine Wertheimkassa übergeben hatte, mußte ich einwilligen. Der Kaufvertrag konnte aber erst am 1. Mai 1884 abgeschlossen werden, weil sich damals die noch minderjährigen Erben sträubten, eine gerichtliche Schätzung vornehmen zu lassen, und sich inzwischen majorenn erklären ließen.

Mein seliger Schwiegervater, mit welchem ich mich wegen des Beschaffens des nötigen Geldes zum Hauskauf beraten hatte, ging mit mir zu seinem Schwager, Jakob Zerner, dem damaligen Bürgermeister von Eibenschitz, welcher sich sofort bereit erklärte, mir tausend Gulden vorzustrecken, ohne Verzinsung und Abzahlung nach meinem Gutdünken. Der zweite Onkel meiner Seligen, Herr Alois Zerner, streckte mir gleichfalls tausend Gulden vor gegen vier Akzepte zu sechs Prozent Zinsen, während mein seliger Vater mir fünfhundert Gulden ohne Zinsen geliehen hat. Nachdem ich durch einige Monate die Barzahlungen für das Geschäft zurückgehalten hatte, war ich hiedurch in der angenehmen Lage, den Kaufpreis zu erlegen. Der damalige Stadtsekretär Puntschert versprach mir, sofort nach Vorlegung der grundbücherlichen Eintragung die Hälfte des Kaufschillings als Sparkassendarlehen gegen fünf Prozent Zinsen und zwanzigjährige Annuitäten vorzustrecken, die sich per Halbjahr auf zweihundertfünfundzwanzig Gulden stellten. Trotz meiner wiederholten Mahnung ließ der damalige Grundbuchführer Bauer diesen Akt acht Tage liegen, bis mich Herr Sekretär Puntschert eines Tages aufmerksam machte, das Geld wäre für mich vorbereitet, und wenn ich nicht sofort ins Amt gehe und einen Guldenzettel aufs Pult lege, könnte ich noch wochenlang auf Erledigung warten. Mir waren diese drastischen Darstellungen sehr peinlich; nachdem ich mich selbst nie herbeiließ, Geschenke anzunehmen, sollte ich dies bei anderen und besonders bei Beamten, mit denen ich immer freundschaftlich verkehrte, voraussetzen. Trotzdem mußte ich mich hiezu bequemen – und richtig, Herr Bauer brachte mir im Verlaufe desselben Vormittags den erledigten Akt ins Geschäft.

Sofort ließ ich die Zwischenmauer im Geschäft abtragen und den Plafond, welcher beiderseits darauf ruhte, durch eine alte Eisenbahnschiene als Träger ersetzen. Hiedurch gewann ich im Geschäft bedeutend an Raum. Im Hofe ließ ich das Preßhaus abtragen und führte einen Neubau mit Bodenmagazin auf, wozu ich mir die eiserne Treppe selbst herstellte. Dies war meine erste größere Konstruktionsarbeit, die auch allgemein Beifall fand und mich in die angenehme Lage brachte, sehr oft solche Arbeiten herzustellen.

Im Jahre 1889 war eine besonders reichliche Weinernte, dagegen fehlte es an Faßgeschirr. Ende des Jahres ließ ich solches herstellen und kaufte im Jänner 1890 in Klein-Höflein und Ober-Retzbach circa hundert Eimer Wein um den Preis von vierzehn Kreuzer per Liter. Anfang Mai des Jahres zeigte sich, daß der eingetretene Frost den Weingärten sehr viel Schaden zufügte, wodurch der Preis des Weines rapid stieg. Herr Carl Mößmer, welcher wußte, von wem ich den Wein eingekauft hatte, stellte mir durch seinen Einkäufer den Antrag: Er übernimmt meinen ganzen Vorrat à zweiunddreißig Kreuzer per Liter, ohne denselben einer Probe zu unterziehen. Ich behielt den Wein, bis mein Sohn Josef denselben betreute, der im Oktober 1895 zum Militär einrücken mußte. Inzwischen ermäßigte sich der Preis des Weines, ich erhielt vom Weinhändler Reisenleitner auch nur zweiunddreißig Kreuzer per Liter.

Todesfälle –

*... stellte sich bei meiner Gattin
eine tückische Krankheit ein*

Im März 1892 feierte ich mit meiner seligen Frau die silberne Hochzeit und gleichzeitig die Verlobung unserer Tochter Friederike mit dem Post-Oberoffizial Philipp Kořatek aus Gewitsch, welcher bei Frau Neustadtl, einer Schwester meines Schwagers S. Jellinek, in Quartier war und meine Tochter anläßlich eines Besuches in Eibenschitz kennenlernte.

Vor Ostern dieses Jahres stellte sich leider bei meiner unvergeßlichen Gattin eine tückische Krankheit ein. Der behandelnde Arzt meinte wohl, durch eine sofortige Operation könnte dem Übel Einhalt geboten werden. Ich veranlaßte daher meine Selige mit dem Hinweis, daß ihr Cousin Theodor Zerner ein tüchtiger Frauenarzt sei, mit mir sofort nach Wien zu fahren, um denselben zu Rate zu ziehen. Herrn Dr. Zerner hatte ich bereits verständigt. Er meinte daher, es wäre wohl nichts von Bedeutung. Um aber allem anderen vorzubeugen, möge sie hierbleiben, und er werde sofort veranlassen, daß Herr Professor Mosettig, dessen Assistent er war, diese kleine Operation vornehme. Trotzdem dies im ruhigen Tone gesprochen wurde, regte sich meine Frau hierüber furchtbar auf und ließ sich endlich auf vieles gütliches Zureden auch herbei, die nächste Woche nach Wien zu kommen. Sie wollte unbedingt für die Braut die Ausstattung in Ordnung bringen.

Die erste Operation verlief programmgemäß, und wie mir der Herr Professor versicherte, wurden alle krankhaften Teile von der Brust entfernt. Was ich aber während dieser qualvollen Stunde mitmachte, läßt sich mit Worten nicht schildern. Meine Frau erholte sich sehr rasch vollkommen, und wir konnten zu den Pfingstfeiertagen am 5. Juni 1892 die Hochzeit unserer Tochter Friederike in Misslitz bei meinem Schwager Bader sehr angenehm feiern. Besonders erfreulich war es uns, daß die Trauung durch Se. Ehrwürden, Herrn Dr. Oppenheim, vorgenommen wurde, da sein Vater uns seinerzeit in Eibenschitz getraut hatte, und daß mein teurer Vater in seinem sechsundachtzigsten Lebensjahre an diesem Familienfeste teilnehmen konnte.

Nach einem angenehmen Sommeraufenthalt meiner Seligen in Bad Kreuzen zeigte sich, daß leider alles Angewendete vergebens war und nochmals eine Operation, und zwar diesmal im Rothschildspital, notwendig wurde. Im nächsten Jahre 1893 im Juli begleitete mein Sohn Theodor seine teure Mutter nach Marienbad, wo sich nach mehrwöchigem Aufenthalt arge Kreuzschmerzen einstellten, daher der behandelnde Arzt die Heimreise empfahl. Trotz aller angewendeten Mittel und aufopfernder Pflege verließ meine unvergeßliche Gattin das irdische Jammertal am 11. November um 9 Uhr vormittag.

Ich änderte meine bisherige Lebensweise, ging nicht mehr nach dem Mittagessen ins Kaffee, besuchte auch abends kein Gasthaus, einesteils meinen unmündigen, mutterlosen Kindern zuliebe, anderseits ekelten mich die unausweichlichen Lueger-Debatten, welche damals an der Tagesordnung waren und die ich nicht anhören konnte, ohne dagegen zu demonstrieren.

Am Samstag, dem 25. November, vormittag erhielt ich von meinem Vater ein Schreiben, worin er mich benachrichtigte, er hätte soeben seinen letzten Willen aufgesetzt und von zwei Zeugen unterfertigen lassen, worauf ich sofort zu meinen Kindern mich äußerte, dies wäre kein gutes Omen. Und richtig – hatte mich meine Ahnung nicht getäuscht. Nach dem Mittagsmahle kam mein Sohn Theodor mit einem Telegramm, worauf ich sofort sagte: „Vom teuren Großvater." Es enthielt leider die Nachricht von Bruder Michael, daß unser teurer Vater um 9 Uhr vormittag das Zeitliche segnete.

Ich reiste sofort nach Misslitz und trug meinen beiden Söhnen auf, nächsten Tag nachzukommen, um an dem Begräbnis teilzunehmen, welches sich sehr imposant gestaltete, weil nicht nur die Gemeindemitglieder, sondern auch die Katholiken und Protestanten des Ortes sich recht zahlreich daran beteiligten. Die Grabrede, deren Abschrift beiliegt, sprach Se. Ehrwürden, Herr Dr. Goldschmied, derzeit als Rabbiner in Kremsier tätig.

Hochzeiten –

*... wurde mir Fräulein Ida
als Schwiegertochter empfohlen*

Mein Schwiegersohn Philipp Kořatek berichtete mir, daß sein Amtskollege Offizial Hermann Laufer sich um meine Tochter Hermine bewerbe. Nachdem sich letztere auf meine Anfrage zustimmend äußerte, wurde die Hochzeit für 15. Dezember 1895 beschlossen. Ich mußte aber mein Projekt, diese in Retz zu feiern, abändern, nachdem der Gemeindevorstand in Horn, trotz meiner Warnung an den damaligen Vertreter, Salamon Weinmann, von der hohen Anforderung nicht abließ. Die Trauung wurde daher im IX. Bezirk in Wien abgehalten.

Im Herbst 1895 mußte mein Sohn Josef zum Militär einrücken, zum 99. Regiment nach Znaim, was für uns eine Erleichterung war, weil wir in der angenehmen Lage waren, ihn jederzeit mit allem Notwendigen zu versehen.

Das zweite Dienstjahr verbrachte er als Schlosser in der Brucker Lagerwerkstätte und kam dann als Waffenmeister zur Schießstätte wieder nach Znaim.

Ich hatte bisher – außer einer Geschäftsreise nach Prag oder eines gelegentlichen Besuches meiner Seligen in einem Badeorte – keine Zeit und Gelegenheit gehabt, eine größere Reise zu unternehmen, wozu ich mich endlich im Mai 1898 aus Anlaß der Milleniums-Ausstellung in Pest entschloß. Die Hinreise unternahm ich mit dem Dampfer, während ich die Rückreise mit der Bahn zurücklegte. Dort hielt ich mich volle vierzehn Tage auf, besuchte die Ausstellung, welche sehr interessant war. Auch gelang es mir nach vieler Mühe, die Schwester meiner seligen Mutter, Betti Böhm, sowie deren Tochter und den Schwiegersohn Lawner aufzufinden, mit denen ich mich recht freute.

Mit der Zeit wurden mir die Lagerräume im Hause zu knapp, trotzdem ich am Bahnhofe eine Baracke aufstellte und einen Lagerplatz für alte Eisenbahnschienen pachtete. Gleichzeitig mußte ich Bedacht nehmen, daß mein Sohn Theodor – als bereits Dreißigjähriger – zur Gründung eines eigenen Haushaltes schreiten möge. Auch erfuhr ich, daß die Witwe Poisl ihr Haus am Platz Nr. 64 zum Verkauf anbietet, was mir sehr passend war. Ich ersuchte Herrn Schmiedmeister Schleinzer, bei der Besitzerin anzufragen, ohne mich als Auftraggeber zu nennen. Derselbe kam mit der Nachricht zurück, er bekäme das Haus samt Garten um vierzehntausend Gulden, möge sich aber einen Tag gedulden, weil sie einem anderen Käufer solange im Worte bleiben müsse. Nach Hangen und Bangen kam aber schon am nächsten Tag – am Freitag, dem 28. März 1899 – Herr Schleinzer mit einem Schreiben von Frau Poisl, er möge zum Abschluß des Kaufes kommen.

Zufällig hatte ich gerade vom Baron Offermann aus Schrattenthal für gelieferte Waren und Schlossereiarbeiten eine Tausend-Gulden-Note erhalten, welche ich ihm als Angabe einhändigte, worauf ich sofort die Bestätigung erhielt, mit der Bemerkung, daß Frau Poisl das Haus mit Garten ab 1. Juli laufenden Jahres übergeben wird. Die Verkäuferin mußte von den Retzern viele Vorwürfe anhören, daß sie es mir und noch dazu so billig abgelassen hätte. Von mehreren Seiten wurde mir sogar der Antrag gestellt, ich möge erklären, was ich als Aufgeld verlange. Die Frau Poisl hatte Jahre hindurch im Hause keine Reparaturen vorgenommen, wodurch ich genötigt war, gründlich vorzugehen. Vor allem ließ ich den Hof und die rückwärtige, linksseitige Scheune mit Klinker pflastern, welche damals in Schattau 1,50 Gulden per hundert Stück kosteten. Im Zimmer gegen die Gasse zu ebener Erde wurden neue Fenster eingesetzt.

Durch den Bruder meines Schwiegersohnes, Herrn Jakob Kořatek, Oberlehrer in Trebitsch, wurde mir die Tochter des Herrn Leopold Ornstein, Fräulein Ida, als Schwiegertochter empfohlen. Nachdem mein Sohn Theodor sie kennenlernte und sich beide einverstanden erklärten, wurde die Hochzeit am 21. Jänner 1900 in Trebitsch gefeiert.

Im Frühjahr 1903 kam mein Sohn Josef mit dem Ersuchen, ich möge bei meiner nächsten Reise nach Wien Herrn Neurath, Möbelhändler, aufsuchen, um mich mit demselben zu besprechen, behufs einer Verbindung mit dessen Cousine Therese Freiberger, welche er bei der Hochzeit seines Cousins Emil König aus Hödnitz kennengelernt hatte. Herr Neurath machte auf mich keinen sympathischen Eindruck, daher ich mich demselben gegenüber ablehnend verhielt, doch erkundigte ich mich bei meinem Schwager S. Jellinek in Eibenschitz. Kurze Zeit danach kam Herr Freiberger mit seinem Schwager, Herrn Weinberger aus Znaim, um sich mit mir wegen dieser Verbindung zu besprechen. Wir kamen überein, daß die Hochzeit nach Vollendung des Umbaues im Hause Nr. 42 am 23. August 1903 stattfindet, welche in Wien gefeiert wurde.

Damals übersiedelte ich zu meinem Sohn Theodor ins Haus Nr. 64 mit meiner Tochter Ida, deren Hochzeit mit

Herrn Dozi Weiss, Gesellschafter der Firma Philipp Weiss und Söhne, am 3. Jänner 1904 in Wien gefeiert wurde. Bei dieser Gelegenheit überraschten mich meine Söhne sehr angenehm zum vierzigjährigen Geschäftsjubiläum mit einem Album, welches die Fotografien der hervorragenden Geschäftsfreunde und Fabrikanten enthielt.

Übergabe –

*... fühlte ich mich veranlaßt,
gänzlich nach Wien zu übersiedeln*

Im Oktober 1905 übergab ich das Geschäft meinen beiden Söhnen Theodor und Josef, welche bereits Teilhaber desselben waren, gegen zwanzigjährige Raten, mit vier Prozent verzinslich, am Ende jeden Jahres zahlbar.
Durch das viel zu frühe Ableben ihrer teuren Mutter Hermine wurden meine Enkelinnen Flora und Grete leider verwaist. Einesteils um ihnen nahe zu sein, anderseits weil ich, solange ich in Retz war, das Geschäft und die Werkstätte nicht lassen konnte, fühlte ich mich veranlaßt, gänzlich nach Wien zu übersiedeln, was ich auch Anfang Feber 1906 durchführte. Und zwar suchte und fand ich auf Anraten des Herrn Fritsch, Tabakfabriksdirektor, nach mehrwöchigem Herumstreifen in der Nähe von Schönbrunn eine Wohnung mit Gartenbenützung im XIII. Bezirk, Einwanggasse Nr. 19.
Der Hausbesitzer, L. Mann, ein ehemaliger Wirt, welcher mir geneigt war, ließ im Zimmer gegen den Nachbargarten eine Korkwand aufführen und die Fensterspaletten mit Holzverschalung auskleiden, um die Feuchtigkeit hintanzuhalten. Dagegen mußte ich aber um hundert Kronen mehr als bisher, das ist sechshundert Kronen, an Zins bezahlen.

Zur Führung meines Haushaltes hatte ich das besondere Glück, an Frau Rosa Enzfelder eine verläßliche Person zu finden, welche ich, während ich bei meinen Kindern Theodor und dessen Frau Ida in Verpflegung war, kennenlernte und die sich, wie ich erfuhr, seit eineinhalb Jahren in Wien aufhielt. Auf meine schriftliche Anfrage erhielt ich aus Felling die Zusage, daß sie kommen könne, nachdem ihr der Arzt strenge untersagt hatte, sich in der Stadt aufzuhalten, während ich außerhalb derselben, mitten zwischen Gärten wohnte.

Vom 15. bis 29. Juli dieses Jahres unternahm ich mit meinem Sohne Max eine Vergnügungsreise durchs Salzkammergut. In Berchtesgaden trafen wir meine Tochter Ida, welche uns bei Besichtigung des Salzbergwerkes begleitete. Diese Reise, welche mir sehr zusagte, wiederholte ich im Juni nächsten Jahres in Begleitung der Frau Rosa Enzfelder. Im Juni 1907 unternahm ich in derselben Begleitung eine Vergnügungstour nach Gutenstein, und zwar von Weißenbach zu Fuß, über die Myrafälle bis Pernitz. In Gutenstein besuchte ich unseren Lieferanten Haselsteiner, erstieg dann den Mariahilferberg, von wo wir eine herrliche Aussicht über die ganze Umgebung hatten.

Im Sommer 1908 unternahm ich eine Reise nach Trentschin-Teplitz, wo ich Herrn Philipp Weiss mit Gemahlin besuchte. Von dort reiste ich über Cilli nach Tüffer, wo sich mein Schwiegersohn Dozi Weiss aufhielt. Nach einigen Tagen fuhr ich nach Pörtschach, um schon den nächsten Tag mit meinem Sohn Theodor und Schwiegersohn Philipp Kořatek nach Toblach zu fahren. Dort nahmen wir uns einen Wagen und fuhren nach Misurina, durch die Dolomiten, zu den Drei Zinnen und der Roten Wand nach Ampezzo.

Aus Anlaß meines siebzigsten Geburtstages veranstalteten meine Söhne Ende März 1911 in der Restauration Gut eine Jause, woran außer meinen Kindern und Enkeln auch meine Brüder Salamon und Michael sowie mein Schwager

S. Jellinek teilnahmen, welch letzterer eine formvollendete Anrede hielt.

Reisen –

Die herrlichen Ausflüge waren sehr lohnend

Kurze Zeit darauf litt ich an Influenza. Nach deren Heilung reiste ich auf Anraten meines Arztes nach Abbazia, über Graz und Adelsberg, wo ich die Tropfsteinhöhle besichtigte und ein Stück als Andenken bekam.

Meine Enkelin Grete Laufer und ihre Mutter hatten dort bereits Aufenthalt genommen, auch mein Cousin S. König aus Misslitz mit seiner Tochter und Schwiegersohn. Meinen Neffen Hermann Steiner traf ich nach einigen Tagen dort an, daher wir sehr angenehme Tage verbrachten. Die herrlichen Ausflüge per Schiff nach Fiume, Buccari und Lovrana waren sehr lohnend.

Am 18. Mai reiste ich über St. Peter und Nabresina, wo der herrliche Anblick aufs Meer überwältigend wirkt, nach Triest. Auch Miramare habe ich von der Höhe bewundert. Denselben Tag besuchte ich den Hafen, wo gerade ein Überseedampfer eingelaufen, dessen Besichtigung einige Stunden in Anspruch nahm. Denselben Tag erhielt ich von Herrn Carl Ornstein an Herrn Koch, Kaffeehändler en gros, ein Empfehlungsschreiben, welches ich am 19. Mai übergab. Bei Besichtigung des Freihafens und der Lagerräume machte Herr Koch die Bemerkung, daß ihm von seinen Angestellten mindestens soviel gestohlen wird, was ein Minister bei uns an Gehalt bezieht.

Beim Zurückgehen vom zweiten zum ersten Stock hatte ich das Unglück, mit dem rechten Fuß an eine circa zwölf Zentimeter aufgebogene Blechtafel anzustoßen und mir dadurch den Knöchel auszurenken. Beim Anblick des hängenden Fußes verlor ich momentan das Bewußtsein, aber nur für einige Sekunden. Der Buchhalter, vor dessen Kanzlei dies geschah und welcher etwas medizinische Kenntnisse hatte, brachte sofort Verbandzeug und legte mir vorläufig Schienen an. Die Rettungsgesellschaft, welche gerufen wurde, überführte mich ins Hotel Abbazia, wo ich Quartier genommen hatte. Der gerufene Professor riet mir aber, ins Spital zu gehen, weil er mich dort richtiger behandeln könne. Dies lehnte ich mit dem Hinweis ab, daß meine Begleiterin dann nicht bei mir sein könne, worauf er mir sein Sanatorium empfahl. Für mich war dies von besonderem Vorteil, da Frau Rosa mich selbstaufopfernd pflegte, denn innerhalb von fünf Tagen konnte ich die Heimreise antreten und nach weiteren vier Wochen die Schwefelbäder in Baden aufsuchen. Auch die richtige Behandlung des Dr. Martin hatte mitgewirkt. Ich hatte beabsichtigt, meine Reise bis Venedig auszudehnen, doch dieses Übel verhinderte ein größeres, weil gerade damals in Venedig die Cholera vorherrschte, wobei ich mich an die Anwendung der Sprichwörter meines seligen Vaters erinnerte: „Wer weiß, zu was es gut war!"

Im Juli nächsten Jahres machte ich Gebrauch von einem Prospekt der Nordwestbahn für eine billige Sonderfahrt nach Berlin, à 35,60 Mk. Am 13. Juli 1912 um 6.14 Uhr abends reiste ich in Begleitung von Frau Rosa nach Retz, wo wegen der Kreuzung mit dem Postzuge zwanzig Minuten Aufenthalt waren, die wir zur Einnahme des Nachtmahls benützten. Wir hatten eine recht angenehme Fahrt mit einer lustigen Gesellschaft, daher von einem Schlaf keine Rede war. In der Frühe nach Sonnenaufgang bewunderten wir die prachtvolle Gegend der Sächsischen Schweiz und nahmen in Dresden das Frühstück ein, und zwar, um dem berühmten Blümchenkaffee auszuweichen, Schokolade mit Hörnchen.

Am 14. Juli kamen wir gegen Mittag in Berlin an und nahmen auf Anraten unserer Wohnungsnachbarin, Frau Richter, im Hotel West-End Quartier (Frühstück drei Mk. pro Person), besuchten sofort das Museum für Völkerkunde, gegen Abend das Kaffee Piccadilly, wo wir uns bei prachtvoller Wiener Musik bis gegen 10 Uhr sehr angenehm unterhielten. (Für die Portion Kaffee zahlte ich fünfunddreißig Pfennig.)

Am 15. Juli fuhren wir vom Potsdamer Bahnhof mit der Hochbahn in den Zoologischen Garten und gingen am Nachmittag durch die Linden-Allee, besichtigten die Monumente und bewunderten auch die Oper und die Burg. Abends besuchten wir ein Kino, wo wir Gelegenheit hatten, den Bau des Panama-Kanals sowie „Berliner Ansichten", die „Sportwoche" und „Sein Freund, der junge Elefant" mit Max Lindner zu bewundern.

Am 16. Juli besuchten wir das königliche Schloß, das Kaufhaus Wertheim, machten einige Einkäufe und speisten à ein Mk. zu Mittag. Dann wurde gebummelt und im Krollschen Garten die Jause genommen. Wir besichtigten dann die Siegessäule und die Monumente in der Siegesallee und gingen durch das Brandenburgertor in die Stadt.

Am 17. Juli wurden die königliche Bibliothek und die Kirchen angesehen und im Kaiser-Kaffee genachtmahlt.

Am 18. Juli um 7 Uhr früh ging die Reise nach Dresden, wo wir bei Frau Sonntag, Werther Straße Nr. 20, Privatquartier nahmen, welche samt Frühstück, bestehend aus einer Portion Kaffee nebst Butter und Brote, fünf Mk. berechnete. Wir besichtigten das Schloß mit dem sogenannten Grünen Gewölbe und dessen unermeßlichen Schätzen. Mittag wurde im Hotel Herold gespeist, à 1,10 Mk. per Menü, und nachmittag bewunderten wir die Brühlsche Terrasse mit dem wundervollen Verkehr auf der Elbe sowie die Kirchen und den Dom.

Am 19. Juli besichtigten wir die Kunstausstellung, das Johanneum mit mineralischen und zoologischen Sammlungen und fuhren per Dampfer nach Blasewitz. Auf der Rückfahrt hatten wir leider Regenwetter.

Am 20. Juli besuchten wir den Tempel und das Kaufhaus Herzfeld, wo Geschenke eingekauft wurden, und speisten im Hotel Herzogin. Nachmittag besuchten wir die Markthallen und nahmen die Jause im Wiener Kaffee.

Sonntag, den 21. Juli ging die Reise über Bodenbach nach Prag, wo wir in einem Garten-Restaurant zu Mittag speisten und die Stadt besichtigten.

Am 22. Juli fuhren wir nach Ziskow, besuchten das Rathaus mit der künstlichen Uhr und dann den jüdischen Friedhof sowie die berühmte Alt-Neu-Schul und gingen über die Karlsbrücke nach dem Hradschin, wo das Schloß und das Damenstift in Augenschein genommen wurden. Zuletzt besichtigten wir die Kaiser-Franz-Joseph-Brücke und die Moldau-Schleusen.

Am 23. Juli fuhren wir über Kolin und Brünn retour, sprachen in Eibenschitz einige Minuten mit dem lieben Willy Jellinek, dem wir etwas Mitgebrachtes aus Prag übergaben, und kamen um 7 Uhr abend in Wien an.

Im darauffolgenden Jahr, am 21. Juni 1913, reiste ich mit Frau Rosa in die Schweiz, mit der Gesellschaft vom Handwerker-Verband, laut Prospekt zusammengestellt, daher ich die Beschreibung hierüber unterlasse, weil alles programmgemäß bei durchaus schönem Wetter verlief. Nur kann ich die Bemerkung nicht unterlassen, daß ich bei der Ankunft an der äußersten Spitze im Jungfrau-Tunnel, wo sich das Postamt befindet, eine ähnliche Beklemmung beim Atmen empfand wie nach der überstandenen Influenza im April 1911, welch letztere mein Arzt dahin erklärte, daß hievon der Druck der Nieren auf die Lunge die Schuld trägt, während in dieser Höhe die enorm verdünnte Luft die Veranlassung sei. Ich mußte mich mit dieser Erklärung zufriedengeben, während die Folge zeigte, daß das Übel sich auch unangenehm fühlbar machen konnte und als Asthma-Leiden im Jahre 1919 bei mir auftrat.

Am 2. Juli hatten wir das besondere Vergnügen, in Rheinfelden das dortige Brauhaus besichtigen zu dürfen, was sich erst recht angenehm fühlbar machte, nachdem wir mit vortrefflichem Bier nebst Schinkenbroten ohne Beschränkung bewirtet wurden.

Nach einer überaus angenehmen Schiffahrt am Rhein kamen wir am 2. Juli in Lindau an und reisten den nächsten Tag nach München, wo wir volle vier Tage mit der Besichtigung der dortigen Sehenswürdigkeiten zubrachten, worunter besonders die Bildergalerie, die Pinakothek und der Tempel hervorragten. Daß wir uns im Hofbräu das vorzügliche Bier ordentlich zu Gemüte führten, muß ich extra bemerken, nachdem ich mir mein Krügel, das sogenannte Münchner-Kindel, an der Schenke nicht oft genug füllen lassen konnte, trotzdem ich nie ein Biertrinker war.

Auf der Rückreise machten wir von Linz am 7. Juli einen Abstecher nach Hall, zum Besuche meiner Kinder Kořatek und Weiss, welche dort zum Sommer-Aufenthalt wohnten, um am nächsten Tag die Heimreise anzutreten.

Die folgenden Jahre mit dem Kriegsjammer will ich lieber ganz übergehen, nachdem doch hierüber genügend geschrieben wurde. Meine drei Söhne, welche ebenfalls eingerückt waren, mußten das Geschäft ihren lieben Frauen überlassen, bis es dem lieben Theodor gelang, als Schlosser befreit zu werden.

An einem Sonntagnachmittag im Mai 1918 war ich wie gewöhnlich bei meinem Schwiegersohn Dozi Weiss, der mir eine Annonce des Wiener Tagblattes zeigte: In Retz ist das Haus Nr. 124 verkäuflich. Ich bemerkte sofort, daß dies das Judtmannsche Haus wäre, und schrieb umgehend meinen Söhnen hievon, welche den Kauf durch den Schwager meines Sohnes Josef, den seligen Leutnant Weber, durchführten, um den Preis von vierzigtausend Kronen.

Am 25. Juni 1918 heiratete meine Enkelin Flora Laufer Herrn Dr. Theodor Sussmann, während letzterer noch beim Militär beschäftigt war, daher von den Angehörigen niemand der Trauung beiwohnte.

Krankheit –

... dies wäre schon zu spät ...

Durch einen veralteten Katarrh bekam ich im Feber 1919 gegen 1 Uhr nachts einen Anfall von Atemnot. Ich hoffte, daß ich anfangs doch wieder einschlafen könnte, indes verschlimmerte sich das Übel, bis Frau Rosa wach wurde und sofort Fräulein Mitzi um einen Arzt schickte. Ich sagte wohl mit großer Anstrengung, dies wäre schon zu spät, aber zum Glück befand sich gerade im Hause auf einem Zimmer bei Frau Dr. Fischer ein Dr. Kalender, welcher mir eine Injektion verabreichte, und da diese noch nicht genügte, mußte Fräulein Mitzi in die Apotheke eilen, um eine zweite zu bringen, welche mir endlich eine teilweise Erleichterung brachte. Bis Mitte März hatte ich mit dem Übel zu kämpfen, bis ich soweit hergestellt war und das Zimmer verlassen konnte.

Am 21. März 1920, an einem Sonntagvormittag, besuchte ich das Technische Museum, um einen Vortrag anzuhören. Nachdem aber noch Zeit war, ging ich mir das Bergwerk anzusehen, wobei das Gedränge der meist jungen Leute so arg wurde, daß ich oft mahnen mußte, doch etwas mehr Rücksicht zu nehmen. Ich war sehr unangenehm überrascht, als ich mich überzeugen wollte, wieviel es an der Zeit wäre, und weder Uhr noch Kette vorfand, besonders, nachdem mir noch nie etwas vom Körper gestohlen wurde. Endlich, nach einer Weile, hatte ich mich soweit gefaßt, daß ich dies dem dort amtierenden Polizei-Kommissär melden konnte, welcher mir den Rat erteilte, die Anzeige auch in meinem Polizei-Revier Penzing zu wiederholen.

Dieselbe Woche, Samstag, dem 27. März, wurde ich vom Polizei-Inspektor Ehrlich, Dommeiergasse, vorgeladen, welcher mir meine Uhr samt goldenem Anhängsel in Form einer Damenuhr übergab, mit dem Bemerken, erstere wurde dem circa fünfzehnjährigen Schusterlehrling Feit, XIII. Bezirk, Dreihausgasse, abgenommen. Das Anhängsel hatte der Dieb dem Uhrmacher Krause, XIII. Bezirk, Disterweggasse, verkauft, von dem es die Polizei erhielt. Die Kette, welche der Uhrmacher Feiwisch Sigall kaufte (XV. Bezirk, Reindorfgasse) wurde nach dessen Aussage tags vorher bereits eingeschmolzen. Nachdem in dem Anhängsel die Fotografien fehlten, ging ich auf Anraten der Polizei selbst zum Uhrmacher, der aber dasselbe so gekauft hatte, wie er es der Polizei übergab. Nach wiederholter Einvernahme hierüber äußerte sich der Dieb, er hätte die Fotografien auf der Linzer Straße weggeworfen, während die Verschlußringe der Bettgeher seiner Mutter bekam, welcher dafür achtzig Kronen eingenommen hätte.

Der Uhrmacher Sigall, den ich fragte, ob er von einem jungen Burschen eine goldene Panzerkette kaufte, antwortete mir brüsk: „Mit solchen Geschäften befasse ich mich nicht." Ich sagte hierauf, es wäre eine zwanzig Gramm schwere Kette gewesen. Sofort erwiederte derselbe: „Sie wog nur zwölf Gramm." (So hatte er auch tatsächlich der Polizei gegenüber gesagt.) Überhaupt habe er die Kette auf legalem Wege gekauft, daher er nicht verantwortlich gemacht werden kann. Auf meine Urgenz wurde mir der Bescheid, daß der ganze Akt bereits am 19. Mai der Staatsanwaltschaft Alserstraße Nr. 9 übergeben wurde. Auf Anraten meines Sohnes Max übertrug ich die Angelegenheit seinem Vertreter Herrn Dr. Weichert, erhielt aber bis heute keine Erledigung.

Nach meiner Genesung hatte mir der behandelnde Arzt erlaubt, meinen alten Gewohnheiten zu folgen, zu rauchen und ins Kaffeehaus zu gehen. Indes wurde ich beim Rauchen einer Virginia wieder rezidiv, worauf ich meinen früheren Hausarzt, Herrn Dr. Martin, zu Rate zog, welcher sich veranlaßt sah, mir vom linken Arm Blut abzunehmen, wodurch eine bedeutende Erleichterung eintrat. Besonders der aufopferungsvollen Pflege von Frau Rosa hatte ich es zu danken, daß ich das Bett bald verlassen konnte. Der Besuch von Vöslau und die Benützung der dortigen Bäder im Laufe des Sommers trugen dazu bei, daß ich ohne größere Beschwerden den Winter durchgehalten habe.

Anfangs Jänner besuchte ich meine lieben Kinder in Retz, trotz einer offenen ... [Manuskript bricht ab.]

Theodor König
1868–1957

Die Erinnerung ist das einzige Paradies,
woraus wir nicht vertrieben werden können.
Sogar die ersten Menschen waren nicht
daraus zu bringen.
Aus Jean Paul (Friedrich Richter).
Pädagogischer Roman „Die unsichtbare Lore".

Der Vater –

... er war immer für den Fortschritt

Mit Bewunderung muß ich der Voraussicht gedenken, die Vater veranlaßte, mich schon mit fünfeinhalb Jahren in die Schule zu schicken. Am 3. Februar 1868 geboren, hätte ich erst 1874 in die erste Klasse aufgenommen werden sollen, Vater setzte es durch, daß ich im Herbst 1873 die Aufnahmsprüfung machen durfte. Ich muß entsprochen haben. Die erste Person, die mich in die Geheimnisse des ABC einweihte, war eine Lehrerin, Werninger hieß sie, und nichts erinnert mich an sie als ein merkwürdiger Duft, der ihrer Person entströmte – vielleicht verwendete sie eine besondere Pomade.

Vater besaß die Gabe, sich bald mit seiner Umgebung auf guten Fuß zu stellen. Er verfügte über Humor und ein gewisses Maß von Bildung. Wenige Jahre nach seiner am 1. Jänner 1864 erfolgten Etablierung wurde er Mitglied des Retzer Männergesangvereines, der sein Stammlokal in der „Schießstätte" hatte. Diesen Namen führte ein kleines Gasthaus, in dem sich jeden Abend die Honoratioren versammelten. Bei echtem Pilsner Bier wurden die Ereignisse der Gemeinde und der Politik besprochen. Dieser exklusiven Gesellschaft wurde Vater als erster und auch einziger Jude beigezogen. Das dauerte, bis Dr. Karl Lueger Bürgermeister von Wien wurde, und sein antisemitischer Kurs hielt auch Einzug in Retz. Vater verließ den Gesangverein und ging nie mehr zur Schießstätte. In seinen Erinnerungen gibt er einen Grund an, der ihn veranlaßte, aus dem Verein auszutreten, der aber nicht zutrifft. Ich war damals auch Mitglied des Turnvereines und Augenzeuge, wie der Kassier und Beamte der Stadt Retz, Heimerl, Vater in grober Weise anrempelte, weil Vater auf einen Sessel stieg, um eine kostümierte Gruppe besser zu sehen, die sich anläßlich einer Probe für ein Fest im Saale einübte. Heimerl war „des süßen Weines voll" und vom Bürgermeister Alois Richter angestiftet worden, Vater zu beleidigen, um ihn zu zwingen, aus dem Verein auszutreten.

Im Sommer dieses Jahres 1875 beteiligte sich der Gesangverein an einem Sängerfest des Wiener Vereines „Arion", das im Schlosse des Grafen Schönborn (Station Schönborn-Mallebern bei Stockerau) abgehalten wurde. Innerhalb der großen Besitzung befindet sich im Park ein großer Teich, in dem sich die Teilnehmer mit Bootfahren belustigten. In ein solches Schinakel setzte sich Vater mit dem reichen Weinhändler Leopold Seher. Beide Väter hatten ihre Söhne mitgenommen. Der junge Seher, um einige Jahre älter als ich, begann jämmerlich zu weinen, weil das Fahrzeug zu schwanken begann und er ein unwillkommenes Bad befürchtete. Vater war stolz, daß ich nicht die geringste Angst zeigte, meine Furchtlosigkeit ist eine Anlage, die sich schon im Kinde zeigte.

Die Eltern quartierten sich nach der Hochzeit (10. März 1867) in dem Hause Nr. 62 in der Wiener Straße ein, wo ich zur Welt kam. Einige Jahre früher fand ein wandernder Geselle auf der Durchreise bei dem Spengler Liebetrau Unterkunft. Es war Israel Schmiedl, welcher dann die älteste Schwester Vaters, Tante Minna, heiratete. Als kleiner Alteisenhändler fing er an, und er wurde der reichste unter Großvaters Schwiegersöhnen. Vaters Geschäft befand sich am Hauptplatz Nr. 123 im Gasthaus „Zum Goldenen Löwen", Pächter waren das Ehepaar Schuster, deren Tochter Juli eine Schulkollegin der Schwester Friederike war. Juli heiratete später Ludwig Weiss, den Bruder unseres Schwagers Dozi Weiss.

1875 entschloß sich Vater zur Kur in Baden bei Wien, und weil ich Ferien hatte, durfte ich mitfahren. In der Wassergasse bekamen wir ein billiges Zimmer. Vater meldete sich als Schlossermeister bei der Kurkommission, dadurch erfolgte eine niedrigere Bemessung der Taxe. Das Frühstück wurde auf einem Schnellsieder aus Blech bereitet – Spiritus –, Milch und Semmeln holte ich. Gebadet wurde im Frauenbad am Josefsplatz.

An Nachmittagen spielte Vater im Kaffeehaus Karten, hier hatte er eine ständige Partie. An badefreien Tagen unternahmen wir Ausflüge in die herrliche Umgebung, nach Mödling, in die Brühl und nach Laxenburg. In diesem Schloß gab es ein unterirdisches Verlies; sobald man dieses betrat, rasselte ein gefesselter Tempelritter mit den Ketten und erschreckte die ahnungslos eintretenden Besucher. Der Beschließer trat unbemerkt auf einen Hebel und setzte die Figur in Bewegung. Ich war aber tapfer und fürchtete mich nicht.

Unser Vater war immer für den Fortschritt und gab oft ein Beispiel in dieser Beziehung. Nach dem Kauf des Hauses Nr. 42 erwarb er in der Schattauer Tonwarenfabrik Schlimp die feuerfesten Ziegel und ließ das Trottoir vor dem Geschäft pflastern. Es war das erste schöne Pflaster am Hauptplatz, und es wurde damals viel kritisiert. Der Notariatsbeamte Josef Schöber ging zu dieser Zeit vorüber, und ich erzählte ihm von den Reden der Mißgünstigen. Er sagte: „Wer am Wege baut, hat viele Meister!" Und es kam die Zeit, wo die Stadtgemeinde den Hauptplatz und später auch die Gassen mit diesen Steinen pflastern ließ. Unsere alten Steine wurden kassiert und neue gelegt – für unsere Steine wurde keine Vergütung gegeben, aber die neuen mußten wir bezahlen. Selbstverständlich wehrte sich Vater nicht gegen diese Ungerechtigkeit der Obrigkeit, mit der man in Frieden leben muß.

Viel Aufsehen erregte es, als Vater ein Portal für Auslagen mit der Geschäftstür, aus eisernen Rollbalken bestehend, anfertigen ließ, wieder als der erste in Retz. Im Laufe der Zeit wurde Vaters Beispiel oft nachgeahmt. In den Auslagen wurden Holztafeln eingefügt, auf die ich in symmetrischer Anordnung Werkzeuge für Handwerker und für den Hausgebrauch befestigt hatte, und es zeigte sich, daß die Kauflust dadurch angeregt wurde. Ich besitze noch eine kleine Fotografie, welche die Front des Hauses mit den geschilderten Auslagen zeigt. [Siehe Abb. 19.] Vor der Tür steht neben unseren Angestellten auch die „Wasserresi" mit ihrem Attribut, dem Besen, in der Hand. Auch diese Frau gehört einem jetzt ausgestorbenen Metier an, denn seit die Wasserleitung gebaut und in Betrieb genommen wurde, sind die Dienste der Wasserträger überflüssig geworden.

Vater war, wie seine Brüder Salomon und Michael, leidenschaftlicher Kartenspieler, und sie brachten ihre Freizeit an Samstagen im Kaffeehaus ihres Schwagers Pollenz zu. Die Brüder hatten das Temperament des Vaters Raphael geerbt, waren mit kräftigen Stimmen begabt, und wenn einer beim Spiel einen Fehler machte, warfen sie sich das in kräftigen Worten vor: „Du hast schlecht gespielt!" schrie einer dem anderen zu. – „Nein", war die nicht minder laute Antwort, „du hast schlecht gespielt!"

Den Zeloten in Misslitz war es ein Dorn im Auge, daß die jungen Leute den Sabbat zum Kartenspielen verwendeten, und hinterbrachten die Sünde dem Vater Raphael. Die Antwort, welche die heimtückischen Angeber bekamen, lautete: „Meine Söhne dürfen sich auch am Sabbat unterhalten, wie sie wollen, nur dürfen sie es nicht vor mir tun. Da ich kein Kartenspieler bin und nicht ins Kaffeehaus gehe, können die jungen Leute machen, was sie wollen!"

Auch meine Brüder Josef und Max setzten sich, als sie dem Vater im Gewerbe und Handel zur Seite standen, in Retz mit ihm zum Kartentisch. Und da wiederholte sich, was sich Jahrzehnte früher in Misslitz ereignete: Vater, als der Tüchtigere, warf seinen Söhnen das schlechte Spiel vor und schrie ihnen zu: „Ihr seid Patzer, lernt besser spielen!" Mir konnte das nicht passieren, ich spielte nicht Karten, konnte diesem Vergnügen kein Interesse abgewinnen und setzte mich lieber hinter die Bücher.

In seinen Erinnerungen ruft Großvater Raphael seinen Nachkommen zu: „Welche finstere Zeiten hatten wir damals!" Diese finsteren Zeiten sollten noch Jahrzehnte dauern, und ich schildere im folgenden, unter welchen Härten und Ungerechtigkeiten Angestellte und Arbeiter leben mußten.

Mein Vater übersiedelte 1875 in das Haus Nr. 42 am Hauptplatz in Retz, Besitz der Katharina Schwach, einer Verwandten von Alois Schwach. Dort befand sich ein kleiner Stall, in dem eine Kuh, Ziegen und Hühner untergebracht waren. Angrenzend war die offene Mistgrube, in welche der Dünger geworfen wurde. Für die Gehilfen und Lehrlinge, die bei uns wohnten und verpflegt wurden, gab es keine andere Möglichkeit, sie mußten in dem mit Ziegeln gepflasterten Stall untergebracht werden. Mäuse und Ratten waren ständige Besucher der Schlafstätte. Unser Hausarzt, Dr. List, wurde einmal zu einem erkrankten Gehilfen gerufen und bezeichnete die Unterkunft als menschenunwürdig. Es vergingen noch etliche Jahre, bis Vater nach von ihm entworfenen Plänen einen Umbau vornehmen und ein Zimmer für die Leute bereitstellen konnte.

Auch wir Handelsbeflissene hatten nichts zu lachen. Um 6 Uhr früh wurde das Gewölbe – so nannte man den Verkaufsladen, weil die Decke gewölbt war – geöffnet. Nach dem Mittagessen wurde die Arbeit sofort wieder aufgenommen und bis 8 Uhr abend geschuftet, also fast vierzehn Stunden täglich. So ging es auch an Sonntagen; nur Ostern, Pfingsten und Weihnachten bildeten die Ausnahme. Als nach Jahren eine Vorschrift erlassen wurde, die Geschäfte müßten an Sonntagen um 5 Uhr Nachmittag schließen, jubelten wir und genossen die Freiheit.

Der Großvater –

*... und deshalb wurde
die Geschichte des Raphael König
geschrieben*

Damals waren die mühseligen Gewerbe der Fleischer, Bäcker und Gerber in Niederösterreich, Mähren und Böhmen vielfach in jüdischen Händen. Auch der Ausschank von Wein und Branntwein sowie die damit verbundenen Schnapsbrennereien beruhten auf Konzessionen, welche von den Gemeinden oder den Feudalherren in den erwähnten Provinzen häufig an Juden vergeben wurden. Die Juden waren wegen ihrer Geschäftstüchtigkeit geschätzt, aber auch, weil man ihnen höhere Abgaben als den christlichen Konzessionären auferlegen konnte, hingen sie doch fast nur vom guten oder bösen Willen der Gemeinden und Feudalherren ab. Der Kaiser und seine Beamten waren nicht geneigt, sich der Juden anzunehmen, denn die durch böse Beispiele korrumpierte öffentliche Moral betrachtete es als gottgefälliges Werk, wenn Juden mißhandelt wurden.

Dies benutzten skrupellose und verschuldete Personen und Gemeinden, um den Pöbel gegen die Juden aufzuhetzen, um sich ihrer Schulden gegenüber Juden zu entledigen oder sich in den Besitz ihrer Vermögen zu setzen. Da den Juden nichts oder fast nichts anderes übrigblieb als sich mit dem Raub von Hab und Gut abzufinden, galt – und gilt es selbst noch heute – als Axiom, daß Juden feige seien. Dieses gedankenlos nachgesprochene Gerede dreht die Tatsachen in ihr Gegenteil um. Man kann sich kaum eine größere Feigheit denken als den Mißbrauch der Gewalt gegenüber einer kleinen wehrlosen Minderheit.

Doch trotz dieser im Laufe der Jahrhunderte sich immer wiederholenden Drangsale blieben die Nachkommen der von den Römern verschleppten Juden in Deutschland. Mehr als das. Sie wurden gute Deutsche und wenn sie aus irgendeinem Grunde auswanderten, blieben sie bis in die zweite und dritte Generation Deutsche. Ungezählt sind die Deutschen jüdischer Abstammung, die den Ruhm und die Größe Deutschlands in alle Welt trugen. Wir beschränken uns auf die Nennung von drei Namen: Felix Mendelssohn-Bartholdy, Heinrich Heine, Albert Einstein.

Aber wir sollten auch nicht vergessen, daß große Deutsche trotz der offiziell geförderten Judenfeindlichkeit die Juden verteidigten und mit Juden freundschaftliche Beziehungen unterhielten. Wir nennen nur Lessing, der mit Moses Mendelssohn befreundet war, und Goethe, der Mendelssohn-Bartholdy förderte. Und hat man Deutsche jüdischer Abstammung nicht in großer Zahl zu Volksvertretern und zu Ministern gewählt, sobald und solange die Deutschen frei wählen durften?

Als die Pest unter dem Namen Nationalsozialismus über das deutsche Volk kam, wurde zuerst das gesamte deutsche Volk entrechtet und in Ketten gelegt, bevor man gegen die Deutschen jüdischer Abstammung mit unerhört systematischer Grausamkeit vorging. Wenn Hitler nichts wußte, eines war ihm bekannt: Die Nachkommen des Volkes, das sich mit unbeugsamer Zähigkeit den römischen Statthaltern und ihren Legionen widersetzt hatte – seit zweitausend Jahren haben sie immer in den ersten Reihen gekämpft, wann und wo immer um die Freiheit gerungen wurde. Ganz besonders in Deutschland.

Die Schande, die dem deutschen Volk durch den Nationalsozialismus angetan wurde, wird von diesem gesühnt werden. Und deshalb wurde die Geschichte des Raphael König geschrieben. Er war nicht ein Heros der Geschichte. Er war ein tüchtiger Handwerker, ein kluger Kopf, ein unerschrockener Bürger. Er hat mit kühnem Sprung die Grenzen des Gettos überquert, die ihn von seinen deutschen Mitbürgern trennten. Er ging zum Kaiser, damit auch Protestanten das Recht werde, ihr Gotteshaus zu haben, und er wurde von seinen Mitbürgern beim Ausbruch der Revolution von 1848 nach frönzösischem Vorbild zum Hauptmann der Nationalgarde gewählt.

Er ist seit sechzig Jahren tot. Sein Grab wurde von Nationalsozialisten geschändet. Er hatte tief in die eigene Tasche gegriffen, als es den Protestanten gestattet wurde, ein eigenes Gotteshaus zu errichten. Sein Grabmal ist zerstört. Und deshalb sollen diese Seiten sein Grabmal sein.

Ich habe mich bemüht, unseren Großvater zu schildern, wie es die mir zur Verfügung gestandenen Quellen ermöglichen. Die von ihm an seine Nachkommen gerichteten klassischen Worte sind, so glaube ich, nicht auf unfruchtbaren Boden gefallen. Wer seine Ermahnungen an die Kinder, Enkel und Urenkel zu Gesicht bekam, hat sich ein Beispiel an den Vorfahren genommen. Es ist keine Überhebung, wenn ich sage, daß Großvaters Epigonen, die Nachgeborenen, in dem Sinne gelebt und gewirkt haben, wie er es uns vorgezeichnet hat.

Nur noch fünf Enkel sind am Leben, die ihn persönlich gekannt hatten, ich zähle sie dem Alter nach auf und nehme das Jahr 1953 zur Basis: Theodor König (85) in Wien, Josef König (79) in Retz, Friederike Kořatek (82) in Johannesburg, Hugo Winkler (74) in Großenzersdorf und Joseph Steiner (75) in Marseille.

Ich werde noch meine persönlichen Erinnerungen zu Papier bringen, soweit mein Gedächtnis an die Schulzeit 1875 in Misslitz reicht. Diese Ergänzung dürfte zur

Charakterisierung unseres Großvaters beitragen, dieses hervorragenden Menschen, auf den stolz zu sein wir alle vollkommen berechtigt sind. Ich weise noch darauf hin, welches bewunderungswürdige Gedächtnis unser Großvater besaß, denn er bringt in seinem Tagebuch Daten von Ereignissen und die Geburts-, Verheiratungs- und Sterbedaten von zahlreichen Menschen ohne Hilfe von Nachschlagewerken und Zeitungen. Was ich hervorheben muß, ist die formvollendete Sprache seiner Niederschriften; sein Heft zeigt keine Ausbesserungen, alles ist flüssig geschrieben.

Ich will noch beifügen, daß das Manuskript dem ältesten Sohn Jacob, meinem Vater, von seinen jüngeren Brüdern Salomon und Michael überlassen wurde. Diese Tradition erfuhr eine Unterbrechung und Änderung, denn unser Vater verfügte, daß nicht ich, sein ältester Sohn, die kostbare Schrift erhalte, sondern mein jüngerer Bruder Josef, dem zu Vaters Lebzeiten der Sohn Karl am 15. Februar 1916 geboren wurde. Mir versagte das Schicksal männliche Kinder, doch habe ich deshalb nicht mit dem Unerforschlichen gehadert – meine drei Töchter sind wohlgeraten und machen ihren Eltern viel Freude.

Weder Vater noch Großvater waren fromm, aber doch Anhänger der Religion, besonders letzterer hatte es scharf auf Zeloten. Vater fragte beim Großvater brieflich an, ob ich nach Misslitz kommen dürfe, um Hebräisch zu lernen, dazu war in Retz 1876 keine Gelegenheit. Viel später setzte Vater es durch, daß die wenigen Glaubensgenossen einen Hauslehrer besoldeten. Großvater war mit Vaters Vorschlag einverstanden, und ich besuchte die Schule in Misslitz vier Monate. Trotz seiner achtundsechzig Jahre war Großvater damals noch sehr rüstig und arbeitete in der Schlosserei ebenso wie im Eisengeschäft. Er besaß viel Humor, neckte mich gerne, setzte mich auf seine Knie, rieb die unrasierten Wangen an den meinen und fragte: „Worum rasiert man sich?" Dann sagte er: „Dorum!" Wie alle Religiösen verwendete er nie ein Rasiermesser, benützte das ätzende Aurum mit einem Stück Holz, wodurch seine Wange einem Stück Leder glich. Wenn an Samstagen die Sabbatruhe vorüber war, verrichtete er das Abendgebet, und ich mußte den Wachsstock halten und das Licht verlöschen. War ich bei den Handreichungen ungeschickt, hieß es: „Du bist weder zu Kiddusch[1]) noch zu Afdole[2]) zu gebrauchen." In das Deutsche übersetzt bedeutet es, daß ich ein unverwendbarer Mensch sei! Vielleicht hatte sich Großvater geirrt, aber ich versuchte in späteren Jahren, mich zu bessern.

Großvaters zweite Frau – sie hieß „Pessel" – stammte aus Ungarn. Sie hatte mich sehr gern und lehrte mich das Spiel mit den deutschen Karten, Schell, Taus usw. Vor dem Zubettgehen wurde eifrig gespielt und die Karten gemischt. Großvater rührte nie eine Karte an, rauchte auch nicht. Aber alle seine Söhne frönten diesen Leidenschaften.

Die Söhne Jacob, Salomon und Michael erlernten bei ihrem Vater das Schlosserhandwerk. Er war ein strenger Lehrherr, temperamentvoll, ungeduldig und jähzornig – keine lobenswerten Eigenschaften, die sich auf Söhne und Enkel vererbten. Vor fast achtzig Jahren war die Herstellung des Eisens noch nicht so vorgeschritten, um dem Handwerker die Profile an die Hand zu geben, die er für seine Arbeit benötigte. Großvater verwendete oft Alteisen oder neues Material, das viel Zeit für die Bearbeitung erforderte. Der Meister hielt die Eisenstange, welche zum Strecken (dünner machen) bestimmt war. Jacob schwang den schweren Vorschlaghammer, Salomon den leichteren, und Michael trat den Blasebalg, um das Feuer in Brand zu halten; bekanntlich wird das Eisen geschmiedet, solange es heiß ist. Ich habe Kenntnis von diesen Vorgängen, obwohl ich selbst nie Hand angelegt, sondern nur zugesehen habe. Das erklärt meine fachgemäße Schilderung.

---

1 Segensspruch über den Wein zur Einleitung des Sabbat.
2 Habdalah, Segensspruch zum Abschied des Sabbat.

Der am Amboß Dirigierende schlägt mit einem kleinen Hammer auf das Material so lange, bis es durch die Hiebe der beiden Mithelfer dünner geworden ist. Diese müssen genau auf die Signale achten, die ihnen der Meister gibt, indem er auf dem freiliegenden Teil des Ambosses schwächere oder stärkere Schläge ertönen läßt. Daraus müssen die Helfer erkennen, ob die Hämmer kräftiger verwendet werden sollen oder nicht. Wird das nicht beachtet, kann das Material verdorben werden, und Zeit und Geld gehen verloren. Wenn ein solches Malheur passierte, vergaß sich Großvater in seiner Aufregung, nahm die heiße Eisenstange und attackierte damit den Schuldtragenden. Ob es damals zu Verletzungen gekommen ist, weiß ich nicht.

Daß Großvater glaubenstreu war, habe ich schon erwähnt, seine Toleranz bewies er, als ihm hinterbracht wurde, daß seine Söhne am Sabbat rauchen, was damals streng verpönt war. Zum Mosserer (Hinterbringer) der Verleumdung sagte er: „Wenn meine Söhne versteckt rauchen, habe ich nichts dagegen, nur öffentlich dürfen sie es nicht!"

Onkel Salomon war in der Jugend leichtsinnig, ein Tunichtgut, mit dem sich sein Vater nicht vertrug. Salomon reiste nach Budapest und arbeitete dort. In dieser leichtlebigen Stadt schädigte er seine Gesundheit, und die Spuren waren bis ins hohe Alter erkennbar, an den bleichen Gesichtszügen. Charakterisitisch war seine Art, hochdeutsch – scharf akzentuiert und sarkastisch – zu sprechen. Ich kann nicht vergessen, wie er mich einst tief verletzte. Es war in den ersten Jahren meines Eintrittes ins väterliche Geschäft. Onkel kam zu Besuch nach Retz. Die ersten Worte, die er an mich richtete, waren: „Theodor, liest du noch immer so viel?" Vater dürfte sich einmal beklagt haben, daß ich heimlich unter dem Pult versteckt Bücher las, wenn ich mich unbeobachtet glaubte. Das war früher wirklich so, inzwischen war mir aber der Knopf aufgegangen, und ich hatte schon lange Vernunft angenommen.

Salomon übte die Schlosserei einige Jahre in Pohrlitz aus, heiratete gegen den Willen des Vaters das Fräulein Kann, deren Vetter in jungen Jahren nach Schanghai auswanderte und es dort zu einer berühmten Persönlichkeit brachte. Er gründete ein Bankhaus in späteren Jahren. Dieser Mann hat durch seine Weigerung viele Menschen unglücklich gemacht und deren Tod verschuldet, aber solche Leute haben kein Gewissen. Als Japan den Krieg erklärte, verduftete er mit seinem Sohn aus Schanghai und lebt heute noch als sehr reicher Mann in Kalifornien. Dort brachte er rechtzeitig sein Vermögen unter. Cousin Joseph Steiner in Marseille, dem ich diese Geschichte mitteilte, schrieb mir, daß er dem jungen Mann einst Unterricht gab und ihn züchtigen mußte, weil er nichts lernen wollte.

Die weitere Familie –

..., die sich rühmen kann,
durch 122 Jahre zu bestehen!

Eine alte Anekdote erzählt vom kleinen Moritz, der ins Dorf geschickt wurde, um den Jargon abzulegen. Als er heimkam, jüdelten alle Dorfbuben. So tüchtig war ich nicht, nach meinem Eintreffen in Misslitz lachten mich meine kleinen Freunde aus, weil ich den österreichischen Dialekt mitbrachte, und als ich nach Schulschluß nach Eibenschitz zu den Großeltern kam, wurde ich wieder ausgelacht: Ich hatte mir die Misslitzer Mundart angewöhnt – in Eibenschitz wurde hochdeutsch gesprochen. In einem seiner Bücher zählt Dr. Max Grunwald die Scherzworte auf, mit denen die Glaubensgenossen in den mährischen Orten bezeichnet werden; von den Eibenschitzern heißt es, sie sind „Geiwestinker" – stolze Leute.

Großvater Schmeidler in Eibenschitz war eine stille Gelehrtennatur. In der Jugend zum Rabbiner bestimmt, mußte er seine Studien vorzeitig beenden und den Kaufmannsberuf ergreifen. Ich war sein ältester Enkel und begleitete ihn oft zu der weit entfernten Bahnstation Kanitz-Eibenschitz (die Lokalbahn Eibenschitz, welche nach Oslawan weiterführt, wurde später gebaut). Zur Abkürzung des Weges benützten wir die Strecke über den Jakobsberg und krochen durch ein niedriges Straßentunnel. Wenn Großvater seine Geschäfte in Kanitz erledigt hatte, begleitete ich ihn wieder nach Hause. Er befaßte sich viel mit mir, ließ mich aus seinem großen Wissen Nutzen ziehen, und mit Spannung lauschte ich seinen Lehren. Er befaßte sich mit dem Einkauf von Getreide, sein Hauptabnehmer war der Mühlenbesitzer und Reichsrats-Abgeordnete Panofsky, dem er leider zu viel Vertrauen schenkte, indem er ihm Kredit einräumte und eine große Summe verlor, als Panofsky in Konkurs geriet. Freitag war in Eibenschitz Wochenmarkt, abends vorher wurde Kleingeld in Rollen gepackt zur Auszahlung am nächsten Tag, und ich war stolz, bei dieser Arbeit helfen zu dürfen.

Die Bauern waren nicht zu beneiden, wenn sie die schweren Säcke, bis siebzig Kilo Gewicht, über enge Stiegen zum Schüttboden im ersten Stock schleppen und dort ausleeren mußten. Nach dem Verlust bei Panofsky gab Großvater den Getreidehandel auf und begann den Verkauf von Spirituosen. Die Brünner Firma Witrofsky übergab ihm ein Kommissionslager ätherischer Öle, damit schuf sich Großvater die Grundlage zur weiteren Existenz.

Fräulein Cäcilie Weinberger, welche Jahrzehnte nachher die Schwiegermutter meines Bruders Josef wurde, war eine Freundin meiner Tanten Berta und Regine Schmeidler. An heißen Tagen begleitete ich sie zur „Malawanska", dem Zusammenfluß der Flüsse Iglawa und Oslawa, zum gemeinsamen Bad. Eine große Meinung hatten die Tanten nicht von ihrer Freundin, man nannte sie „Cilli". In ferner Zukunft bewies sie aber ihre Tüchtigkeit in anderer Weise, die ich aus Gründen der Höflichkeit Verstorbenen gegenüber nicht erzählen will. Anerkennung verdient sie für die Arbeit, die sie zur Weiterführung des Geschäftes nach dem frühen Tode ihres Mannes leistete. Später übersiedelte sie nach Retz und erwarb das Haus Nr. 84 in der Klostergasse, heute Besitz ihres Sohnes Erwin.

Die Tanten waren mit einer Tochter des damaligen Bürgermeisters Singer befreundet, von der ich Briefmarken zum Geschenk bekam. Damit begann meine Leidenschaft für diese kleinen Papierstücke, die mich schon über siebzig Jahre fesseln. Manche Leute sehen das als Spielerei an, aber ich verdanke diesem Steckenpferd Kenntnisse auf vielen Gebieten, die ich mir sonst nicht angeeignet hätte.

Großvater Schmeidler war in erster Ehe mit einer geborenen Zerner verheiratet, welche im frühen Alter von nur achtunddreißig Jahren starb. Großvater unterließ es nie, wenn ich in Eibenschitz war, mich zur Urgroßmutter Zerner zu führen. Sie wurde fast neunzig Jahre alt; an ihren Lehnsessel gefesselt, freute sie sich mit mir, ihrem Urenkel.

Als Mädchen übte unsere Mutter einen Beruf aus. Sie verfertigte Damenhüte, und viele Jahre nach ihrer Verheiratung bewahrten die Lieben in Eibenschitz farbige Bänder und andere Behelfe auf, welche diesem Zweig der Kunst ihrer Hände dienten. Ihr Talent vererbte sich auf ihre Enkelinnen Hilda König und Lilly Weiss, die vor beiläufig zwanzig Jahren gemeinsam einen Hutsalon in der Dorotheergasse eröffneten und ihr Unternehmen, vielleicht zum Andenken an die Großmutter, „Florence" nannten. Hilda übte ihr Gewerbe auch in Buenos Aires aus, und ihre Erfolge waren für unsere Familie sehr erfreulich.

Unsere Mutter hatte einen feinen Geschmack. Sie kaufte ihre Kleider in erstklassigen Geschäften, und das Damenhutgeschäft „Galimberti", wo sie ihre Hüte kaufte, besteht heute noch. Viele Jahre litt sie an Migräne, trotzdem war sie in Vaters Geschäft tätig und bei den

Kunden beliebt. Ich, Bruder Max und Schwester Ida erbten den quälenden Kopfschmerz, erst im Mannesalter wurde ich davon befreit, aber Max und Ida litten darunter bis zu ihrem allzufrühen, furchtbaren Ende.

Ein inniges Verhältnis bestand zwischen Mutter und ihren Stiefgeschwistern. Kam sie ins Wochenbett – und das ereignete sich sechsmal – eilten die Schwestern Berta oder Regine, später auch die viel jüngere Jenny (zwischen ihr und mir war der Altersunterschied nur zwei Jahre), nach Retz und halfen in der Wirtschaft oder im Geschäft. Unser Vater wußte zu würdigen, was diese Hilfe bedeutete.

Staunenswert ist, daß ich fünf Großmütter gekannt hatte. Normal ist, daß man die Mütter der Eltern erleben kann – väterlicher- und mütterlicherseits je eine Großmutter. Diese beiden aber waren bei meiner Geburt nicht mehr am Leben. Unser Vater verlor seine Mutter, Nina Edler aus Eibenschitz, im Österreichisch-Preußischen Kriege 1866 durch die Cholera. Großvater Raphael König heiratete zum zweiten Male im Jahre 1867 Therese Fleischer, verwitwete Bauer, geboren 1817 in Tschechtschin in Ungarn. Sie starb 1881, und 1882 heiratete unser Großvater in dritter Ehe Henriette Fleckeles, die 1883 in Brünn starb.

Der Vater meiner Mutter Flora, W. Schmeidler in Eibenschitz, heiratete 1844 Fräulein Zerner, welche zwei Jahre nach der Geburt meiner Mutter Flora im Jahre 1847 zu Grabe geleitet wurde.

Großvater Schmeidler vermählte sich zum zweiten Male mit Babette, die ich viele Jahre kannte, da ich schon als kleines Kind mit den Eltern oft nach Eibenschitz mitgenommen wurde und in späteren Jahren ohne Begleitung oft Eibenschitz besuchte. Es freut mich, feststellen zu können, daß zwischen den Stiefmüttern und den Stiefgeschwistern väterlicherseits, ebenso wie mütterlicherseits stets ein schönes Einvernehmen herrschte.

Die zweite Frau von Großvater Raphael König lehrte mich 1876, als ich die Schule in Misslitz besuchte, das

Kartenspiel, und wir vertrieben uns die Zeit damit in den Abendstunden. Großvater Raphael rührte nie eine Karte an und las am gleichen Tisch Zeitungen oder Bücher. Seine dritte Frau, geborene Fleckeles, Schwester eines Wiener Bankbeamten, brachte in die Ehe ein Spinett mit, an dem sie zuweilen klimperte. Im Laufe der zwei Jahre, die sie in Misslitz lebte, wurde ihr Gehabe immer sonderbarer. Auf ihren Wunsch ließ sie Großvater Raphael nach Wien reisen, wo sie in den Straßen herumirrend aufgegriffen und in die Irrenanstalt nach Brünn gebracht wurde, dort starb sie 1883.

Am 1. Jänner 1864 gründete Großvater Raphael die Eisenhandlung in Retz, welche er unter dem Namen seines Sohnes Jacob registrieren ließ. Diesem Handelsgeschäft gliederte unser Vater die Schlosserei an. Seine drei Söhne – Theodor, Max und Josef – führten die inzwischen protokollierte Firma unter Vaters Namen weiter, bis Österreich 1938 an Deutschland angegliedert wurde. Zur vierten Generation gehört Josefs Sohn, Dipl.-Ing. Karl König, und auch die fünfte ist schon springlebendig, denn dessen Sohn Peter, der bald drei Jahre alt wird, zeigt schon Anlagen, welche schließen lassen, daß er ein würdiger Sproß unserer Familie werden wird, die sich rühmen kann, durch 122 Jahre zu bestehen. Dies beweist der Meisterbrief Großvater Raphaels, welcher vom 4. September 1831 datiert ist.

Die genaue Durchsicht des Retzer Heimatbuches hat ergeben, daß sich keine Familie in Retz rühmen kann, sie habe sich so lange und ununterbrochen als Handwerker oder Handelsleute erhalten. Die Firma Mößmer nimmt die Priorität in Anspruch, viel länger zu wirken. Das trifft aber nicht zu, denn der jetzige Inhaber ist wohl ein Urenkel des Gründers, aber sein Vater hieß nicht Mößmer, und der Urenkel erhielt erst in der Zeit nach 1938 das Recht, den Namen Mößmer zu führen.

Vater erzählte mir aus seiner Jugend, daß vor seiner Verheiratung die Hauswirtschaft in Retz abwechselnd von seinen unverheirateten Schwestern besorgt wurde.

War die zweitälteste, Pauline (später Frau Bader), einige Zeit in Retz, wurde sie von Rosa (später Frau Steiner) oder Katharina (verehelichte Winkler) abgelöst. Alle verstanden es, sich mit den Retzern auf guten Fuß zu stellen, und sie begleiteten mit Freude ihren Vater Raphael, wenn er mit seinem kleinen Gefährt, das er selbst kutschierte, nach Retz zu seinem Sohn Jacob kam.

Dazu bot sich wieder einmal die Gelegenheit, und die Schwestern stritten sich, wer von ihnen jetzt an der Reihe wäre. Eine der Schwestern trug den Sieg davon und bestieg den Wagen, da ertönte ein Jammergeschrei, und die Zurückgebliebene rief: „Ich häng mich auf!" Aber sie hatte gar nicht die Absicht, sich das Leben zu nehmen, sie meinte mit diesen Worten im Misslitzer Jargon, daß sie sich an den Wagen klammern und so lange mitlaufen wollte, bis ihr die Mitfahrt erlaubt würde. Diese Episode wußte Vater so gut zu erzählen, daß wir die Wiederholung oft verlangten und uns immer köstlich unterhielten.

Schulzeit –

Fortgang ungleichmäßig

Ich bin den Beispielen meines Vaters und Großvaters gefolgt und habe die Zeugnisse abgeschrieben, welche sich noch erhalten haben. Dadurch finden meine Erinnerungen eine erwünschte Unterstützung. Das Misslitzer Zeugnis ist von Lehrer Fischer gefertigt und zeigt, daß ich durchschnittlich gut entsprochen und vielleicht damals von meinen Lieben belobt wurde. Mit der Tochter des Schulleiters Feßler, meiner Klassenkollegin, war ich befreundet und versäumte es nie, wenn ich später die Großeltern besuchte, sie aufzusuchen. Beim Klassenlehrer Fischer lernte ich Geige spielen. Nach meiner Ankunft in Eibenschitz machte ich mit dem Vortrag der Lieder: „O Tannenbaum", „Alles neu, macht der Mai" und ähnlichen Virtuosenstücken großes Aufsehen bei den Großeltern. Wenn die Notenskala unter die Lupe genommen wird, habe ich in Misslitz ganz gut abgeschnitten. Aber der Ausweis der nächstfolgenden vierten Klasse, Schuljahr 1876/77 zeigt ein ganz anderes Bild.

In Sitten hatte ich durch drei Quartale einen Zweier, erst im letzten besserte ich mein „Betragen". Unter aller Kritik war mein Fleiß, drei Dreier und zuletzt ein Zweier. In Sprache, Geographie, Naturgeschichte und Naturlehre war der Fortgang ungleichmäßig, vom Zweier endigte er zum Einser. Daß ich ein schlechter Rechner war, begreife ich heute nicht, immerhin verbesserte ich die Dreier auf Zweier. Den Einser im Schreiben lasse ich gelten, diese Fähigkeit hat sich erhalten, und der Dreier im Turnen wird die Eltern nicht traurig gestimmt haben. Aber jetzt kommt das Gegenteil: Als Vater die „Bemerkung" zu Gesicht bekam, dürfte ich nicht gelacht haben, und ich glaube, daß seine Finger Abdrücke auf meinen Wangen hinterließen.

Daß ich als Siebenjähriger zerstreut war, ist eine Eigenschaft, die bis heute dem Fünfundachtziger geblieben ist. Und auf diese Konsequenz bin ich stolz! Sogar meine liebe Frau bestätigt mir das täglich, und trotz der Mühe, die ich mir gebe, bessere ich mich nicht! Auch mutwillig war ich – aber nur zeitweilig; im letzten Wort liegt eine gewisse Einschränkung – ich war es also nicht immer.

Der Klassenlehrer Brunner war Junggeselle, hatte ein Zimmer gemietet bei dem kinderlosen Ehepaar Heizmann in der Kremser Straße 127, welches hier ein Gemischtwarengeschäft hatte. Dort kaufte ich die bei den Kindern sehr beliebten „Mandelbögen", schwarze oder färbige, um einen oder fünf Kreuzer, die man aufschneiden und zusammenkleben konnte. Brunner dürfte mich, trotz seiner „Bemerkungen", gern gesehen haben, denn ich bin oft von ihm ins Zimmer gerufen und zu Botengängen verwendet worden. Einst gab er mir ein kleines Buch „Die Geschichte des Deutschen Reiches" mit dem Bemerken, der Vater möge es für mich kaufen, was auch geschah. Darin stand eine Aufzählung aller Päpste bis zu Pius IX. (Pio Nono), und ich schrieb mit Bleistift dazu: „gestorben 1879", damit zeigte ich mein Interesse für geschichtliche Ereignisse. Meine Tochter Flora reihte das Büchlein ihrer Bibliothek ein, und so erhielt es sich sechsundsiebzig Jahre.

An Brunners Eigentümlichkeit, sich sehr laut die Nase zu putzen – vulgär gesprochen zu schneuzen –, erinnere ich mich deutlich; dann legte er langsam das Taschentuch in gleichmäßige Falten und versenkte es in die Tasche. Er war ein Freund von Zuckerln, die ich als Belohnung für die Botengänge bekam.

Das Zeugnis der fünften Volksschulklasse fehlt mir, aber die Bürgerschule glänzt durch Vollständigkeit. – Wenn ich sage „glänzen", so darf ich mich brüsten, denn der Lehrer Vlček, hat mir ein Zeugnis ausgestellt, das an Klassifikation nicht übertroffen werden kann. Merkwürdig ist, daß im Zeugnis der siebenten Klasse in Schreiben und Turnen zwei Zweier figurieren und dadurch das Zeugnis vom Vorjahr nicht erreicht wird. In der achten Klasse muß ich an Fleiß nachgelassen haben, denn ich bekam neben zwei Einsern noch sieben Zweier. Was meinen Lehrer Jellinek dazu bewogen hat, ist mir nicht klar. Daß ich bei ihm beliebt war, steht außer Frage. Er unterwies mich in seiner Wohnung im Violinunterricht, und als am Weihnachtstage 1879 oder 1880 seine Tochter Stephanie zur Welt kam, wurde ich zu allen Freunden geschickt, dieses freudige Ereignis kundzutun. Damals war ungewöhnlich viel Schnee gefallen, mit schwerer Mühe kam ich zum Bahnhof, wo Stationsvorstand Baumgartner seine Dienstwohnung hatte.

Das Entlassungszeugnis vom 31. Juli 1881 zeigt nur zwei Werte mit einer Klammer, die alle elf Unterrichtsgegenstände einschließt: Sehr gut. Der Klassenlehrer Heinrich Müller hat mich auf ein Piedestal gestellt, welches vom Sekretär der Handelsschule Pazelt skeptisch beurteilt wurde. Meine Mutter fuhr mit mir nach Wien, um mich bei Pazelt einschreiben zu lassen. Als der Sekretär das Entlassungszeugnis in die Hand bekam, sah er mich mit einem merkwürdigen Blick an, als wollte er sagen: „Wir werden ja seine Leistungen bei uns sehen!" Und er traf den Nagel auf den Kopf: Einen Dreier und acht Vierer, damit habe ich den Eltern keine Freude gemacht – aber ich habe bewiesen, daß man mit einem schlechten Zeugnis doch ein brauchbarer Kaufmann werden kann, und das hat sich im Laufe der Zeit erwiesen.

Aber mein Vater, im Lesen von Zeugnissen erfahren, fragte mich: „Warum hast du in Sitten nur einen Zweier?" Ich erzählte, daß ein Professor uns oft ungerecht behandelte, und wir Schüler verabredeten uns, ihn bei Beginn der nächsten Stunde auszupfeifen und mit den Füßen zu strampeln. Das geschah, und alle Schüler erhielten in Sitten einen Zweier. Ich habe oft darüber nachgedacht, ob meine Erzählung „Dichtung oder Wahrheit" gewesen ist, ich bin aber bis heute nicht draufgekommen!

Einer der von mir sehr geschätzten Lehrer war in der Bürgerschule der Pater Polansky, ein Prämonstratenser-Ordenspriester, der aus Nikolsburg nach Retz gekommen war und in der Sprache seine tschechische Abstammung nicht verleugnen konnte. Als tüchtiger Theologe beherrschte er auch die semitische Sprache und wollte einmal prüfen, ob ich im Jüdischen etwas verstehe. Meine geringen Kenntnisse hatte ich mir 1876 in Misslitz angeeignet, und Polansky forderte mich auf, die von ihm auf die Schultafel geschriebenen hebräischen Sätze abzulesen, was mir mühelos gelang, weil ich in Misslitz sehr gute Lehrer gehabt hatte. Später wurde Pater Polansky Direktor, und zu dieser Zeit konnten die Retzer Juden schon einen jüdischen Lehrer besolden (Lederer hieß er), der befugt war, an der Schule zu unterrichten und den Schülern Noten in die Zeugnisse einzutragen, gleichberechtigt mit den öffentlich angestellten Lehrern.

Am Tage der Einschreibung bei Pazelt ging Mutter mit mir in die Wohnung eines Buchhalters in eine abgelegene Gasse der Leopoldstadt, wo wir ein Zimmer besichtigten, das mir als Aufenthalt dienen sollte. Die Adresse stammte von Tante Rosa Steiner, Vaters Schwester; das war aber kein Zimmer, sondern ein finsteres Kammerl ohne Fenster, welches weder der Mutter noch mir gefiel. Außerdem planten meine sparsamen Eltern, ich sollte bei Verwandten an zu vereinbarenden Tagen gratis mittagessen, „Freitisch" genannt. Heute staune ich über meine Energie, denn ich erklärte der Mutter, daß ich unter solchen Umständen die Schule in Wien nicht besuchen werde. Und die Eltern ließen sich die Sache durch den Kopf gehen; Tante Schmeidler, die Schwägerin des Eibenschitzer Großvaters, empfahl uns an eine Familie Hahn in der Praterstraße 43, wo ich untergebracht wurde. Für Kost und Quartier zahlten die Eltern dreißig Gulden monatlich. Ich habe dort eine schöne Zeit verlebt.

Erinnerung an Retz –

... als ich noch die Schule besuchte

Als kleiner Bub durfte ich im Gasthaus „Zum weißen Löwen" am Hauptplatz einer Vorstellung beiwohnen, welche mir imponierte und als Vorläufer des Kinos angesehen werden kann. In dem Saal befand sich an der rückwärtigen Wand eine Ballustrade, die mittels einer primitiven Holzstiege erreicht wurde. Auf diesem Platz wurde von einem Wiener Unternehmer eine Laterna magica aufgestellt, welche Bilder auf die gegenüberliegende Wand warf, vorher wurde der Saal verdunkelt. Ich erinnere mich an kaleidoskopartige Bilder, Volksszenen, durch Einschalten von unbeweglichen kleinen Glasplatten hervorgerufen; auch fremde Länder und Städte waren zu sehen. Diese Ballustrade wurde im Fasching von den Musikanten benützt, welche zum Tanz aufspielten. Ein Obernalber war der beliebteste Musikant; er hatte sich eine kleine Kapelle herangebildet, welche im Winter die Zwischenmusik besorgte, wenn die Schauspieler nach Retz kamen. Manche dieser Truppen waren durch Jahrzehnte beliebte Darsteller.

Bald nach dem am 4. Juli 1874 erfolgten Schulschluß lockte mich die Kunde von der Überschwemmung vom 24. Juli 1874 in die Altstadt, um die Zerstörung zu sehen. Ich kam nur bis zur Znaimer Straße, die vollkommen überflutet war und einem See glich. Einige Häuser stürzten ein, viele Bewohner erlitten empfindlichen Schaden. Der Bürgermeister, Johann Liebl, veranstaltete im Retzer Rathaus ein Wohltätigkeitskonzert, bei dem Herr Schinhan und seine Tochter, Frau Raab, mitwirkten. Für seine Bemühungen, den Verarmten zu helfen, wurde Liebl vom Kaiser Franz Joseph I. mit einem hohen Orden belohnt. Bald nachher kam die Krise, welche dem Schlusse der Weltausstellung folgte und die Zahlungsschwierigkeiten der Firma Vinzenz Liebl & Sohn verursachte. In seiner Bedrängnis wandte sich Liebl an seinen Schwager Moritz Raymann, den Teilhaber der Firma Regenhardt & Raymann in Jägerndorf, um Hilfe. Herr Raymann sagte unter der Bedingung zu, daß er Alleinbesitzer der Firma werde. Das nahm sich Liebl so zu Herzen, daß er 1876 im Pavillon seines schönen Parks an der Straße nach Obernalb sich das Leben nahm.[1]) Jahrzehnte blieben Pavillon und Park, in dem sich die Tragödie abspielte, geschlossen, bis sich der Besitzer entschloß, den Kindern den Eintritt zu erlauben, welche nach Schulschluß von der Stadtgemeinde mit Belustigungen und Bewirtung bedacht wurden.

---

1 Abweichend davon die Darstellung bei Rudolf Resch, Retzer Heimatbuch 2. Bd., 1951, S. 464.

Während der Schuljahre schickte mich der Vater, wenn er von Kunden größere Geldnoten bekam und sein kleiner Vorrat zum Zurückgeben nicht ausreichte, zum Verderber. Zu dieser Zeit war noch der Gründer, der sehr alte Thomas Verderber, tätig. Er hatte sich die Geldgebarung vorbehalten, ihm mußte bei Verkäufen der Erlös ausgefolgt werden. Meiner Bitte, meine große Note zu wechseln, nachkommend, griff er in die Rocktasche, entnahm ihr ein Stück Leder mit einem Bündel Geldscheinen und gab mir kleinere Noten.

Bei uns erzählte man sich, Thomas Verderber sei als junger Mann aus Gottschee, mit dem Tragkorb hausierend, nach Retz gekommen, habe sich hier angekauft und wäre durch Spekulationen mit Wein reich geworden. Er blieb Junggeselle und setzte es durch, daß auch seine Angestellten, die er aus seiner Heimat kommen ließ und die mit ihm verwandt waren, nicht heirateten. Zu diesen gehörte auch der alte Parzer, an den ich mich gut erinnere; er war ein Faktotum Verderbers.

In späteren Jahren machte Thomas Verderber Ausnahmen und ließ einige seiner Neffen heiraten, so Herrn Alois Richter, einen zweiten Neffen, Herrn Jakob Sortschitsch. In Niederösterreich waren die Schimmel bekannt, welche die mit Leinenplachen bespannten großen Wagen zogen. So wurden die Jahrmärkte besucht und die Landbevölkerung mit Tuchen, Leinwand und dergleichen Waren versorgt. Einige Verwandte Verderbers gründeten in einzelnen Orten Geschäfte, so ein Bruder des Jakob Sortschitsch in Theras, ein anderer Sortschitsch in Ziersdorf und mein Turnkollege Josef Verderber jun. in einem kleinen Ort bei Laa an der Thaya.

Als ich noch in Retz die Schule besuchte, stand im Schlafzimmer der Eltern im ersten Stock eine kleine, eiserne, vom Vater selbst verfertigte Eisenkassa, und über dieser hing die Pendeluhr. Der Schlüssel zur Kassa wurde im Inneren der Uhr verborgen, damit die Mutter, wenn sie Geld benötigte, es entnehmen konnte. Bei der Nachzählung der damals noch bescheidenen Barbestände entdeckte Vater, daß fünfzig Gulden fehlten. Die Mutter erklärte auf Befragen, daß sie der Kassa nichts entnommen hatte. Schließlich fiel der Verdacht auf meinen kleinen Freund Guido Schwach, der geholt wurde und auf eindringliches Befragen ein Geständnis ablegte.

Guido kam oft zu mir und beobachtete einmal, wie Mutter den Schlüssel aus der Uhr und Geld aus der Kassa nahm. Diese Kenntnis benützte Guido, als er einmal allein im Zimmer war, und eignete sich die fünfzig Gulden an. Sein Vater wurde verständigt und ersetzte sofort den Schaden. Herr Alois Schwach, der in jüngeren Jahren sehr jähzornig war, verprügelte seinen Sohn furchtbar und sperrte ihn einen halben Tag lang in den stockfinsteren Hauskeller.

Durch diesen Vorfall gewitzigt, wurde der Schlüssel nicht mehr in die Uhr gegeben. Diese Kassa ist heute noch im Geschäfte meines Bruders Josef in Verwendung, sie wurde im Geschäftslokal in die Wand eingemauert und dient zur Aufbewahrung von Büchern. Meine liebe Schwester Friederike wird sich erinnern, daß die Kassa auf einem polierten Holzkasten stand und der obere Teil einen Aufsatz in der Form eines Schreibpultes hatte.

In den neunziger Jahren des vorigen Jahrhunderts sah man den hochbetagten Herrn Alois Schwach, die behandschuhten Hände um den stark vorgeneigten Körper geschlungen, auf dem Kopfe den Kalabreser (das Kennzeichen der 1848er-Freiheitskämpfer), durch die Straßen der Stadt Retz wandern. Seine altersschwachen Augen waren bemüht, alles zu entdecken, was als Verunreinigung des Ortes angesehen werden konnte, und zu veranlassen, daß jedweder Schmutz aus dem Wege geräumt werde.

Dem einst wohlhabenden, später verarmten Bürger hatten die Stadtväter das Amt eines Stadtkämmerers verliehen, mit dem ein festes Gehalt verbunden war, das ihn davor bewahrte, Almosen nehmen zu müssen. Sein Haus Nr. 43 hatte, wie alle Bürgerhäuser, ausgedehnte

Kellereien, in denen der berühmte Retzer Wein in kleinen und großen Gebinden (Fässern), oft Hunderte von Eimern fassend, eingelagert war. Eine große Zahl Retzer befaßte sich mit dem Weinhandel, begünstigt durch Privilegien aus alten Zeiten, welche die weinbauende Bevölkerung der Umgebung zwangen, ihre Fechsungen (Ernten) nur den Retzern zu verkaufen, zu Preisen, welche die Käufer festsetzten. Diese besaßen selbst viele Weingärten in den besten Rieden von Retz.

Schwach schickte seine Weine auf große Entfernungen, seine Gespanne kamen bis Schlesien und Polen. Die mit großen Fässern beladenen Wagen wurden vorausgeschickt, und Schwach folgte etwas später mit seinem leichten Kutschierwagen, um Gelder einzukassieren und neue Geschäfte für spätere Lieferungen abzuschließen.

Meine früheste Erinnerung an das Haus Nr. 43 ist eine schmerzliche. Noch heute, nach fast achtzig Jahren, zeigt eine Narbe an meinem Kinn meine Fühlungnahme mit der Familie Schwach. Es dürfte im Jahre 1873 gewesen sein, und zwar im Hause Nr. 125 am Hauptplatz (damals Eigentum des Josef Strohmayer). In diesem Hause befindet sich, auch heute noch, das Gasthaus „Zum weißen Löwen", zu jener Zeit an Franz Schuster verpachtet, als ich blutend und ohnmächtig ins Gewölbe gebracht wurde, in dem Vater seit 1864 den Eisenhandel betrieb. Einer der drei Söhne von Alois Schwach hatte mit mir gerauft, wir bewarfen uns mit Steinen, einer traf mich und verursachte die geschilderte Verletzung.

Im Jahre 1875 pachtete Vater das Haus Nr. 42 am Hauptplatz von den Erben der Katharina Schwach (einer Cousine von Alois Schwach), und von dieser Zeit an begann meine nähere Bekanntschaft mit dieser Familie. Der Sohn Guido wurde mein Schulkamerad und bester Freund. Im Nachbarhaus hielt ich mich mehr auf als im elterlichen. Die größte Anziehungskraft bewirkten die vielen illustrierten Zeitungen, die es dort gab. Zahlreiche Jahrgänge Gartenlaube, Blätter für den häuslichen Kreis, Westermanns Monatsschriften(hefte), Witzblätter (Figaro, Münchner Fliegende, Kikeriki, Kladderatatsch) standen zu meiner Verfügung. Stundenlang saß ich dort lesend, und wenn meine Eltern mich vermißten, wußten sie, wo ich zu finden war. Nicht immer grübelte ich über Büchern, auch dem Spiel war ich nicht abhold, beteiligte mich an Indianerkämpfen in den Höhlen der Ziegelöfen, die es damals in den Lehmgruben gab, welche sich auf dem Territorium befanden, wo heute das Weinlagerhaus der Firma Mößmer steht.

Meine Rauflust zeigt eine Begebenheit, die meinen Eltern große Aufregung verursachte. Ein Bub kam mit der Nachricht zu Vater, er soll rasch zum Stadtwall kommen, der Goldgruber Ferdl wolle mich umbringen. Im Eifer des Gefechtes waren Ferdl und ich so aneinander geraten, daß mir der Gegner an die Gurgel sprang und zudrückte. Hätte Vater uns Kampfhähne nicht rechtzeitig getrennt, wäre ich als Opfer auf der Walstatt geblieben.

Auch Gustav Schwach, der älteste Bruder meines Freundes Guido, gehörte zur Spielpartie. Mein Vater verfertigte mir einmal einen Schlitten, ganz aus Eisen, nur der Sitz war aus Holz, mit dem ich am Stadtwall den steilen Abhang zur Straße hinunterrodelte. Gustav, um acht Jahre älter, nahm meinen Schlitten, der unter dem Gewicht des Benützers zusammenbrach. Ich kam weinend nach Hause, aber Vater setzte den Schlitten sofort wieder instand. Gustav wurde Hotelier in Budapest, wo ihn Vater im Milleniumsjahr 1898 besuchte, und Schwach freute sich sehr, einen Landsmann begrüßen zu können.

In den Jahren 1870–71 wurde die Nordwestbahn gebaut. Die Ingenieure, fast alle Italiener, wollten die Strecke Wien–Znaim in gerader Linie bauen, was bewirkt hätte, daß Retz links geblieben und der Bahnhof weit von der Stadt entfernt errichtet worden wäre. Bürgermeister Johann Liebl erkannte, wie nachteilig das für Retz gewesen wäre. Er lud die Ingenieure zu einem Bankett, sparte nicht mit Wein und Champagner und erreichte, daß der Bahnhof in unmittelbarer Nähe der Stadt gebaut wurde.

Einige der Ingenieure verheirateten sich mit Retzer Mädchen. Herr Benuzzi vermählte sich mit der Tochter des Wundarztes Holzgärtner, eine zweite Retzerin mit einem anderen Italiener. Sie war eine Schwester von Paul Schwach, dem Sollizitator des Advokaten Dr. Ludwig. Benuzzi lernte ich in Wien kennen, als ich Mitglied jener Vereinigung wurde, welche beruflich in Retz tätig war und dann nach Wien übersiedelte.

Die älteste Tochter von Alois Schwach, Fräulein Marietta, wurde von ihrer Freundin Holzgärtner, die ihrem Manne nach Beendigung des Bahnbaues nach Italien folgte, nach Udine eingeladen, und sie schenkte mir nach ihrer Heimkehr Briefmarken, die ich noch heute besitze. In guten Jahren hatte sich Schwach ein großes Vermögen erworben, lebte wie ein Grandseigneur und beschäftigte viel Personal für Wohnung, Küche und Keller. Seine Familie logierte zu ebener Erde, er hatte sein Zimmer im ersten Stock, und der Hausschneider Steffek fungierte als Kammerdiener. Das Ehepaar mit den Söhnen, Töchtern und Bediensteten dürfte vierzehn Personen gezählt haben, dementsprechend war auch der Aufwand groß. Es wurden durch die an Verschwendung grenzende Wohltätigkeit der Familie Schwach große Summen verbraucht und viel Gutes getan.

Durch Jahre war ich als Nachbarskind den Weihnachtsbescherungen beigezogen. Im großen Zimmer des ersten Stockes war ein langer Tisch mit Geschenken aller Art wie Kleider, Wäsche, Bücher und Spielsachen bedeckt und an jedem Stück ein Täfelchen befestigt, mit dem Namen des Beschenkten. Voll Spannung warteten wir vor der Tür, bis die Glocke ertönte, dann stürmten wir hinein und fanden die Geschenke. Ich erinnere mich an eine Feuerwehrausrüstung – Helm, Panzer und Beil aus versilberter Pappe. Ein anderes Mal bekam ich schöne Bücher, von denen sich eines noch heute in der Bibliothek meiner Tochter in Buenos Aires befindet.

Reisende –

*Retzer Jahrmärkte
vor fünfundsiebzig Jahren*

Wenn ich in der Betitelung dieser Zeilen die hohe Zahl von einem dreiviertel Jahrhundert wähle, geschieht es, weil ich eine geringfügige Sache einbeziehen will, die damals noch charakteristisch war für den Geschmack des Publikums, später aber verschwinden sollte: den Bänkelsänger.

Vor unserem Gewölbe stellte ein Mann eine Holzstange auf mit einer Leinwand, die in Quadrate eingeteilt war, welche die schaurige Geschichte eines Mordes enthielten, gemalt von der Hand eines Künstlers der untersten Klasse. Der Ausrufer hielt einen Stab in der Hand und zeigte auf die Bilder der Moritat, und seine Frau sang in allen Tonarten die passenden Worte. Es betraf die Geschichte eines adeligen Italieners, Francesconi, der auf raffinierte Art einen Geldbriefträger in eine fremde Wohnung lockte, ihn ermordete und sich mit dem Inhalt der Geldtasche aus dem Staube machte. Francesconi wurde festgenommen und büßte seine Untat auf dem Galgen.

Zu den Jahrmärkten fanden sich Geschäftsleute vieler Branchen ein. Die Stadtgemeinde bestimmte Gassen und Plätze, wo die Waren feilgeboten werden mußten. Die Trebitscher Schuhmacher hatten ihre Stände in der Lehengasse, und nach Marktschluß sah man die Bauern mit den Röhrenstiefeln, einer am Rücken, der andere über der Brust baumelnd, wie sie sich heimwärts trollten. Es kamen Handwerker – Feilenhauer, Nagelschmiede, Handschuhmacher und Gelbgießer –, welche später ihr Gewerbe aufgeben mußten und von der Bildfläche verschwanden, weil die Industrialisierung sie dazu zwang. Dasselbe Schicksal traf auch die zahlreichen Hammerschmiede an der Thaya, dem Kamp und an der Ybbs. Sie konnten mit den in den siebziger Jahren des vorigen Jahrhunderts errichteten Fabriken nicht mehr konkurrieren.

Die Bauern sind, wie allgemein bekannt, sehr konservativ. Sie haben lange die handgeschmiedete Ware der fabriksmäßig erzeugten vorgezogen. Ich erinnere mich des Kampfes, den wir in unserer Jugend ausfechten mußten, um unsere erheblich billigere Ware einzuführen und die teure zu verdrängen. Die Bauern sind durch ihre jahrhundertealte Erfahrung gezwungen, jenes Werkzeug zu verwenden, welches ihre schwere Arbeit erleichtert. Die Haue, mit der der Bauer das Unkraut aus dem Weinberg beseitigt, muß die passende Form haben, das Blatt die richtige Größe, der Kragen mit dem Ohr, in welchem der Stiel befestigt wird, muß die richtige Stellung erhalten, damit der Arbeiter sich nicht durch zu tiefes Bücken der Ermüdung aussetzt. Die Spitze soll scharf sein, damit das Werkzeug leicht ins Erdreich eindringt, und es gibt noch andere Ursachen, welche den Käufer berechtigen und zwingen, nur jene Ware zu kaufen, die ihm paßt. Die Holzstiele, ursprünglich aus Weichholz, das sich leicht spalten läßt und keine Blasen an den Händen verursacht, wurde später von Hartholzstielen verdrängt, die in Rumänien fabriksmäßig erzeugt, fein poliert wurden und die wir viel billiger verkauften als die Stiele, die von den Bauern aus den Gemeinden der Schaffaer Gegend nach Retz gebracht wurden.

Diese Bauern kamen aus den Gemeinden Petrein und Pomitsch, Riegersburg, Mallersbach, Ungarschitz und anderen Orten. Zeitig früh wurden die am Hauptplatz Wohnenden aus dem Schlaf geweckt, durch ein Knattern, das sich wie ein Trommelfeuer anhörte: die Steckenbauern bearbeiteten an der Rückseite ihrer Wägen die Weinstecken, damit ihr im Winter hergestelltes Produkt sich dem Käufer von der besten Seite präsentiere. Auch diese Gäste der Stadt Retz gehören der Vergangenheit an. Ich zitiere einen Vers, der einst geläufig war: „Alt-Petrein, Neu-Petrein, wo wird denn Pomitsch sein?"

Eine große Rolle für die Formen der Hauen spielen die Gegenden, die der Bauer bewohnt; es gibt Retzer, Hardegger, Ziersdorfer, Mistelbacher Hauen, mit und ohne Rücken, die sich sowohl auf der Vorder- wie auch auf der Rückseite des Blattes befinden. Der Schliff kann fleckig, ganz- oder halbpoliert sein, sogar auch blank wie ein Spiegel. Im Waldviertel, wo kein Wein wächst, werden sogenannte Erdäpfelhauen verwendet, die sehr klein und ganz roh, ungeschliffen sind. Alle die geschilderten Merkmale muß der Verkäufer kennen, wenn er seine Ware sowohl den Konsumenten wie auch den Zwischenhändlern anbieten und verkaufen will. In späteren Jahren gelang es mir, die niederösterreichische Hammerschmiedware durch Fabriksware zu verdrängen, obwohl erstere die billigere Wasserkraft als Betriebsmittel verwendet hatten.

Ich unternahm viele Fahrten in die sogenannten „Eisenwurzen" – nach Waidhofen an der Ybbs und Ybbsitz –, um die Arbeiter auf die Fehler aufmerksam zu machen, welche die Ware aufwies, die uns geliefert wurde. Mit einem entsprechend geschnitzten Holzstück zeigte ich den Leuten, wie der Kragen gebogen werden muß, damit der Stiel die richtige Stellung bekommt. Auch die Schaufeln zum Umgraben des Erdreiches werden mit und ohne Rücken verlangt, und als die Reblaus aus Amerika eingeschleppt wurde und ungeheuren Schaden verursachte, mußten außergewöhnlich lange Grabscheite verwendet werden, weil die aus USA bezogenen und viel widerstandsfähigeren Reben in sehr große Tiefen gesetzt werden mußten. Diesen Vorgang nannte man Rigolen.

Als ich 1882 ins Geschäft eintrat, bezogen wir die geschilderten Werkzeuge aus Mürzzuschlag in der Steiermark; dort wurden sie in alte Petroleumfässer zu zweihundertfünfzig Stück geschlichtet und mit Petroleum eingefettet, um das Rosten zu verhindern. Nach der Ankunft entleerten wir die Fässer und banden die Hauen mit Draht zu fünfundzwanzig Stück. Damit wir für den Josefi-Markt am 19. März gerüstet waren, kam die Ware schon im Februar. Wie unsere Hände, zerschunden vom Draht und gerötet von der Kälte, ausgesehen haben, kann man sich vorstellen!

In späteren Jahren bekamen wir aus der Judenburger Gegend Muster von Hauen, die ebenso schön wie preiswert waren. Ich fuhr zur Besitzerin des Hammerwerkes, einer Witwe, und bestellte ein großes Quantum, dessen Lieferung mir kurzfristig zugesagt wurde, wenn ich das erforderliche Material beistellen würde. Der armen Witwe fehlten die Mittel. Kurz entschlossen reiste ich zurück nach Mürzzuschlag und setzte es bei unserem Geschäftsfreund durch, daß in *einer* Nacht fünf Tonnen Rohmaterial, sogenannte Flammen, gewalzt und prompt expediert wurden. Die Arbeiter konnten von der Witwe beschäftigt werden, und wir bekamen schöne und preiswerte Ware.

Der bedeutendste Großindustrielle der Steiermark, der Gewerke Johann von Pengg, reiste 1947 nach Südamerika, um seine alten Kunden zu besuchen und neue Verbindungen anzuknüpfen. Ich hatte Gelegenheit, mit ihm im Büro meines Schwiegersohnes zu sprechen, wir kannten uns persönlich. Er erinnerte sich an meine Besuche in seinen Werken. In Buenos Aires ist seit vielen Jahren ein Rechtsanwalt tätig, dessen Bruder Besitzer der größten Drahtstiftenfabrik in Niederösterreich ist und ebenfalls zu unseren Lieferanten zählt. Der Anwalt freute sich sehr, von mir persönlich von seinem Bruder zu hören.

Seltsame Gebräuche, die in den jetzigen Zeitläuften nicht mehr zur Geltung kommen, will ich hier festhalten, in der Annahme, daß die heutige Jugend davon nichts mehr weiß.

Vor etwa siebzig Jahren, wenn Kunden zu uns kamen, die wir noch nicht mit Namen kannten, begrüßten wir sie als „Herr Vetter". Wurden sie ständige Abnehmer oder kauften sie auf Kredit, dann verschwand diese Bezeichnung, und die Kunden wurden mit ihrem Namen begrüßt.

Als junger Mann war unser Vater bestrebt, sich eine kaufmännische Bildung anzueignen. Er ließ sich aus Deutschland dreißig Broschüren senden, die zum Selbstunterricht verfaßt waren. Sie enthielten Wechselrecht, das Anlegen von Haupt- und Verfallsbüchern, Saldakonti, Strazzen und anderes mehr. Obwohl er fleißig studierte, fehlte es ihm, durch Überlastung verschuldet, an Zeit, um kreditierte Verkäufe ordnungsgemäß zu buchen; er vergaß, Vornamen einzutragen oder die Hausnummern der Leute beizufügen. In Hofern zum Beispiel wohnen Dutzende Rockenbauer mit gleichen Vornamen. Wurde dann der säumige Schuldner gemahnt, was oft erst nach Jahresfrist geschah, war das Geld verloren, weil die Hausnummer des Betreffenden nicht mehr festgestellt wurde. Herr Oberst Stohl machte mich zu diesem Passus aufmerksam: „Bezüglich Hofern gab es in Retz ein Sprichwort: Zwölf Häuseln und dreizehn Rockenbauer!" Mein zehnmonatiger Kurs in der Handelsschule Pazelt in Wien 1881/82 brachte einen etwas frischeren Zug ins Haus, und manche Verbesserungen wurden eingeführt.

Vater war als junger Handwerksbursche noch mit dem Ranzen auf die Walz (Fußreise) gegangen. Er war daher mit den Gebräuchen jener Zeit wohl vertraut, in der es noch keine Herbergen für die Professionisten gab. Kam ein Geselle zu uns und fragte nach Arbeit, mußte er seinen Ranzen vor der Tür ablegen und folgendes Sprüchlein deklamieren: „Ein arbeitsloser Schlosser spricht um Arbeit zu!" Dann mußte er sein Arbeitsbuch vorweisen. Klappten diese Formalitäten und war kein Platz für ihn frei in unserer Werkstätte, dann bekam der Mann zehn Kreuzer als Wegzehrung. Selbstredend zogen es viele Stromer (wandernde Nichtstuer) vor, auf der Walz zu bleiben, nicht zu arbeiten und vom Bakschisch oder Trinkgeld zu leben. Wurde einer von der Polizei aufgegriffen, wanderte er in die Herberge in der Schmiedgasse Nr. 34 und blieb hinter Schloß und Riegel, dann wurde er per Schub weiterbefördert.

Erinnerungen aus meiner Jugend veranlassen mich, das Folgende zu Papier zu bringen: Seit undenklichen Zeiten kamen Wallfahrer aus Böhmen und Mähren durch Retz, welche die berühmten Wallfahrtsorte Maria Dreieichen in

Niederösterreich und Mariazell in der Steiermark besuchten. Sie kamen stets im Sommer, da zu dieser Zeit die Arbeit auf den Feldern beendet war. Es kamen Deutsche und Tschechen, begleitet von ihren Geistlichen. Wenn die Prozessionen Retz betraten, wurden fromme Lieder gesungen. Die Texte stammten von der Druckerei M. F. Lenck in Znaim, welche die Zeitung „Znaimer Wochenblatt" herausgab, welche vor hundert Jahren gegründet wurde. Wenn die Prozessionen nach Retz kamen, begann der Vorbeter fromme Lieder zu singen, und die Gemeinde setzte den Gesang fort. Mein Vater erzählte mir einst schmunzelnd, daß der Vorbeter, nachdem er seinen Vortrag beendet hatte, zum Schluß noch in Baßtönen sang: „Gedruckt bei Martin Lenck in Znaim!"

Die Wallfahrer kamen mit großen Plachenwagen, welche am Hauptplatz aufgestellt wurden [siehe Abb. 21]; diese enthielten große Mengen von Lebensmitteln; Hühner, Enten, Gänse, Schweine wurden geschlachtet. Jung und Alt stillte den Hunger mit den kalten Delikatessen, und große Brotlaibe und Buchteln vervollständigten das Menü. Frauen und Mädchen in ihren bunten Landestrachten sah man, bekleidet mit einer Unzahl von Röcken, bei den Wagen sitzen, damit beschäftigt, ihre guten Speisen an den Mann zu bringen. Auch eine kleine Musikkapelle, die beim Einzug in Retz lustige Weisen ertönen ließ, konnte ihren Durst löschen, wodurch auch die Retzer Wirte auf ihre Rechnung kamen. Von Misslitz kamen deutschsprechende Wallfahrer, die einst Vaters Schulkollegen waren und Grüße von Großvater Raphael König brachten; die Freude war auf beiden Seiten groß.

Die traurigen politischen Ereignisse zerstörten das gute Einvernehmen und brachten Unheil und Zerstörung allen Menschen ...

Nun zogen, wie eine letzte Erinnerung an die alte Zeit, Nachtwächter in langen Mänteln, mit Hellebarden, Laternen und Horn durch die fast menschenleeren, nur spärlich beleuchteten Straßen und sangen an bestimmten Plätzen, zu welchen auch der Platz vor unserem Haus gehörte, zu jeder vollen Stunde ein Nachtwächterlied. So hörte ich täglich, wenn ich schon knapp vor dem Einschlafen war, den alten Reichel, der gleichzeitig Nachtwächter und Totengräber war und daher beim Tag die Toten zum ewigen Schlaf bettete, dafür aber nachts die Lebenden mit seinem Gesang aufweckte, singen:

Alle meine Herrn, jetzt laßt Euch sag'n:
Die Glock' hat zehne g'schlag'n.
Bewahrt das Feuer und das Licht,
Damit ka großes Unglück g'schicht.
'S hat zehne g'schlag'n!

Dem Gesange folgten dann noch zehn lange und tiefe Töne auf dem Horn. Die im Laufe der Nacht in späteren Stunden gesungenen Strophen hörte ich nur selten, da ich dann meist schon im tiefen Schlafe lag. So überflüssig und verzopft alle diese Einrichtungen einer modernen und schnellebigen Zeit auch erscheinen mögen, so waren diese doch schön, ja, ich möchte sagen, poetisch. Es erschien wie ein letztes Ausklingen einer friedlichen, aber schon zum Sterben bestimmten Zeit des uneingeschränkten Wohllebens und ruhigen, sorglosen Genießens.

Geschäftseintritt –

... suchte Vater
mich frühzeitig ins Getriebe einzuführen

Vielleicht sind Vorkommnisse, die mir mein Vater in meiner Jugend erzählte, interessant genug, um sie hier festzuhalten. Vater klagte einst einen säumigen Schuldner, Schmiedmeister Reiß aus Langau (dieser Ort gehörte damals zum Bezirksgericht Retz), auf Zahlung. Bei der Tagsatzung sagte der Beklagte zum Richter, Herrn Wunderl, Vater habe keinen Grund zur Klage, die Schuld wäre getilgt. Zum Beweis wies er ein von der Postmeisterin in Langau ausgestelltes Rezepisse[1]) vor. Nach einem Blick auf diese Bescheinigung erklärte Herr Wunderl die Verhandlung für geschlossen und sagte zu Reiß, er könne nach Hause fahren, er werde später Näheres erfahren. Das Resultat war eine schwere Kerkerstrafe für Reiß wegen Fälschung des Rezepisses, er hatte die Postmeisterin veranlaßt, ein Duplikat auszustellen, unter dem Vorwand, er habe das Original verloren und benötige den Schein für eine Gerichtsverhandlung. Herr Adjunkt Wunderl erkannte die Radierung, mit der eine Änderung des Datums der Einzahlung veranlaßt wurde. Die Postmeisterin büßte ihren Fehler, vorschriftswidrig das Duplikat ausgestellt zu haben, mit strafweiser Versetzung.

In einem anderen Gerichtsverfahren spiele ich, bald nach meinem Eintritt in das Geschäft, eine Rolle. Es dürfte 1883 gewesen sein, wieder wurde ein Schuldner geklagt. Es handelte sich um den Betrag von fünf Gulden fünfzig Kreuzer für eine Dezimalwaage. Nach der Mahnung kam der Mann, ein Bauer aus Pleissing bei Weitersfeld, zu uns und behauptete, mir das Geld übergeben zu haben. Ich wußte aber ganz bestimmt, daß das nicht der Fall war. Unser Advokat, Dr. Ludwig, hätte den Prozeß für uns gewinnen können, wenn er zugelassen hätte, daß ich schwöre, vom Beklagten keine Zahlung erhalten zu haben, doch riet Dr. Ludwig, das nicht zu tun, der Betrag wäre zu geringfügig. Er schob den Eid dem Schuldner zu, obwohl gewiß war, daß dann der Prozeß zu unseren Ungunsten entschieden war. Dr. Ludwig sagte, es könnte vielleicht zu unliebsamen Weiterungen kommen.

Der Beklagte beeidete, daß er mir den Betrag übergeben habe, und der Richter mußte zur Abweisung der

---

1 Empfangsbestätigung.

Klage verurteilen. Bald nachher wurde der Bauer (ich glaube von seiner Frau) erschlagen. Wir erzählten dem Schwager des „Meineidbauers" die Prozeßgeschichte, und er sagte: „Mein Schwager war ein schlechter Mensch, sodaß er bestimmt einen Meineid geschworen hat!"

Als ich 1882 ins väterliche Geschäft eintrat, suchte Vater mich frühzeitig ins praktische Getriebe einzuführen und beauftragte mich, nach Wien zu fahren, um den Einkauf fehlender Waren zu besorgen. Dafür war nur ein Tag bestimmt. Mit dem ersten Frühzug um 5 Uhr wurde die Reise angetreten, und mit dem letzten Zug um 10 Uhr nachts kam ich wieder zurück. Im Notizbuch wurden die fehlenden Waren verzeichnet, die ich einzukaufen hatte, und es mußte alles der Reihe nach verzeichnet sein, damit ich vom Bahnhof in Wien die im zweiten, dem ersten und den angrenzenden Bezirken ansässigen Geschäftsfreunde der Reihe nach aufsuchen und die Bestellungen abgeben konnte. Eine alte und tiefe Reisetasche wurde mitgenommen, um kleinere, dringend benötigte Waren mit nach Hause zu bringen, dadurch wurden Postporto erspart und Spesen verringert.

Wo es möglich war, ließ ich die Waren in der Bahnhofsgarderobe abgeben und mir von den Gepäckträgern zum Waggon bringen. Einst führte mich der Weg zu einer der damals bedeutendsten Firmen „Mathias Meixner" im vierten Bezirk, dessen Chef schon zu jener Zeit ein sehr alter Mann war. Als ich mich vorstellte, ging er, seine Gebrechlichkeit nicht scheuend, mit mir einige Stockwerke zu den oben gelegenen Magazinen und dann wieder in den Keller, wo die schweren Waren, wie große Schleifsteine und dergleichen Artikel, aufgestapelt waren. Meixner war schwerreich und konnte sich lange nicht entschließen, seinen zwei erwachsenen Söhnen das Unternehmen zu übergeben und sich ins Privatleben zurückzuziehen.

Als Vater 1875 in das Haus Nr. 42 am Hauptplatz übersiedelte, kaufte er einige Schränke, die aus dem Besitz der Apotheke Löffler stammten. In den Rückwänden der Schubladen waren Zettel befestigt, welche noch den Inhalt zeigten, wie Salben, Mixturen und andere Heilmittel, in lateinischer Sprache. Diese Schubladen sind noch heute in Bruder Josefs Geschäft im Gebrauch, die Schrift und das Papier lassen erkennen, daß die Zettel vor mehr als hundert Jahren eingeklebt worden sind.

Zu Beginn meiner Lehrzeit im Jahre 1882 fand ich in Vaters Schreibtisch ein großes broschiertes Heft mit Kupferstichen, welche verschiedene Eisenwaren und Werkzeuge für Handwerker der verschiedensten Berufe darstellten. In meiner Unkenntnis des Wertes des viele Folioseiten umfassenden, sehr alten Werkes zerschnitt ich die Seiten und klebte die Bilder an die Vorderseiten der Schubladen, womit ich den Inhalt kenntlich machte. Zu spät kam ich zur Erkenntnis, welchen Schatz ich sträflich vernichtet hatte, heute ist ein solches Werk um keinen Preis erhältlich. Ich vermute, daß das Werk aus dem Besitz des Großvaters Raphael König stammte, was uns wieder beweist, wie fortschrittlich dieser Mann war.

Wenige Jahre nach meinem Eintritt ins Geschäft erwarb Vater einen schönen eisernen Ofen, aus emaillierten Kacheln bestehend, der einem Kachelofen aus Ton täuschend ähnlich sah und die Vorzüge eines solchen mit den Vorteilen des Füllofens vereinte. Wir stellten ihn in die Auslage, und er wurde viel bewundert. Den Namen des Bauern habe ich vergessen und nenne ihn hier „N". Der Mann erkundigte sich beim Vater um den Preis des Stückes. „N" verlangte einige Gulden Nachlaß, der bewilligt wurde, und „N" kaufte den Ofen mit dem Bedeuten, daß er den Ofen gelegentlich abholen und bezahlen werde.

Es vergingen einige Wochen, aber „N" ließ sich nicht blicken. Vater forderte höflich zur Abholung des Ofens auf, endlich kam „N" und sagte, seine Frau wolle den Ofen nicht; alles gütliche Zureden half nicht, und „N" wurde geklagt. Unser Rechtsanwalt veranlaßte, daß ich zur Verhandlung als Zeuge geladen wurde. Der Beklagte erschien mit seinem Vertreter, und auch die Frau des „N" war anwesend. Sie und ich mußten im Vorraum warten – sie musterte mich mit bösen Blicken! Ich wurde vom Richter gerufen und mußte schildern, wie der Kauf zustande kam. Das Resultat war die Verurteilung des Beklagten zur Übernahme des Ofens und Ersatz der Kosten. Lange Jahre betrat „N" nicht unser Geschäft, aber es wuchs Gras über die Geschichte, und wir wurden wieder Freunde. „N" war kinderlos und sein großes Vermögen erbten Verwandte.

Zu Vaters Kunden zählte auch der Bindermeister Göller in der Schmiedgasse Nr. 33. Seit vielen Jahren in Retz ansässig, zählte er zu den am meisten beschäftigten Meistern und hatte viele Arbeiter. Bandeisen, das Material für die Faßreifen, kaufte er in großen Mengen in Wien und auch bei uns. Seine Zahlungsweise war sehr ungeregelt und langsam. Wenn Vater mich zu ihm schickte mit einer Mahnung, bot er mir eine Prise Schnupftabak an, die ich dankend ablehnte. Dann öffnete er seinen Schubladkasten und gab mir eine kleine Akontozahlung, die ich ihm bestätigen mußte. Seine Frau war Alkoholikerin, an der er keine Stütze hatte. Sie starb im Delirium tremens. Der einzige Sohn, bekannt und beliebt als der „Göller Schani", war von zwerghafter Gestalt, ein guter Musiker, und als Hornist der Feuerwehr marschierte er bei Übungen, die Signale blasend, tapfer mit und fehlte nie bei Leichenbegräbnissen, wenn Kameraden die letzten Ehren erwiesen wurden. Das Gruppenbild des Retzer Turnvereines (Gründungsjahr 1881), gezeichnet und vervielfältigt vom Photographen S. Sinich 1885, zeigt Göller im Turnerkleid mit Hut und Trompete. Im Bild nebenan sieht man mich als jüngstes Vereinsmitglied, ein Jahr nach meinem Beitritt 1884. [Siehe Abb. 20.] Ich sehe aus wie ein Bub, der eben die Schule verlassen hat, darüber werde ich noch erzählen.

Wie rasch gefaßte Entschlüsse dem Verkäufer wie auch dem Käufer Gewinne bringen können, sollen die folgenden Zeilen beweisen: Auf meinen Fahrten, die ich zu Beginn meiner geschäftlichen Tätigkeit als junger Mensch mit dem Fahrrad unternahm, hörte ich, daß die Bezirkshauptmannschaft Hollabrunn in mehreren Gemeinden verfügte, daß wegen Tollwut der Hunde diese an der Leine zu führen sind oder mit Maulkörben versehen werden müssen. Ich machte meine Kunden aufmerksam, daß zufolge dieser Vorschriften großer Bedarf an Maulkörben und Ketten eintreten werde. Ich fuhr von Ortschaft zu Ortschaft, sammelte Aufträge für diese beiden Artikel und versprach deren sofortige Lieferung, was mir auch gelang, denn ich fuhr direkt nach Wien zu meinen Lieferanten, welche die Körbe unter Nennung unseres Firmennamens per Post an meine Kunden expedierten. Die Ketten wurden von unserem Retzer Lager geliefert. Ich veranlaßte auch, daß wir in Retz für den einsetzenden Bedarf an Maulkörben und Ketten gerüstet waren, meine Kunden wurden zufriedengestellt, und auch bei uns stellte sich der Gewinst für meine Voraussicht ein.

Ein anderer Fall: Es ist bekannt, welchen unermeßlichen Schaden die Peronospora, der Schmarotzerpilz, beim Weinstock durch den falschen Mehltau verursacht. Die Bekämpfung erfolgt durch Kupfervitriol, welches die Reblaus vernichtet. Zu diesem Zweck werden Handspritzen, Hydronetten genannt, verwendet. Auch Butten, die am Rücken getragen werden, sind üblich; sie werden aus galvanisiertem Kupfer oder aus Kupferblech erzeugt. Als es sich ergab, daß unsere weinbautreibende Bevölkerung die geschilderten Geräte benötigen wird, setzte ich mich mit den Erzeugern von Hydronetten und Butten in Verbindung, legte entsprechenden Vorrat auf das Lager und konnte dem einsetzenden großen Bedarf an diesen Geräten nachkommen. Die Hydronetten waren mit Gummischläuchen versehen, und weil die Säure den Gummi bald unbrauchbar machte, mußte für Ersatz gesorgt werden. Dasselbe war der Fall bei den Dichtungen der Ventile. Alle die genannten Sachen mußten schnell zur Verfügung der Verbraucher bereit sein, und ich konnte meine Kunden ebenso befriedigen, wie mir das gelungen war, als die Hundswut einsetzte.

Damals, in den achtziger Jahren, nannte man ein Stübchen in der Herrengasse „Cyrill Schlaffs Gasthaus zu den vier Arschbacken". Salonfähig ist das letztgenannte Wort nicht, aber danach fragt der Volksmund nicht. Alle zehn Finger des Wirtes waren, wohl durch gichtige Erkrankung, verkrümmt, trotzdem verrichtete er emsig die Arbeit des Abspülens der Teller und Gläser, welche ihm von seinen Töchtern Agnes und Marie zugetragen wurden. Dies zu beobachten hatte ich Gelegenheit, wenn ich von den Eltern um Sodawasser geschickt wurde. Die Töchter bedienten die Gäste, die sich aus Arbeitern und Bauern rekrutierten, und weil nach Adam Riese „zweimal zwei vier ist", ergaben die vier Hinterteile der Schwestern die genannte Zahl.

Man hätte sich keinen größeren Kontrast denken können – Agnes war groß, mager und ruhiger Natur, die Marie war klein, rundlich und springlebendig. Erstere bewahrte große Distanz zwischen sich und den Gästen, sie versah die Küche nach dem frühen Tod der Mutter; Marie hielt den Keller in Ordnung, bediente die Gäste, mit denen sie Ulk trieb, Wein verabreichte und das Geld übernahm. Der Sohn Cyrills war mein Schulkollege, er reiste nach seiner Lehrzeit als Kellner nach England, kam nicht mehr zurück und blieb verschollen. Nach dem Tode des Vaters übersiedelten die Schwestern in das Haus Windmühlgasse Nr. 140.

Unsere ledigen Gesellen wurden bei Schlaff verpflegt, sie brachten ihre Freizeit dort zu, und wir wußten immer, wo sie zu finden waren, wenn wir sie benötigten. Vor dem Ersten Weltkrieg hatten wir zwei tüchtige Leute. Alois Einzinger aus Horn war ein außergewöhnlich tüchtiger und schweigsamer Mann. Oft habe ich ihm zugesehen, wenn er eine Arbeit bekam, die kunstvoll ausgeführt werden sollte. Er nahm dann eine Blechtafel 1000 mal 2000 Millimeter, zeichnete mit Kreisen die Konturen, welche je nach Größe des Objektes im Original oder im verkleinerten Maßstab eingeteilt wurden. Dann dachte er eine geraume Weile nach und begann flink und schwungvoll zu zeichnen. Das Ergebnis waren schöne Ziergitter oder Füllungen, mit Ranken, Knospen und Blumen versehen. Noch heute haben sich seine Arbeiten erhalten. Herr Carl Mößmer, der einer der besten Kenner dieser Kunst war, ließ bei dem Umbau seines Hauses Nr. 14 am Hauptplatz die Gitter, welche an den Türen sichtbar sind und zum Balkon auf den Platz führen, durch Einzinger anfertigen. [Siehe Abb. 22.]

Leider betrank sich Einzinger zuweilen, dann aber nie so stark, daß er zur Arbeit unfähig gewesen wäre. Oft kam er spät nach Hause, und ich hatte Gelegenheit zu bewundern, mit welcher Geduld Bruder Josef seinen Gehilfen Einzinger, unterstützt von einem der Lehrlinge, über die schmale Eisenstiege in seine Kammer und ins Bett brachte. Einzinger schimpfte dabei unaufhörlich, hatte er aber seinen Rausch ausgeschlafen, dann war er wieder der fleißige Arbeiter – und das wußte Josef.

Wir drei Brüder und alle unsere Leute waren im Weltkrieg 1916 eingerückt und trafen uns eines Sonntags – wir hatten Urlaub – in Retz und fuhren am nächsten Tag gemeinsam fort. Einzinger stieg in Zellerndorf aus, um seine Verwandten in Horn zu besuchen. Daß wir ihn nicht mehr lebend sehen sollten, ahnten wir nicht. Bald nachher gelang es mir, Urlaub auf unbestimmte Zeit zu bekommen, den ich zu einer Geschäftsreise nach Cilli benützte. Vor meiner Abreise hörte ich, daß Einzinger bei der Erstürmung des Lovćen[1]) schwer verwundet in das Spital nach Cilli eingeliefert wurde. Ich malte mir in Gedanken aus, wie sich Einzinger über meinen Besuch freuen würde – doch als ich eine Barmherzige Schwester ersuchte, mich zu Einzinger zu führen, wurde mir gesagt, daß ihm am Vortage ein Bein amputiert wurde, dann sei er gestorben. Ich war einige Minuten sprachlos vor Erschütterung und wollte dann der Pflegerin die Hand zum

---

1 Berg im südwestlichen Montenegro, von den Österreichern am 11. Jänner 1916 erobert.

Abschied reichen, die sie nicht nahm. Wie ich später hörte, war das ärztliche Vorschrift, um Infektionen zu vermeiden.

Hoher Besuch –

Kronprinz Rudolf in Retz

Der 18. April 1888 brachte Retz ein historisches Ereignis, das für eine Kleinstadt als ein seltenes bezeichnet werden muß. Das in Znaim stationierte k. u. k. Infanterieregiment Nr. 99, König Georg der Hellenen, hatte einen Marsch nach Retz gemacht und darauf auf einem Brachfelde in der Nähe des Bahnhofes feldmäßig abgekocht, wobei es für uns Buben sehr viel zu sehen gab. Seine k. u. k. Hoheit, Kronprinz Rudolf, damals Generalinfanterieinspektor, kam an diesem Tage unerwartet und unangemeldet zur Inspizierung des genannten Regimentes nach Znaim. Als er dieses selbst nicht antraf, ritt er mit seinem Stab nach Retz. Das war natürlich für die kleine Stadt ein großes Ereignis, welches alles in Bewegung brachte, um in aller Eile einen so halbwegs würdigen Empfang zu improvisieren.

Bürgermeister Slaby hielt am Hauptplatz zunächst der Dreifaltigkeitssäule eine in aller Eile zusammengestoppelte Begrüßungsansprache, bei welcher er ungemein aufgeregt war und, wie wir zu sehen glaubten, viel zitterte. Es war aber auch für einen biederen Bürger einer Kleinstadt, der aus Retz noch nicht herausgekommen und immer nur gewohnt war, zu seinesgleichen zu sprechen, ganz gewiß keine leichte Aufgabe, so ganz unerwartet und ohne Vorbereitung den Sohn des regierenden, geliebten und verehrten Kaisers, den Thronfolger, begrüßen zu müssen, noch dazu vor allen Leuten, die kritisch zuhörten. Wir dummen Buben hatten leicht lachen, aber ich weiß nicht, wie es gegangen wäre, wenn der Kronprinz an einen von uns das Wort gerichtet hätte. Ich meine, jedem wäre vor Verlegenheit die Rede in der Kehle stecken geblieben. Kaiser und Kronprinz, das waren schließlich Begriffe, die gleich nach dem lieben Gott kamen. In diesem Sinne waren wir eben erzogen worden, und diese ehrfurchtsvolle Scheu vor den Allerhöchsten Personen steckte daher jedem im Blute. Der biedere Bürgermeister Slaby vollendete seine Ansprache sicherlich ganz gut und ohne Entgleisung, worauf der Kronprinz einige freundliche Worte erwiderte und für den lieben Empfang dankte.

Nachdem der Kronprinz auch das Regiment inspiziert hatte, ging er in Begleitung einiger Offiziere gemütlich plaudernd aus der Stadt zum Gasthaus „Zum Goldenen Hirschen", und es erschien mir wie ein großes Glück, als ich ihm unter dem Feuerturm begegnete und ihn aus allernächster Nähe sehen konnte. Er war ein großer, stattlicher und schöner Mann mit einem Vollbart und so freundlich und frohblickenden Augen. Er war wirklich so, wie man sich eben einen Prinzen und zukünftigen Kaiser vorstellen konnte. Er trug die österreichische Generalsuniform, die ihn, den noch jungen Mann, besonders gut kleidete, und am Halse trug er das Goldene Vlies, den Hausorden der Habsburger, den jeder großjährige Erzherzog besaß. Beim Hirschenwirt trank der Kronprinz noch aus einem silbernen Becher den ihm kredenzten Abschiedstrunk aus Retzer Wein, dann bestieg er sein Pferd und ritt an der Spitze des schönen Znaimer Hausregimentes, das mit seinen gelben Aufschlägen gar herrlich aussah, unter den Klängen der Regimentsmusik wieder zurück nach Znaim. Wir Buben hatten das Gefühl, es müsse doch etwas Schönes und Großes sein, auch einmal mit einem Regiment als kaiserlicher Offizier zu marschieren oder gar zu reiten. Wer hätte an diesem Tage wohl gedacht, daß dieser schöne, lebensfrohe Prinz in einem Jahr nicht mehr am Leben sein werde, daß er

Gründe haben werde, selbst Hand an sich zu legen und das Leben von sich zu werfen, daß er um diese Zeit bereits in der Kapuzinergruft in Wien mit seinen Ahnen zum ewigen Schlaf versammelt sein werde?

Reise zum Turnfest –

*Zum Feste kamen
nicht nur deutsche Turner ...*

Zum VII. Deutschen Turnfest in München fuhren am 1. August 1889 sieben Retzer, die Herren Glasermeister Ludwig Resch, Weinhändler Carl Mößmer, Lehrer Viktor Apeldauer, Handelsangestellter Josef Verderber jun., Uhrmacher Robert Hölldobler, Student Stuchlik und ich. Schon zwei Jahre vorher wurden Beträge gesammelt, um die Kosten der geplanten Reise zu decken. Diese Gelder und die Zuschüsse des Vereines ermöglichten die Hin- und Rückfahrt zweiter Klasse um den niedrigen Preis von zehn Gulden.

Der Festzug, an dem zwanzigtausend Turner mit zweitausend Fahnen teilnahmen, mußte um einen Tag verschoben werden, weil ein wolkenbruchartiger Regen die Festwiese unbenützbar machte. Wir verwendeten den freien Tag zur Besichtigung der Sehenswürdigkeiten von München. Unsere neue, prächtige Fahne wurde von Mößmer getragen, der in seiner Wichs, mit Barett, Straußfeder, Flausch, weißlederner Hose und Kanonenstiefeln, wie ein Adonis aussah, es auch war, weshalb man ihn in Retz den „schönen Carl" nannte. Und die feschen Münchnerinnen, welche ihn im Festzug erblickten, dürften den gleichen Eindruck gehabt haben, denn es wurden Mößmer nicht nur eine Menge Blumen zugeworfen, sondern auch Brieflein, die ihn zum Stelldichein einluden.

Unserer Abordnung wurde eine Tafel vorangetragen, auf welcher „Retzer Turnverein" verzeichnet war, viele Musikkapellen begleiteten den Zug, der oft haltmachen mußte. Am nächsten Tag benützten wir den Frühzug zu einer Sonderfahrt, die uns, am Starnberger See vorbei, nach Murnau führte und weiter, mit der neu eröffneten Bahnlinie nach Oberdorf. Von dort ging's, an Oberammergau vorüber, zwei Tage lang in Fußmärschen zum Besuche der berühmten Schlösser des Königs Ludwig II., des Vetters der Kaiserin Elisabeth, zu den Prachtbauten Linderhof, Hohenschwangau und Neuschwanstein am Lech.

Hier unterbreche ich und kehre zurück zur Schilderung des Festzuges und erwähne, daß wir von einer Abordnung Münchner Turner am Abend zu unserem Nachtquartier begleitet wurden, welches sich in einer Schule in der Louisenstraße befand und mit militärischen Betten versehen war. Wir konnten beobachten, welche politische Gegensätze die Süd- und Norddeutschen trennten, achtzehn Jahre nach dem Deutsch-Französischen Krieg. Die Bayern verloren ihre Selbständigkeit und wurden gezwungen, preußische Pickelhauben zu tragen.

Bevor wir zur Louisenstraße kamen, blieben Stuchlik und ich zurück und lösten uns von der Gesellschaft – wir suchten andere Vergnügungsstätten auf. Das Sprichwort besagt: „Wenn dich die bösen Buben locken, folge nicht!" Wir zwei sagten uns: „Wenn euch die bösen Mädchen locken, folget ihnen!" Als wir uns im Morgengrauen in der Schlafstätte einfanden, wurden wir nicht ausgescholten, vielleicht dachten sich die Herren: „Jugend hat keine Tugend!"

Noch eine Episode trage ich nach: An dem verregneten 1. August hatten wir die Bavaria auf der Oktoberfestwiese aufgesucht und sie bis zur obersten Spitze, dem Riesenkopf, bestiegen. Stuchlik steckte seinen Regenschirm durch ein Auge der Statue und klappte den Schirm auf und zu, was den Jubel der unten versammelten Zuschauer auslöste. Zum Feste kamen nicht nur deutsche Turner, aus der ganzen Welt, auch Abordnungen von Turnern anderer Nationen, Franzosen, Italiener und Engländer, deren Darbietungen wir bewundern konnten, waren da. Auch Boxer kamen, ich konnte aber diesem Sport kein Interesse abgewinnen.

Auf unseren Fußmärschen hatten wir die eiserne Brükke nach der Burg Neuschwanstein zu passieren, welche in schwindelnder Höhe einen Fluß überspannt. Mit größter Mühe mußte Hölldobler zurückgehalten werden – er wollte durchaus zur Sohle des Abgrundes klettern und damit seine Tüchtigkeit als Turner beweisen.

Das Kloster Ettal, berühmt durch seine schöne Lage und die prachtvolle Kirche, war in unserem Programm vorgesehen. Am Wege fiel es Hölldobler ein, mich zu necken und antisemitische Bemerkungen zu machen, was ich mir nicht gefallen ließ und ihn energisch zurechtwies. Es war für mich eine Genugtuung, daß alle Teilnehmer, ohne Ausnahme, sich auf meine Seite stellten, Hölldobler beschimpften, sodaß er gezwungen war, wie ein geprügelter Hund als letzter den Marschierenden nachzutrotten.

Zu Füssen im Allgäu verließ uns Herr Apeldauer, der über Mittenwald und Reutte die Heimreise antrat. Wir fuhren über Kaufbeuren nach München zurück, besuchten Salzburg und Hallein, wo wir uns vor der Einfahrt in das Salzbergwerk in Bergmannstracht fotografieren ließen. Das Bildchen besitze ich noch. Wir besichtigten auch die Wasserkünste in Hellbrunn. Hölldobler setzte sich auf eine der Steinbänke und verließ sie auch nicht, als die Wasserkünste zu spielen begannen. Schon damals zeigte sich seine Verrücktheit – er endete im Irrenhause.

Ich füge noch bei, wie Hölldobler ausgelacht wurde, als wir in der Hundinghütte im Ammerwald übernachteten. Dort war nicht genügend Raum für die vielen Besucher, und wir mußten uns mit dem Nachtlager auf dem Heuboden begnügen. Alle sechs Retzer krochen ins duftende Heu – wir vermißten Hölldobler, der aber bald wieder kam und berichtete, daß er eine Maid entdeckt hatte, der er sich in unzweideutiger Absicht nähern wollte. Zu seinem Schreck stellte sich heraus, daß die vermeintliche Maid – ein Holzknecht war. Hölldobler, den die Dunkelheit getäuscht hatte, wurde vom Holzknecht mit den Worten empfangen: „Lausbua, vermaledeiter, schau daß du weiterkimmst!"

Das Reiseprogramm der Fahrt nach München zum Turnfest und den Ausflügen war von Herrn Wenzel zusammengestellt worden. Wir bedauerten sehr, daß er uns nicht begleiten konnte, er hatte seine Urlaubszeit zum Besuch der Weltausstellung in Paris im gleichen Jahre 1889 benützt.

Tod der Mutter –

*... konstatierten Ärzte,
daß die Mutter an Brustkrebs litt*

Im Sommer 1891 besuchte unsere Mutter die Kaltwasserheilanstalt des Dr. Fleischanderl in Bad Kreuzen, und ich bekam die Erlaubnis, sie zu besuchen. Im gleichen Jahr wurde ein Eisenbahnflügel fertiggestellt, der in Sigmundsherberg von der Franz-Josephs-Bahn abzweigt und durch das Kamptal führt. Vater wollte, daß ich diese Strecke kennenlernen soll, aber ich befolgte seinen Rat nicht. Ich war mit einer Lehrerin befreundet, die ihren Beruf an einem kleinen Ort an der Hauptstrecke der Franz-Josephs-Bahn ausübte. Der Zufall wollte es, daß sie ihren Urlaub bei ihren Eltern in Retz verbrachte und an dem gleichen Tag an ihren Bestimmungsort reiste, welcher für meine Fahrt nach Bad Kreuzen festgesetzt war. Ich verzichtete auf das Kamptal, und daß mir die Zeit in der Gesellschaft meiner Bekannten angenehm und schnell verging, ist selbstverständlich. Ich übernachtete in Spitz an der Donau und benützte zur Fahrt stromaufwärts einen Dampfer, der um 5 Uhr früh abging und um 10 Uhr vormittags nach Grein kam. Es war ein heißer Tag, nach Kreuzen gab es damals nur Pferdefuhrwerke. Um diese Kosten zu ersparen, schulterte ich mein Ränzchen und kam nach drei Stunden schweißtriefend in Kreuzen an – der Weg geht ununterbrochen bergauf.

Mutter war hocherfreut, mich zu sehen, der Besuch war nicht angekündigt, sie behielt mich zwei Tage dort, und ich lernte zwei Damen, Schwestern, kennen, welche ihren Lehrerberuf in Linz an der Donau ausübten. Ihr Name ist mir im Gedächtnis geblieben, „Tempus" ist auch kein alltäglicher Name. Die beiden Frauen waren meiner Mutter sehr zugetan, so, daß sie ihnen im Herbst einen Korb schöner und guter Trauben nach Linz schickte, und die Lehrerinnen dankten überaus herzlich für diese Aufmerksamkeit.

Zwei Jahre später entschloß sich Mutter, zur Erholung nach Marienbad zu fahren, denn in der Zwischenzeit konstatierten Ärzte in Wien, daß die Mutter an Brustkrebs litt, ordneten die Operation an, welche der berühmte Arzt Dr. Mosettig durchführte. Schwester Friederike, die jetzt in Johannesburg lebt, begleitete sie nach Marienbad, wo sie im Hotel „New York" (Besitz der Brüder Baruch) Wohnung nahm. Die Schwester blieb einige Zeit bei ihr, und ich durfte sie ablösen und auch bis zu Mutters Abreise bleiben; dann begleitete ich sie nach Hause. Mutter wollte mir Unterhaltung bieten und veranlaßte mich, an einer Tanz-Reunion teilzunehmen. Ich war gerne bereit, und Mutter freute sich, ihren Ältesten, der ihr ans Herz gewachsen war, im Kreise junger Mädchen tanzen zu sehen. Zur gleichen Zeit war Onkel Schmiedl aus Brünn, Vaters ältester Schwager, in Marienbad. Wir verließen gemeinsam Marienbad, unterbrachen die Fahrt in Pilsen, wo ich unsere Geschäftsfreunde besuchte, die mich sehr freundlich begrüßten.

Auch Marienbad brachte der Mutter keine Besserung ihres Leidens, die Schmerzen traten wieder auf, und Mutter begab sich zu einem Verwandten, Dr. Theodor Zerner in Wien, der sie untersuchte, sie beruhigte und sagte, sie möge sich nicht sorgen, die Zeit werde heilen. Zerner begleitete uns zur Tür, und ehe er sie schloß, sagte er zu mir: „Theodor komme nochmals herein!" Er unterrichtete mich, daß Mutter leider nicht mehr lange leben werde, was wir ihr verschweigen sollten. Mutter fragte dann Zerner, was er mir gesagt habe, seine Antwort war: „Ich habe mit deinem Sohn Männerangelegenheiten besprochen."

Mutter erzählte, sie habe sich beim Türschließen an der Klinke gestoßen und sofort den Schmerz verspürt; diesem Vorfall gab sie auch die Schuld der Erkrankung. Ich weise darauf hin, daß bedeutende Forscher auf diesem Gebiete äußerten, Brustkrebs entstehe durch Schlag oder Stoß. Leider ist die Entstehung dieser furchtbaren Krankheit noch nicht einwandfrei erkannt und eine Heilung nur im frühen Stadium möglich.

Am 10. November 1893 schloß unsere gute Mutter ihre Augen, und wir begleiteten den Wagen der Znaimer Kultusgemeinde, welcher die sterblichen Reste zur Beerdigung nach Znaim abholte, bis zur Stadtgrenze. Frau Müller, die Gattin Heinrich Müllers, war unter den christlichen Personen, welche der Dahingeschiedenen die letzte Ehre erwiesen hatten – das habe ich mir gut gemerkt.

Als uns unsere gute Mutter nach langem, schwerem Leiden verließ, übernahm die jüngste Schwester, Ida, damals erst vierzehn Jahre alt, den Haushalt. Mit den Familienangehörigen, den Gesellen, den Lehrjungen und dem Geschäftspersonal waren circa zwölf Personen bei Tisch. Wieviel Arbeit eine derartige Wirtschaft benötigt, ist klar. Dazu kam noch, daß Vater ungeduldig und von der Mutter verwöhnt war. Auf Idas schwachen Schultern lastete viel Pflege, der sie sich, ohne sich zu beklagen, willig unterzog.

Nach dem Hinscheiden unserer Mutter folgten wir der Sitte „Schiwe sitzen".¹) Sieben Tage saßen wir sechs Kinder auf Schemeln und verrichteten mit den Glaubensgenossen, die sich täglich einfanden, die üblichen Gebete. Unsere Mutter war so beliebt, daß unsere männlichen Freunde täglich kamen und uns die Erfüllung der schönen Sitte ermöglichten.

Bei uns Juden ist es seit Jahrtausenden Sitte, daß die Kinder den Eltern nach deren Ableben zu deren Ehren fromme Gebete innerhalb eines Jahres in den Synagogen sprechen. Wie ich schon erzählte, verloren wir unsere gute Mutter am 10. November 1893, und im Sommer 1894 reiste ich mit meinem Freunde Ignaz Kurz nach Deutschland. In Berlin besuchten wir die prachtvolle Synagoge in der Oranienstraße, und hier konnte ich der Kinderpflicht nachkommen und, im Verein mit vielen Glaubensgenossen, das Gebet aus dem Gedächtnis fehlerlos in der Sprache unserer Väter verrichten. Das war mir damals möglich und durch die oftmalige Verwendung geläufig.

Die Synagoge, ein Monumentalbau und eine Zierde der Stadt Berlin, fiel am 10. November 1938 der Barberei der NSDAP zum Opfer.

Hauskauf und Heirat –

... damals gründete ich mein Glück

Über die Jahre 1899 und 1900 beabsichtige ich, besonders ausführlich zu schreiben, damals gründete ich mein Glück – 1899 die Verlobung und 1900 die Verheiratung.

---

1 Schiwa, die Trauerwoche, während der die Trauernden nur auf dem Fußboden oder auf Hockern sitzen.

Im Frühjahr 1899 wurde in Retz erzählt, daß die Witwe Poisl beabsichtige, ihr Haus Nr. 64 zu verkaufen. Da unser Vater den Plan gefaßt hatte, seine Söhne Theodor und Josef in seine Firma als Gesellschafter aufzunehmen, riet er mir, zu heiraten und das Haus der Poisl als Wohnung zu benützen. Im Geschäftshaus Nr. 42 war für zwei Familien nicht genügend Raum, damals lag auf den schwachen Schultern unserer jüngsten Schwester Ida die Führung des väterlichen Haushaltes. Zu dieser Zeit wohnten alle Angestellten, Arbeiter und Lehrlinge bei uns und wurden auch verpflegt. Ich war mit Vaters Vorschlag nicht sofort einverstanden, da ich dachte, mir einen Hausstand zu gründen, bis Ida versorgt wäre. Schließlich erklärte ich mich bereit, Vaters Rat zu befolgen.

Nun hieß es, sich mit Frau Poisl wegen des Hauskaufes in Verbindung zu setzen. Wir nahmen an – und das war wohlbegründet – daß wir das Haus als Juden (damals war das Wort „Nichtarier" noch nicht in Verwendung und sollte erst 1933 seine unheilvolle Bedeutung erlangen) nicht werden erwerben können und einen Vermittler benötigen. Vater schlug unseren Rechtsanwalt, Dr. Löser, vor, was mir aber nicht paßte, weil er selbst wohl getauft, aber Judenstämmling war. Ich hatte bessere Gedanken und sprach mit dem Schmiedmeister Schleinzer aus der Altstadt, von dem ich wußte, daß er ein gutes Mundwerk hatte. Wir weihten ihn in unseren Plan ein, und er erfaßte sofort die Situation und sagte, er werde der Frau Poisl erzählen, daß sich sein Bruder von seinem Geschäft zurückziehen und auf dem Lande ein Haus kaufen wolle. Das paßte mir, und Schleinzer besuchte Frau Poisl. Er kam mit der Meldung, Frau Poisl könne ihm noch keine Antwort sagen, da bereits ein Reflektant bei ihr war, der um zwei Tage Bedenkzeit ersuchte. Sollte der Betreffende nicht abschließen, könnte über die Angelegenheit gesprochen werden.

Am dritten Tage sprach Schleinzer wieder vor, und nun sagte Frau Poisl, der Kauf könne perfekt gemacht werden, wenn Schleinzer mit dem verlangten Preis und den anderen erstellten Bedingungen einverstanden sei. Vater meinte zu Schleinzer, er solle versuchen, einen Preisnachlaß zu erwirken, aber ich war damit nicht einverstanden und meinte, das könnte uns schaden, vielleicht den Kauf verhindern. Vater schloß sich meinen Argumenten an und übergab eine Tausendguldennote, die er vom Baron Offermann in Schrattental für Lieferungen erhalten hatte.

Nachdem Schleinzer sich entfernt hatte, setzte ich mich zum Fenster im ersten Stock, um die Rückkehr des Vermittlers zu erwarten. Ich war sehr aufgeregt, da der Hauskauf meine Zukunft entscheidend beeinflussen werde. Ich wartete und wartete – endlich kam Schleinzer und brachte die Bestätigung, daß mit der Anzahlung der Kaufvertrag abgeschlossen war. Meine Freude hier in Worte zu kleiden, ist wohl überflüssig! Schleinzer versicherte, daß er kein Wort darüber gesprochen hatte, daß der Kauf nicht für seinen Bruder getätigt wurde.

Der redselige Mann konnte aber nicht schweigen und erzählte unter dem Siegel der Verschwiegenheit dem Postverwalter Heilinger, daß es ihm – Schleinzer – gelungen sei, das Haus für mich zu kaufen. Herr Heilinger hatte nichts Eiligeres zu tun, als seiner guten Bekannten, der Frau Poisl (deren Haus befindet sich gegenüber dem Posthaus), zum Verkauf zu gratulieren und sie zu fragen, ob sie wisse, für wen Schleinzer ihr Haus gekauft habe. „Für Schleinzers Bruder" war die Antwort, und Heilinger klärte sie schmunzelnd auf, das wäre nicht der Fall, Theodor König sei der wirkliche Käufer.

Nun bewog ich Schleinzer, mit mir die Poisl zu besuchen und mich als Übernehmer des Hauses vorzustellen, was auch geschah. Sie war nett zu mir und erklärte, daß ich das Haus auch bekommen hätte, wenn ich allein zu ihr gekommen wäre – aber das waren nur Redensarten.

Frau Poisl hatte durch Jahre keine Reparaturen vornehmen und das Haus verfallen lassen. Wir mußten vierzehn neue Fenster einmauern und den Hof mit Schattauer Klinkersteinen pflastern lassen. Vater und ich waren sehr erstaunt, bei der Besichtigung zu sehen, wie groß das Haus ist, daß ein großer Schüttboden vorhanden war, in dem die Ernteergebnisse getrocknet wurden und der sich als Magazin verwenden ließ. Beim rückwärtigen Haustor waren rechts und links ausgedehnte Räume. All das war die Grundlage, daß wir große Vorräte einlagern und im Laufe der Jahre das väterliche Unternehmen auf eine beachtliche Größe bringen konnten.

Zu dem Haus gehörte ein Garten in der Lehengasse, gegenüber dem hinteren Haustor gelegen. Daß der Garten im Grundbuch in einer besonderen Parzellennummer verzeichnet war, sollte mir fünfunddreißig Jahre später, beim Verkauf dieses Hauses, besonderen Gewinn verschaffen. Darüber will ich später erzählen. Bei der Besichtigung des Gartens war eine große Zahl schöner Rosenstöcke vorhanden und der Garten durch einen tiefen Wallgraben vom Stadtwall getrennt, der vor Jahrhunderten mit Wasser gefüllt war, zur Verteidigung der Stadt gegen Belagerer. 1899 war der Graben vom Stadtwall (der Promenade) begrenzt, und wir mußten auf einer morschen Holzstiege hinunterklettern; Kartoffeln waren dort angebaut. Im Garten gab es viele Obstbäume, Weinstöcke mit vorzüglichen Trauben, und die Ernte hätte gemäß den Vereinbarungen mir gehören sollen, aber Frau Poisl hielt sich nicht an die Versprechungen und füllte Kisten in großer Zahl, die sie nach ihrer Übersiedlung nach Linz an der Donau mitnahm.

Als Kind wurde ich von den Eltern an manchen Abenden zur Schießstätte mitgenommen. Vater ging hinauf zu den Honoratioren im ersten Stock, und Mutter und ich leisteten der Gattin des Wirtes Groß Gesellschaft, natürlich war auch mein Schulfreund Ottomar dabei. Ich durfte das echte „Pilsner Bier" trinken und bekam dazu Brot und Käse. Auf dem Wege zur Schießstätte gingen wir am Hause Nr. 64 der Wiener Straße vorbei, wo Frau Poisl mit ihrer Schwester, dem Fräulein Anna, saß. Es wäre mir natürlich nie in den Sinn gekommen, zu denken, daß ich einst in dieses Haus meine junge Frau werde führen dürfen und mir hier drei Töchter werden zur Welt kommen.

In seinem berühmten Buche „Soll und Haben" hat Gustav Freytag seinem Freunde Theodor Mollinary ein Denkmal gesetzt in der Schilderung eines Großkaufmannes der Kolonialbranche. Mein Schwiegervater, Herr Leopold Ornstein in Trebitsch, geboren am 2. Februar 1844, gestorben am 5. Februar 1905, hatte als unbemittelter Lehrersohn mit erborgtem Kapital sich zu einem hochangesehenen Großkaufmann emporgearbeitet und sein Unternehmen glich dem Geschäfte des Mollinary in Breslau.

Als Bräutigam war ich 1899 zu Besuch in Trebitsch und nahm am Mittagstisch teil. Mit der Familie des Chefs befanden sich die Angestellten, Reisenden, Büropersonal und Lehrlinge, zusammen über dreißig Personen, im Kreise. Die Kutscher und Hausknechte wurden mit dem Dienstpersonal in der Küche verpflegt; all das wurde von meiner Schwiegermutter beaufsichtigt. Sie beschäftigte sich auch mit der Überwachung des Geschäftes. Sie stand ihrem Gatten in treuer Pflichterfüllung zur Seite und pflegte ihn bis zu seinem allzufrühen Ableben. Sie ertrug diesen schweren Schicksalsschlag mit der Seelenstärke einer Heldin. Ich finde nicht genug Worte, um meine Schwiegermutter, die mir im wahren Sinne des Wortes eine zweite Mutter war, zu loben.

Der Schwiegervater war ein stattlicher Mann, seine Art zu sprechen, gleichviel ob es gesellschaftlich über ihm Stehende oder Untergeordnete waren, war immer vornehm und gewählt. Bei Versammlungen in den zahlreichen Ehrenämtern, die er verwaltete, sprach er gewählt und kernig und erzielte immer Erfolge. In seinem Bestreben, vorwärts zu kommen, gründete er in Wien eine Filiale, um Waren für sein Trebitscher Geschäft einzukaufen und Trebitscher Produkte zu verkaufen. Montag früh fuhr er nach Wien und blieb bis Freitag. Vor dem

Abendgottesdienst kam er nach Trebitsch zurück. Leider überschätzte er seine Kräfte, wurde leidend, löste die Filiale auf, erlangte aber seine Gesundheit nicht mehr. Im Februar 1905 wurden wir durch die Nachricht erschreckt, daß es ihm sehr schlecht geht. Ich fuhr mit meiner Frau und unserem damals vier Jahre alten Töchterchen Flora nach Trebitsch, und wir haben ihn zum letzten Male gesehen. Er ließ seinen Lehnstuhl zum Fenster tragen und winkte uns beim Einsteigen in den Schlitten noch Abschiedsgrüße zu. Flora erinnert sich noch lebhaft an diese Szene.

Es dürfte im Jahre 1903 gewesen sein, als mein Gartennachbar, Josef Müllner, welcher das Haus in der Znaimer Straße Nr. 29 (heute die neuerbaute Sparkassa) besaß, mir sagen ließ, ich möge sofort in den Garten kommen, auf seinem Grunde liege der durch den Sturm der vergangenen Nacht umgeworfene Holzzaun, ich soll sofort den ihm verursachten Schaden ersetzen und für die Neuerrichtung meines Gitters das Nötige veranlasssen. Dieser Holzzaun war auf einer mannshohen Mauer befestigt, und die Äste eines jahrhundertealten wilden Weinstockes waren um das Gitter geflochten und mit ihm fest verbunden.

Nach genauer Besichtigung der Sache in unserem Garten entdeckten wir Spuren, welche annehmen ließen, daß die Äste der Weinhecke abgesägt waren, was bewirkte, daß wir Schadenersatz ablehnten und die Neuaufstellung auf unsere Kosten verweigerten. Wir wurden geklagt, ließen Vaters Freund, den Baumeister Brosig aus Hollabrunn kommen, welcher aus der Struktur der Trennungsmauer erkannte, daß sie mein Eigentum sei, weil die abschließenden Ziegel der Mauer schräg zu meinem Garten aufgesetzt waren und einer alten Regel zufolge „die fallenden Regentropfen auf eigenem Grunde" den Besitz der Mauer feststelle und ich daher nicht von Müllner zum Ersatz gezwungen werden könne.

Müllner klagte, der Grundbuchsführer konnte wegen des Eigentumsrechtes der Mauer kein Gutachten abgeben, weil in die Mappe nur eine Linie als Trennung der beiden Grundstücke eingezeichnet war. Zu dieser Zeit trat ich eine Geschäftsreise nach Brünn an und besuchte meinen Cousin, den Rechtsanwalt Dr. Jacques Pollenz, dem ich die Sache erzählte. Er riet mir, mich mit dem Kläger zu vergleichen, bei derartigen Prozessen wäre der Ausgang unsicher. Hätte ich seinen guten Rat befolgt, wäre mir viel Kummer und Geld erspart geblieben.

Im Verlauf des Prozesses versuchte ich alles mögliche, um meine Lage zu verbessern. Der Richter in Retz stimmte dem Antrag meines Anwaltes, die Vorbesitzerin, Frau Poisl, solle in Linz über ihr einstiges Eigentum aussagen, zu, und mein Anwalt und ich reisten nach Linz. Im gleichen Zug befand sich auch mein Gegner. Die Aussage der Frau Poisl, die sich zunächst energisch weigerte, vor Gericht zu erscheinen, dann aber doch erschien, hatte für mich ein ungünstiges Resultat. Bei der zweiten Verhandlung in Retz entschied der Richter, daß ich den Schaden zu tragen habe, mit der merkwürdigen Begründung, Müllner habe sich gewiß nur zur Klage entschlossen, weil er davon überzeugt war, im Recht zu sein! Müllner verlangte noch vom Richter, ich soll gezwungen werden, zur Mauer Ziegel mit der Marke „St. R." zu verwenden. Einst besaß die Stadt Retz einen Ziegelofen, der aber aufgelassen wurde, weil der Lehm erschöpft war. Die Ziegelei befand sich auf dem Terrain, wo jetzt das Weinlagerhaus der Firma Mößmer steht. Der gegnerische Antrag, die Ziegel betreffend, wurde vom Richter abgewiesen. Vielleicht dachte er: „Saxa loquuntur – die Steine sprechen!"

Müllner hatte einen Bruder, den er einst zwang, zur Zeit der Mostgärung Wein aus dem Keller zu holen, und den die giftigen Gase betäubten. Man konnte ihn zwar noch lebend bergen, aber er blieb zeitlebens ein Krüppel und war schwachsinnig. Ich habe Grund, anzunehmen, daß er von seinem Bruder gezwungen wurde, das Holzgitter durch Absägen der wilden Weinhecke zu Fall zu bringen.

Tod des Vaters –

unser Vater zog sich zurück

Unser Vater Jacob König zog sich 1906 ins Privatleben zurück, übersiedelte nach Wien und fand in Hietzing, Einwanggasse 19, eine ihm passende Wohnung. Er hatte am 1. Jänner 1864 das Geschäft gegründet. Vater war ein strenger Lehrmeister, der die drei Söhne Theodor (geboren 1868), Josef (geboren 1874) und Max (geboren 1883) unter seinem Regime schwer arbeiten ließ. In den ersten Jahren unserer Mitarbeit (das erstreckte sich bis ein Jahr vor meiner Verheiratung im Jahre 1899) war unser Personal klein an der Zahl, und wir mußten die schweren Arbeiten unseres Berufes genauso wie die Lehrlinge durchführen. In diesen Jahren befaßten wir uns mit dem Ankauf von Alteisen, und wenn dieses an kalten Wintertagen bei Eis und Schnee in Waggonladungen expediert wurde, litten wir unter Kälte und Frost. Wenn vom Spediteur Neueisen im Gewicht bis zu siebzig Kilo per Kolli[1]) oder schwere Kisten auf- und abgeladen wurden, mußten wir Hand anlegen. Unserem ungeduldigen Vater wurde immer zu langsam gearbeitet, er trieb zu rascherem Tempo an und griff selbst zu, wenn er bemerkte, daß es notwendig war.

Im Laufe der Jahre nahmen wir unserem Vater das Heft aus der Hand, das Unternehmen nahm an Ausdehnung zu, und er übersiedelte, wie erwähnt, nach Wien. Er verwendete seine Mußestunden zur Niederschrift seiner Erinnerungen, die er durch fünfzehn Jahre in ein Heft eintrug, wie es sein Vater Raphael von 1852 bis 1894 getan hatte.

Mit den Worten: „Anfangs Jänner 1921 besuchte ich meine lieben Kinder in Retz, trotz einer offenen ..."

---

1 Frachtstück.

endigen die Aufzeichnungen Vaters in seinem Heft. Im letzten Satz wollte er mitteilen, daß er, trotz einer offenen Wunde am Schienbein, nach Retz gefahren ist.

Im Sommer 1921 kam er nochmals zu uns, er fühlte sich damals verhältnismäßig wohl und wurde vom Bruder Josef mit dem Auto zur Bahn gebracht. In den nachfolgenden Monaten hatte ich geschäftlich viel in Wien zu erledigen, überbrachte bei diesen Gelegenheiten dem Vater Lebensmittel, die damals in der Stadt sehr rar waren. Vaters Wirtschafterin sagte mir später, daß diese Gaben eine große Erleichterung für die Ernährung bedeutet hatten.

Am 6. Dezember 1921 besuchte ich Vater, dessen Zustand mir Besorgnis einflößte. Er litt an Atemnot, und um ihm Erleichterung zu verschaffen, ging ich mit ihm einige Male im Zimmer umher, wobei ich ihn stützte. Er fühlte sich etwas besser, und wir begannen über Bücher zu sprechen, die wir vor mehr als fünfzig Jahren gemeinsam gelesen hatten. Wir sprachen von dem Roman des Schriftstellers Leo Kompert „Christian und Lea". Der Verfasser schildert zu Beginn der Erzählung den Gang zweier alter Leute; Christian, der Katholik, begleitet Lea, die Jüdin, am Samstag zum Gottesdienst, trägt und übergibt ihr vor der Synagoge das jüdische Gebetbuch. An Sonntagen begleitet Lea den einst geliebten Mann zur Messe bis vor die Kirche. Der Autor schildert die Jugend der Liebesleute und die Kämpfe, welche die beiden erlitten und die verhinderten, daß sie den Bund fürs Leben schließen konnten.

Ich hatte manche Details der Erzählung vergessen und stellte mit Erstaunen fest, wie gut Vaters Gedächtnis war. Er erzählte mir den Inhalt des Romanes zusammenhängend, ohne nachdenken zu müssen.

Leider wurde Vater nachher wieder rezidiv[1]), und ich bemerkte, daß sein Befinden besorgniserregend war. Zu

---

1 Rückfällig.

Hause unterrichtete ich Bruder Josef von meinen Befürchtungen, wir telefonierten dem Bruder Max, der im dritten Bezirk in der Weyrgasse wohnte und unsere Ein- und Verkaufsfiliale führte, sowie den Schwestern Friederike und Ida, daß wir am Donnerstag, den 7. Dezember mit dem Nachmittagsschnellzug nach Wien kommen. Als wir Kinder uns an Vaters Bett versammelten, war er bereits in Agonie. Ich holte rasch den Hausarzt Dr. Martin, der in der Nähe wohnte. Er schloß Vater die Augen, der sanft entschlafen war. Vaters Lebenswille dürfte ihm die Kraft gegeben haben, erst aus dem Leben zu scheiden, als er sich von seinen Kindern verabschiedet hatte.

Geschäftliches –

*Kartelle sind da,
um umgangen zu werden!*

Vor mir liegt ein Bildchen in Postkartenformat mit der Ansicht unseres Geschäftshauses Nr. 42, aus dem Jahre 1911 stammend. [Siehe Abb. 19.] Auf dieser Karte sind sechzehn Personen deutlich erkennbar, darunter unser Schlossergehilfe Alois Einzinger mit zwei Gesellen, ein Lehrling und, an die Geschäftstür gelehnt, Bruder Max als Siebzehnjähriger. Im Haustor stehen der Hausknecht Pröglhöf, zwei kleine Buben und zwei Straßenkehrerinnen mit ihren mannshohen Besen in den Händen und die Gugel (Kopftuch) um den Hals geschlungen. Eine von diesen Weibern ist die „Wasserresi" – auch eine Figur, deren Beruf der Vergangenheit angehört. Für wenige Kreuzer schleppte sie vom „Wasserkor", dem Rohrbrunnen, früh und spät in Holzbutten Trink- und Nutzwasser in die Wohnungen der Auftraggeber, auch bis in den zweiten Stock. Diese Menschen waren zu bedauern, wenn im strengen Winter der Wasserkor von Eis umgeben war und von den Rangen zum Schlittschuhlaufen benützt wurde. Oft stürzten die Weiber auf dem spiegelglatten Eis kopfüber, und der Inhalt der Butten ergoß sich über die Frauen. Am 29. Oktober 1928 wurde die Wasserleitung fertiggestellt, und es erlosch damit ein Beruf aus alter Zeit. Das Wassertragen hörte auf, und im Jänner 1930 konnten wir die Segnungen des Lebenselementes in unseren vier Wänden voll genießen.

Der Retzer Rohrbrunnen war in den Jahren, ehe die Wasserleitung gebaut wurde, welche dann die erfreute Bevölkerung mit dem so wichtigen Element versorgte, Mittelpunkt einer Versammlung weiblicher und männlicher Personen. Die mühevoll gefüllten, schweren Butten veranlaßten dann die Wasserträger in der schönen Zeit, sich mit den Neuigkeiten in Stadt und Altstadt zu befassen, dazu gab es den weiblichen und männlichen Schwatzbasen Stoff in Hülle und Fülle, und sie konnten ihrer Phantasie die Zügel schießen lassen.

Wehmütig betrachte ich auf der erwähnten Karte das Kennzeichen der Schlosserei, den vom Vater 1875 kunstvoll angefertigten, vergoldeten Schlüssel, welcher zwischen den Fenstern des ersten Stockes befestigt war. 1938 wurde dieses Wahrzeichen vom Ariseur entfernt und ging verloren. Einziger wurde nach der Einberufung im Ersten Weltkrieg ins Wiener Landesgericht zur Bewachung des Tschechen Dr. Kramař, der wegen Hochverrates zum Tode verurteilt und später freigelassen wurde, kommandiert. Kramař wurde nach Kriegsende Präsident der Republik.

Im Jahre 1910 nahmen wir auf Empfehlung unserer Verwandten in Eibenschitz einen Lehrling in die Schlosserei, mit dem wir sehr zufrieden waren. Er besuchte die Fortbildungsschule, war einer der besten Schüler und hatte eine schöne Handschrift. Nach Beendigung seiner Lehrzeit beschäftigte ihn Bruder Josef als Verkäufer landwirtschaftlicher Maschinen, und Vinzenz Pačanda erzielte beachtenswerte Erfolge. Im Ersten Weltkrieg wurde er Soldat, von den Tschechen gefangengenommen und als Landsmann in ihre Armee eingereiht. Pačanda, begünstigt durch seine Vorkenntnisse, die er sich in Retz angeeignet hatte, avancierte und brachte es bis zum General. Er war einst Stammgast bei den Schwestern Schlaff in deren kleinem Gasthaus, und um seinen früheren Freunden zu zeigen, wie weit er es gebracht hatte, schickte er seine Fotografie, als General in Uniform, an sein Stammlokal. Wir haben nicht erfahren, was später aus ihm geworden ist.

Im geschäftlichen Leben ereignen sich Zufälle, die seltsam sind. Um 1910 hatten uns die Eisenkartelle großen Schaden verursacht. Sie behinderten uns im Ein- und Verkauf, der freie Wettbewerb war unterbunden, der Nachschub unseres bedeutenden Bedarfes an Draht und Drahtstiften war bedroht. Von unserem Vater hörten wir, daß in Sechshaus, in der Turnergasse, ein kleiner Drahtstiftenfabrikant arbeitete, und ich besuchte ihn.

Der Mann hieß Michael Färber, war sehr intelligent, und er erklärte mir, daß ihn das Kartell ruinieren wolle, weil er sich weigerte, diesem beizutreten. Er erhalte von den Werken kein Rohmaterial, und so sei er gezwungen, sich dieses vom Händler zu hohen Preisen zu beschaffen. Er stehe vor dem Ruin, müsse seine Arbeiter entlassen und die Maschinen verkaufen. Auf meine Frage, ob er die Kartellpreise unterbieten würde, wenn ich ihm den Draht liefern würde, sagte er ja und setzte hinzu: „Die Kartelle sind da, um umgangen zu werden!"

Die größte Wiener Eisenfirma, A. Herm. Frankl & Söhne, welche Färber ohne Vorauszahlung nicht liefern wollte, wurde von uns beauftragt, an Färber viele Tonnen Draht abzugeben, die wir bezahlten, und wir konnten auf diese Weise das Kartell ausschalten. Aber Färber kam auf keinen grünen Zweig und ging zugrunde.

Unser Absatzgebiet erstreckte sich vor dem Ersten Weltkrieg auch auf Südmähren, wir kamen sogar bis knapp vor die Tore von Brünn. Um mit den mährischen

Händlern ins Geschäft zu kommen, mußten wir uns mit außerordentlich kleinem Gewinn begnügen, aber der Bedarf dieser Kunden war sehr groß, und in vielen Fällen konnten wir unsere Konkurrenz unterbieten und aus dem Felde schlagen, indem wir die Waren direkt von den mährischen Eisenwerken an die Abnehmer expedieren ließen. Diese verpackten zum Beispiel Emailgeschirre in Kisten nach unseren Vorschriften, und unsere Arbeit beschränkte sich auf die Fakturierung der Ware.

Im südmährischen Piesling hatten wir einen Kunden, Adolf Färber, der die Zahlungsfrist über Gebühr ausdehnte, und ich mahnte ihn streng, drohte auch mit der Klage. Zu meiner Überraschung kam ein Jammerbrief vom ehemaligen Fabrikanten Michael Färber, in welchem er bat, wir mögen ihn wegen seiner Schuld aus unserer früheren Verbindung nicht klagen, er sei völlig verarmt und befinde sich im Armenhaus seiner Heimatgemeinde Piesling. Ich hatte bei der Mahnung die Vornamen verwechselt und statt Adolf – Michael Färber geschrieben!

Erster Weltkrieg –

*... meine Person
wird darauf keinen Einfluß nehmen können!*

Am 28. Juni 1914 war meine Schwiegermutter, Frau Ornstein aus Trebitsch, bei uns, wie alljährlich den Sommer verlebend. Ihr Sohn Carl und ihr Neffe Dr. A. Prager kamen aus Wien und brachten die Nachricht, daß der Erzherzog-Thronfolger Franz Ferdinand und seine Gemahlin in Sarajewo ermordet wurden; die ersten Worte meiner Schwiegermutter lauteten: „Das bedeutet Krieg!" Diese Prophezeiung sollte sich leider erfüllen.

Am 1. August 1914 mobilisierte Österreich. Ich war an diesem Tage auf einer Autotour mit Bruder Max und habe die Kundmachung an der Tür der Gemeinde Guntersdorf (zwischen Hollabrunn und Retz) gelesen. Max rückte sofort ein, Bruder Josef weilte mit seiner Familie in Reichenhall in Bayern zum Sommerurlaub. Er ließ sich aber mit der Heimreise Zeit und rückte am letzten Tag des vorgeschriebenen Termines zu seinem Regiment ein.

Im zweiten Jahr des Ersten Weltkrieges, 1916 (ich war damals achtundvierzig Jahre alt), kam ich zur Erkenntnis, daß auch mir die Gefahr drohen würde, einrücken zu müssen. Zu dieser Zeit wurde ein Bekannter, der Bauer Kurzreiter aus Riegersburg, der noch um ein Jahr älter war als ich, gemustert und nach Albanien geschickt. Das hätte auch mir passieren können, wäre aber sehr unerwünscht gewesen. Ich sagte mir: „Ob Österreich den Krieg gewinnt oder verliert – meine Person wird darauf keinen Einfluß nehmen können!"

Schon ein Jahr vorher hatte ich beim Kriegsministerium angesucht, eine Einkaufsstelle für die Kriegsmetallsammlung zu erhalten, womit auch die Enthebung vom Kriegsdienst verbunden war. In meinem Gesuch wies ich darauf hin, daß schon meine zwei Brüder an den Fronten in Galizien und Tirol dienten, unser Geschäft sei für die Landwirtschaft, welcher wir die Pfluggeräte für den Anbau des Getreides und die Werkzeuge für die Ernte lieferten, unumgänglich notwendig. Es gebe – betonte ich noch im Gesuch – im großen Umkreis kein zweites Unternehmen, welches wie wir die für die Bauern notwendigen Waren liefern könne.

Ich erbat und erhielt auch die Unterstützung vom Verband der Eisenhändler Österreichs und vielen bedeutenden Grundbesitzern, wie Graf Gatterburg in Retz, Gebrüder Sedlar in Weitersfeld, alle bestätigten mir gerne die von mir vorgewiesenen Gesuche für das Kriegsministerium mit ihrer Unterschrift. Prinz Schönburg, der

Besitzer des Gutes von Baron Offermann in Schrattenthal, logierte im Hotel Imperial. Ich besuchte ihn dort, und er versprach mir, in seiner Uniform als preußischer Major im Kriegsministerium für mich zu intervenieren. Schließlich benötigte ich noch die zustimmende Unterschrift des Retzer Bürgermeisters Dr. Alfred Tichtl, aber da stieß ich auf Granit! Er weigerte sich und erklärte mir rundweg, er habe schon einmal ein ähnliches Ansuchen zurückgewiesen, und zwar meinem Glaubensgenossen Rudolf Ehrlich, der um Enthebung bat, weil der Ertrag seiner großen Landwirtschaft kriegswichtig sei.

Trotz dieses Hindernisses wurde ich enthoben, es wurde mir der Einkauf des Kriegsaltmetalles für den Bezirk Retz übertragen, ich erhielt die Weisung, mich in Wien in einer Einkaufsstelle zu instruieren und bekam eine Menge Drucksorten. Alle Gemeinden wurden verständigt, und als erster Lieferant kam ein altes Weiblein und brachte eines der messingenen Lotgewichte, wie solche vor hundert Jahren verwendet wurden. Altbürgermeister Alois Richter hätte es sich nicht träumen lassen, daß er (der Judenfeind) durch meine Familie die metallenen Gardinenträger werde abliefern müssen. Mein Turnkollege, Herr Viktor Apeldauer, kam zu mir und fragte, ob er die bei uns seinerzeit gekaufte komplette und schöne Aluminium-Küchengarnitur abgeben müsse, die seiner Frau ans Herz gewachsen wäre. Ich gab ihm den Rat, das Geschirr aus der Küche zu entfernen und es am Boden in einer Kiste zu versperren. Er befolgte meinen Rat und erfreute sich des Besitzes nach Kriegsende.

Meine Enthebung war nach ihrer Erteilung bis zum 15. Februar 1916 befristet. Dieses Datum hat für unsere Familie eine besondere Bedeutung – es kam als Kriegskind nach zwei Mädchen der Sohn des Bruders Josef, der Neffe Karl, zur Welt (damals war es üblich, die Buben nach dem Kaiser Karl zu benennen), und mit ihm war der Fortbestand der alten Schlosserfamilie gesichert. Bei dieser Gelegenheit sei noch erzählt: Am 8. Juni 1949 kam Karlis strammer Junge Peter zur Welt und damit der

Sproß der sechsten Generation der Schlosserfamilie König und auch der Eisenhändler gleichen Namens.

Ich verfolge die ausgezeichneten Mitteilungen des zweiten Retzer Heimatbuches und entnehme demselben, daß es unter den Retzer Familien keine einzige gibt, die sich, wie wir, des geschilderten Vorzuges rühmen könnte. Es wird wohl gesagt, dies sei bei der Familie Mößmer der Fall, das ist aber eine Täuschung, denn mit dem Ableben des Altbürgermeisters Carl Mößmer erlosch der Mannesstamm. Sein Enkel führte einen anderen Namen und verschaffte sich mit Hilfe seines Vaters in der Zeit 1938 bis 1945 die Bewilligung zur Führung des Namens Mößmer.

Nach dieser Abschweifung komme ich wieder zum Kriegsjahr 1916. Ich wurde schließlich zur Musterung gerufen, die im Saale der Schießstätte vorgenommen wurde. Unmittelbar vor mir kam der Wirt dieses Gasthauses, Tautner, zur Untersuchung; ich habe noch gesehen, wie entsetzlich mager dieser Mann war (er war sehr leidend und lebte auch nicht mehr lange). Dann wurde ich untersucht, gefragt, ob ich eine Krankheit angeben könne, die meine Einrückung verhindern könne, und ich antwortete: „Ich bin gesund!" Damit war entschieden, daß ich als gemustert Dienst leisten müsse. Alle Tauglichen versammelten sich dann, wie einst die jungen Rekruten, zu einem Marsch durch die Stadt. Der Seilermeister Bayer, der als mein Nachfolger in der Reihe als untauglich ausschied, kaufte mir ein Rekrutensträußel. Vom Fenster meines Hauses in der Wiener Straße Nr. 64 sah meine Schwiegermutter, die eben bei uns zu Besuch war, den Marsch, und beim Passieren des Hauses schwenkte ich mein Soldatenkappel mit dem Sträußel.

Tags darauf ging von Mund zu Mund der Retzer Schwatzbasen folgende Geschichte: Bei Frau Rosa, geborene Oberschlick, im Hause Nr. 120 am Hauptplatz, war der Militärarzt einquartiert, welcher die Musterungen durchführte. Frau Rosa hatte ihn auf mich aufmerksam gemacht und gedacht, daß der wegen seines Glaubens verhaßte Jude Theodor König eine Krankheit vorschützen werde, um sich zu drücken, oder – wie es damals hieß – ein Tachinierer zu werden; aber die gute – besser gesagt, böse – Seele irrte sich!

Nach dem Friedensschluß im Oktober 1918 flutete ein Teil der Heeresmassen, die in Italien der Gefangennahme entgangen waren, der Heimat zu, und die Bevölkerung wurde durch die Zeitungen von Gewalttaten unterrichtet, welche die zügellosen Soldaten verübt hatten. Auch bei uns wurden Zerstörungen befürchtet. Ich ging mit Rudolf Ehrlich zu Bürgermeister Tichtl, dem wir einen Plan vorlegten, eine Bürgerwehr zum Schutz der Stadt und Altstadt zu gründen, und unser Vorschlag fand seine Zustimmung. Bruder Josef und ich stellten das Gassenlokal im Hause Nr. 124 am Hauptplatz (Eigentum des Bruder Max) als Wachlokal zur Verfügung.

Allnächtlich patrouillierten eine Anzahl Retzer durch die bei einer Befehlsausgabe bestimmten Straßen und Plätze. Waffen und Munition wurden von Carl Mößmer beigestellt. Mein Partner am Patrouillengang war der Schuhmacher Hladik von der Nalberstraße. Dem so oft erwähnten Handwerker (er war Feldwebel) war es ein Dorn im Auge, daß die Bürgerwehr sich im Hause eines Juden einquartiert hatte, und seinen Intrigen gelang es durchzusetzen, daß das Wachlokal in die Altstadt verlegt wurde, in das Haus Nr. 170 des Spar- und Vorschußkonsortiums. Nach kurzer Zeit trat Ruhe ein, und die Volkswehr wurde aufgelöst.

Inflation –

..., die Krone fiel ins Bodenlose!

Nach dem Ersten Weltkrieg folgte die Inflation, die Krone fiel ins Bodenlose, reiche Leute wurden Bettler. In dieser furchtbaren Zeit konnten sich nur jene retten, die es verstanden, die Situation zu nützen und sich vor Verlusten zu schützen. In dieser Zeit gelang es mir und den Brüdern Josef und Max, unsere Substanz dadurch aufrechtzuerhalten, daß wir fortwährend Waren kauften und unsere Lager nicht kleiner werden ließen. Wir hatten mit unseren Kunden einen schweren Stand, der Warenmangel steigerte die Anforderungen unseres großen Kundenkreises. Um diesen einen Damm zu setzen, bekam jeder Abnehmer nur einen Bruchteil seiner Bestellungen. Wir mußten bremsen. Sonst wären wir vor leeren Magazinen gestanden.

Einst kam ein Bauer zu uns und verlangte Sensen, Sicheln und Ackergeräte, von denen wir ihm, weil er langjähriger Kunde war, von jedem Artikel einige Stücke abgeben wollten. Um ihm zu zeigen, daß unser Vorrat nicht allzu groß sei und wir auch die anderen Abnehmer berücksichtigen müßten, führte ich ihn ins Magazin, und zu meinem Erstaunen sagte er: „Ich habe von diesen Sachen nicht viel weniger als Sie!" Ich war neugierig zu erfahren, wie das möglich sei, und er erzählte, daß er seit längerer Zeit von Ort zu Ort, von Geschäft zu Geschäft fahre und zusammenkaufe, was an Waren aufzutreiben war. Es kam vor, daß alte Geschäftsleute sich bewegen ließen, ihre Vorräte abzugeben, weil sie glaubten, die Waren hätten schon einen so hohen Preis erreicht, daß ein Sturz erfolgen müsse, wodurch sie große Verluste erleiden würden.

Aber auch die Regierung veranlaßte durch die Anordnung von Strafen wegen Preistreiberei, daß ängstliche

Wiederverkäufer ihre Waren zu Preisen abgaben, die aus Anschaffungen aus früheren Zeiten stammten; diese waren natürlich außergewöhnlich billig. Und das nützte der Bauer weidlich aus. Andere Kunden erschwerten uns das Geschäft, indem sie uns vorhielten, unsere Konkurrenten verkaufen viel billiger als wir.

Über diese Vorkommnisse dachte ich nach, und sie ließen einen Plan reifen, den ich bald nach dem Besuch in Szene setzte. Ich führte ihn aus nach der Maxime: „Getrennt marschieren, vereint schlagen!" Daß meine Gedanken richtig waren, beweist folgendes: Ich besuchte den Hollabrunner Eisenhändler Gerstl, dem ich den Vorfall mit dem Mann erzählte, und machte ihn aufmerksam, daß wir uns vor Verlusten schützen könnten, wenn wir Eisenhändler einig wären und die Waren zu gleichen Preisen verkaufen würden. Ich zeigte ihm eine Tabelle, in der ich eine Anzahl der gängigsten Waren mit Preisen fixierte, die für drei Kategorien bestimmt waren: für Wiederverkäufer, Handwerker und Detailkunden. Ich schlug vor, daß wir den Verband der österreichischen Eisenhändler in Wien ersuchen sollten, eine Versammlung einzuberufen, in der unser Plan vorgelegt werden soll, und wir hätten uns schriftlich zu verpflichten, die Vereinbarungen einzuhalten.

Gerstl war damit einverstanden, ich ging dann zum zweiten Eisenhändler in Hollabrunn, Wallisch, den ich von der Besprechung mit Gerstl unterrichtete. Dann fuhr ich nach Wien, erwirkte vom Verband, daß die Sitzung stattfand, zu der sich auch zahlreiche Händler aus Wien und anderen Provinzstädten Niederösterreichs einfanden. Gerstl und ich standen dann in ununterbrochener telefonischer Verbindung, wir teilten uns gegenseitig die einsetzenden Preissteigerungen mit, verständigten unsere Partner, und die Warenpreise wurden einvernehmlich den eintretenden Steigerungen angepaßt, und wir profitierten alle an dem Zusammenschluß. Die Aktion endete automatisch, als nach der Stabilisierung der Krone wieder normale Verhältnisse eintraten.

Zu der Versammlung bei dem Wiener Eisenhändlerverband hatte ich auch unseren Konkurrenten Zeilinger aus der Kremser Straße in Retz eingeladen. Er fühlte sich als Nichtfachmann und schickte seinen Geschäftsführer, Vinzenz Roth, welcher früher bei Wallisch in Hollabrunn gearbeitet hatte und mir an Kenntnis der Eisenbranche ebenbürtig war. Er schloß sich im Namen seines Chefs uns an. In der Folge entspann sich ein merkwürdiges Verhältnis zwischen uns Konkurrenten. Zeilinger fragte bei uns an, ob wir ihm Eisenwaren liefern würden, wir sagten zu, und er ließ in den Abendstunden (damit das nicht auffällig war) Waren abholen. Dies geschah im Laufe der Zeit in solchen Mengen, daß uns seine schleppende Zahlungsweise nicht paßte und wir weniger lieferten, als er wünschte. Dann setzten wieder normale Zeiten ein, womit die sonderbare Verbindung zwischen Konkurrenten ein Ende nahm. Roth übersiedelte dann nach Hollabrunn, wo er ein Textilgeschäft gründete. Vor einiger Zeit besuchte ich ihn dort, und wir unterhielten uns und erinnerten uns an die vergangenen Zeiten.

In der Inflation nach dem Ersten Weltkrieg hatten meine Frau und die Schwägerin Therese erfahren, daß ein Buchhalter von Carl Mößmer entlassen wurde und daß es ihm, der für Frau und Kinder zu sorgen hatte, schlechtgehen soll. Die mitleidigen Frauen beredeten uns, den Mann für unsere Schreibstube zu akzeptieren, obwohl wir gewisse Bedenken gegen ihn hatten. Sein früherer Chef gab mir auf meine Frage, ob er mit dem Buchhalter zufrieden war, eine ausweichende Antwort. Der Mann versah seinen Dienst, bekam aber nicht die ihm zugedachte verantwortungsvollere Arbeit.

Eines Tages wurde uns erzählt, daß der Buchhalter im Saale der Schießstätte auf der Versammlung der Anhänger des Fürsten Starhemberg eine antisemitische Rede gehalten hatte. Schon vorher marschierte er mit seinen Gesinnungsgenossen in Uniform und Waffen mit dem Hahnenschwanzhut über den Hauptplatz und nahm an den Übungen teil. Nach Büroschluß warf ich ihm vor, was ich gehört hatte, er leugnete zuerst ab, gab aber dann an, nicht uns gemeint zu haben, sondern unsere Glaubensgenossen aus dem Osten. Er wollte wissen, wer mir über seine Rede berichtet hatte. Ich schrie ihn an: „Das werde ich Ihnen nicht auf die Nase binden. Es ist eine Felonie von Ihnen, in das Nest zu sch..., in dem man warm sitzt!" Dann verlangte ich von ihm, er soll seine Stelle bei uns kündigen. Das tat er wohlweislich nicht, weil ihm dadurch Verluste entstanden wären. Wir kündigten ihn, er verließ seine Stelle und machte dann seine Rechte geltend, und wir zahlten die Summe, die er durch seinen Rechtsanwalt gefordert hatte.

Nach Kriegsende benützte er das erworbene Geld und die Kenntnisse, die er sich bei uns angeeignet hatte, und erwarb günstig ein Geschäft in einem benachbarten kleinen Ort. Auf den Rassenhaß verzichtete er und deckte seinen Bedarf an Waren bei uns und nützte den ihm von uns eingeräumten Kredit. Und wie es im Märchen heißt: „Wenn er nicht gestorben ist, so lebt er noch heute."

Turngenossen –

*... ich fühlte mich
wie unter meinesgleichen*

Herr Anton Wenzel stammte aus Böhmen und kam einige Monate nach der 1874 erfolgten Überschwemmung zur Firma Vinzenz Liebl & Sohn nach Retz, empfohlen von der Firma Regenhardt & Raymann, deren Gesellschafter Moritz Raymann der Schwager von Johann Liebl war. Wenzel war ein gebildeter und liebenswürdiger Mann. Wie nett er zu mir war, will ich jetzt erzählen.

Meine gute Muter plante, ich soll dem Turnverein beitreten, damit ich Lebensart bekomme im Verkehr mit gebildeten Leuten, und sprach davon mit meinem früheren Lehrer Franz Müllner, welcher sich an Wenzel wandte. Die Statuten des Vereines setzten das Alter zum Eintritt mit achtzehn Jahren fest, dazu fehlten mir damals zwei Jahre, aber Wenzel machte mir zu Liebe eine Ausnahme. Herrn Müllner holte ich im Herbst 1884 in seiner Wohnung im Hause Nr. 63 ab (der Zufall wollte, daß ich fünfzehn Jahre später das Haus Nr. 64 von Poisl kaufte und sein Nachbar wurde), und er führte mich im Verein ein. Die erste Zeit war mir das Beisammensein mit früheren Lehrern und viel älteren Personen etwas genant, aber die Freundlichkeit der Herren zu mir überwand bald meine Schüchternheit, und ich fühlte mich wie unter meinesgleichen.

Wenzel war ein guter Erzähler, berichtete gerne von seinen Urlaubsreisen, die er alljährlich unternahm; eigentümlich war seine Art zu sprechen – ich möchte sagen, wie abgehackt. Nach dem Turnen, das im Turnsaal der Bürgerschule stattfand, gingen wir, um uns von den Anstrengungen zu erholen, zum benachbarten Hirschenwirt. Einst traf es sich, daß der Bürgerschuldirektor Holub mein Sitznachbar war, und ich sagte zu ihm: „Herr Direktor, auf Sie bin ich böse!" Erstaunt fragte er: „Ja, warum denn?" Da erzählte ich ihm folgende Geschichte.

Ich war in der sechsten oder siebenten Klasse, wir wurden im Turnsaal unterrichtet, wo ein sehr großer Globus in der Ecke stand. In der freien Viertelstunde trieben wir Allotria und liefen einander nach. Mein Mitschüler Berger, ein Sohn des Hegers des Grafen Gatterburg, neckte mich, was ich mir nicht gefallen ließ. Er rannte und stieß im Laufen den Globus um, der in Stücke brach. Im Konferenzzimmer, wo ich vor dem Direktor stand und ein hochnotpeinliches Verhör über mich ergehen lassen mußte, schilderte ich den Hergang der Tragödie, und Holub fällte das Urteil, mein Vater habe die Reparatur des Globus zu tragen. Mein Vater zahlte, und ich wurde mit einer Tracht Prügel belohnt – damals war Vater noch handfest und bezähmte nicht seine Wut. (Ich als Ältester bekam die meisten Hiebe, die jüngeren Geschwister – nur die Buben – schon weniger, und der Jüngste wurde gar nicht mehr angetastet.) Dann fügte ich hinzu: „Herr Direktor, Sie haben mir damals Unrecht getan, mein Vater mußte blechen, weil Bergers Vater ein armer Mann war, dem das Geld fehlte, um den Schaden zu tragen." Holub schmunzelte und sprach nicht mehr über diese Affäre.

Wenn ich in späteren Jahren Urlaubsreisen machte, lieh ich mir von Wenzel Baedeker aus, die er mir bereitwilligst zur Verfügung stellte und von denen er viele Bände besaß. Als Bruder Max, ebenso wie Bruder Josef Mitglieder des Turnvereines wurden, erbat ich mir für Max einen Band über Berlin. Dort angekommen wählte er sich aus dem Buch ein Hotel, nannte dieses dem Droschkenkutscher und der Piefke fuhr Straßen auf und ab, ohne ans Ziel zu gelangen. Max stellte den Mann zur Rede, der erklärte, daß er das bezeichnete Hotel nicht finden könne. Schuld trug der veraltete Baedeker – das Hotel existierte nicht mehr. Max war um einige Mark ärmer, aber um eine Erfahrung reicher. Später kaufte er nur neue Handbücher.

Mag. Camillo Mrazek, einst Apotheker in Retz, war unser Turngenosse. Er war lustig und erzählte oft derbe Witze, die für Damenohren nicht paßten; später änderte sich das, er wurde griesgrämig und unzugänglich. Bald nach seiner Verheiratung (seine Frau war eine große, fesche und sehr freundliche Dame) spazierten Ignaz Kurz und ich spätnachts nach einem Turnabend über den Hauptplatz an der Apotheke vorbei und bemerkten, wie sich das Ehepaar liebkoste – hüllenlos, wie Adam und Eva im Paradies –, sie hatten vergessen, die Vorhänge des Gassenfensters zuzuziehen.

In späteren Jahren wurde er schrullenhaft und behandelte seine Kunden unhöflich. Einst ließ ich durch eine Tochter eine Medizin anfertigen, und weil sie zuwenig Geld mit hatte und einige Groschen fehlten, schickte er sie nach Hause, mit der Weisung, vorher die ganze Zahlung zu leisten, erst dann bekommt sie das Gewünschte. Ein Spaßvogel schickte meine kleine Tochter am 1. April mit dem Auftrag in die Apotheke, sie soll für fünfzig Groschen „Oxdradium" bringen. Das Kind kam weinend nach Hause – Mrazek hatte sie mit barschen Worten hinausgewiesen, statt auf den Scherz einzugehen. Er war kein Kinderfreund.

Eines schönen Abends waren Wenzel, der Steuerbeamte Rudolf Pillinger und ich die einzigen, die nach dem Turnen beim Hirschenwirt beisammensaßen und dann zur Bahn gingen, um das Ehepaar Straka zu begrüßen, das von der Hochzeitsreise zurückkam. Straka war, so wie Wenzel, Beamter der Firma Liebl, die junge Frau Straka war die Tochter des Unterretzbacher Lehrers Hermansdorfer. Mit dem Sohn, Dr. Karl Strake, bin ich in der Kochgasse bei den Retzern beisammen gewesen, seine politische Einstellung war mir sehr sympathisch.

Meine Erlebnisse mit dem einstigen Turngenossen und späteren Bürgermeister Carl Mößmer will ich noch ergänzen. Er wurde als junger Mann nach Mistelbach geschickt, wo er einige Zeit in einem großen Handlungshaus volontierte und dann ins väterliche Unternehmen zurückberufen wurde. Seine ungewöhnliche Tüchtigkeit und beispiellose Tätigkeit vergrößerten das Geschäft, und er überflügelte die alte Firma Vinzenz Liebl & Sohn. Die Weinhandlung war unter Vaters Namen „Anton Mößmer" protokolliert, und dieser Name blieb. Ich will hier festhalten, wie energisch er war und daß er sich von einer vorgefaßten Meinung nicht abbringen ließ. Immer bestand er darauf, daß geschehen müsse, was er wollte. Auch wenn es andere schädigte, er kannte keine Rücksicht.

Bei Regulierung des Stadtwalles anläßlich des Baues des Elektrizitätswerkes wurde es notwendig, daß ein Teil des alten Stadtgrabens zugeschüttet und durch die Gärten, welche die Promenade umsäumten, entsprechend vergrößert wurde. Die alten Holzgitter wurden entfernt und von der Stadtgemeinde einheitliche Drahtgitter zur Aufstellung geplant. Da wir mit der Firma Hutter & Schrantz in enger Geschäftsverbindung waren, wurde mein Vorschlag, in welcher Ausführung die Gitter anzufertigen wären, von den maßgebenden Personen angenommen.

Nach der Aufstellung der Gitter kam unter Führung des Bürgermeisters Mößmer die Baukommission zu mir, und ich war nicht wenig erschrocken, als mir Mößmer erklärte, alle Gitter müssen aus den Pfeilern gerissen und neuerlich eingemauert werden, weil die vorgeschriebene Baulinie um achtzig Millimeter zu weit hinausgerückt und dadurch städtisches Eigentum benützt wurde. Alle meine Einwendungen, daß der Maurermeister, der die Fertigstellung durchführte, nach seinem Plane vorgegangen sei und von mir nicht beeinflußt wurde, nützten mir nichts. Der Pfeiler neben dem Schloß Gatterburg mußte entfernt und wieder neu aufgebaut werden. Mößmer verlangte, das letzte Feld des Gitters sollte um achtzig Millimeter verkürzt werden. Ich weigerte mich, das durchzuführen, und veranlaßte, daß das Gitterfeld um achtzig Millimeter in den Pfeiler eingestemmt wurde. Wenn ich meine Heimatstadt besuche und an dem Garten, welchen jetzt Herr Friedl besitzt, vorübergehe, denke ich an die Unbeugsamkeit Mößmers.

In dieser Zeit war ich vom Militärdienst enthoben, meine Brüder waren eingerückt, es lag die Last, das Geschäft und die Werkstätte zu leiten, auf mir. Mößmer hatte Riegel für Türen bestellt und kam, um sie abzuholen. In heftigen Worten beanstandete er die Arbeit, aber in der gleichen Art sagte ich ihm: „Herr Rat, Sie haben großes Verständnis in vielen Dingen, aber daß die Riegel in Ordnung sind, weiß ich besser!" Schließlich überzeugte ich ihn davon. Er hatte die unangenehme Gewohnheit, die Preise zu drücken, indem er die Ware schändete – diesmal gelang es ihm nicht!

1923 hatte ich erfahren, daß der Turnbund die Turner in Pulkau bei einem Treffen besucht hatte, zu dem ich und meine Freunde mosaischen Glaubens nicht eingeladen wurden. Ich ersuchte Herrn Wenzel um eine Besprechung in seiner Wohnung, und dort erklärte ich unseren Austritt aus dem Verein. Herr Wenzel sagte, daß er die Einladung unterließ, um uns vor Insulten zu schützen, weil er die antisemitische Einstellung der Pulkauer kannte. Ich bestand aber auf meinen Entschluß, was Wenzel sehr bedauerte.

Der Ariseur –

*... setzte es durch,
daß wir die Häuser verlassen mußten!*

Nach dem 13. März 1938 wurden Josef und Max durch brutale Gewaltanwendung von einem Ariseur, der unser Geschäft aus früheren Jahren gut kannte, buchstäblich aus den Geschäftshäusern und Privatwohnungen vertrieben. In Wien fanden Josef im ersten und Max im neunten Bezirk Wohnungen.

Burder Josef war nach der Vertreibung aus Retz bemüht, sich aus der Hölle zu retten. Er schöpfte alle Möglichkeiten aus, die sich boten, um die ungastliche Heimat zu verlassen, aber alle Anstrengungen waren vergebens. Der Ariseur setzte es mit Gewalt durch, daß Josef und Max die Geschäftshäuser und Wohnhäuser Nr. 42, 43 und 84 am Hauptplatz und Nr. 124 in der Klostergasse verlassen mußten. Josef versuchte vier Jahre lang zu emigrieren, alle Projekte scheiterten.

Dann kam das Jahr 1945, die Alliierten kamen immer näher. Der Ariseur sah, wie viele seiner Spießgesellen, den Zusammenbruch voraus, verlagerte ungeheure Mengen Eisenwaren nach dem Westen, um sie vor dem Zugriff anderer zu retten. Als die Alliierten in Retz einmarschierten, wurde Poppinger zum Bürgermeister ernannt, welcher den Ariseur hinter Schloß und Riegel setzen ließ. Diesem gelang es, durch seine Mundfertigkeit, bald frei zu kommen, und er flüchtete nach Wien. Hier hatte er nach 1938 eine Eisenhandlung errichtet und Frau und Tochter zur Führung des Unternehmens eingesetzt. Seinem Raffinement gelang es, das Geschäft auch nach 1945 aufrechtzuhalten.

Dem Ariseur wurde für seine Untaten der Prozeß gemacht, und in der Gerichtsverhandlung sagte Rechnungsrat Siegfried Kämpf als Zeuge aus, daß der Tod seines Schwagers Max König, seiner Schwester Steffi König und deren zwei Kinder durch den Ariseur verschuldet wurde. Das Urteil lautete auf zweieinhalb Jahre schweren Kerkers, von denen er nur einen Teil im Zuchthaus verbüßte.

Nach meiner Rückkehr aus Argentinien strengte der Ariseur einen Prozeß gegen Josef an, um die Zahlung von Waren zu erzwingen, die angeblich Eigentum des Wiener Geschäftshauses der Ariseursfrau bildeten. Josef ersuchte mich, an der Gerichtsverhandlung, die in Wien stattfand, teilzunehmen. Ich wurde als Zeuge einvernommen und fragte bei dieser Gelegenheit meinen Neffen, Ing. Karl König, wo der Ariseur sei. Er antwortete: „Er sitzt ja dir gegenüber!" Ich hatte den Mann Jahrzehnte vorher als Angestellten eines großen Eisenwerkes kennengelernt und war erstaunt über das veränderte Aussehen des Verbrechers, so verwüstet war sein Gesicht. Nebenbei bemerkt, hat Bruder Josef mit dem Ariseur einen Ausgleich abgeschlossen, der für Josef ungünstig ausfiel, sein Anwalt hatte ihn nicht gut beraten.

10. November 1938 –

Drei Leute verfügten meine Verhaftung ...

Im Sommer 1938 wurden wir durch den Besuch dreier Beamter der Geheimen Staatspolizei unangenehm überrascht, die in Begleitung eines Delegierten der Jüdischen Kultusgemeinde in Wien in unserem Hause in der Böcklinstraße 53 im zweiten Bezirk erschienen, um die Wohnungen für sich in Anspruch zu nehmen. Allen jüdischen Mietern wurde kurzfristig gekündigt.

Zu dieser Zeit kamen Briefe unserer Kinder aus Buenos Aires, welche das Eintreffen der Einwanderungserlaubnis in kurzer Zeit erhoffen ließen. Um den unangenehmen Wohnungswechsel zu vermeiden, nahmen wir die Dienste eines Reichsdeutschen in Anspruch, der zu Berliner Regierungskreisen Beziehungen hatte. Es gelang ihm, von der Gauleitung einen Brief zu erhalten, demzufolge dem Juden Theodor König mit Frau erlaubt wurde „bis auf weiteres" in der Wohnung zu bleiben. Durch die Verwendung des Ing. Karthaus war ich der einzige Jude, der im Hause Nr. 53 in der Böcklinstraße in der Leopoldstadt wohnen durfte, allerdings nur „bis auf weiteres", und der genannte Tag brachte meine Verhaftung und den Verlust der Wohnung. Später ergab sich, wieso es zu diesen Maßnahmen kam.

Ein Stockwerk unter uns war eine Persönlichkeit eingezogen, die sich einen gefürchteten und viel verlästerten Namen schuf, wie in grauen Vorzeiten Tamerlan und Tschingis-Khan. Er übertraf sie aber noch an Grausamkeit und Brutalität – er hieß Eichmann, war in Palästina geboren und soll die hebräische Sprache und die Gebräuche unserer Religion gekannt haben wie ein religiöser Jude. Er stellte sich den Machthabern des Dritten Reiches zur Verfügung, leitete die Verhaftungen, Deportationen und Vernichtungen bis zum Zusammenbruch, und viele

Millionen Glaubensgenossen fielen ihm zum Opfer, in allen Ländern, welche die NSDAP 1938 bis 1945 erobert und besetzt hatte.

Und diesem Manne wurde eine Wohnung im Stockwerk unter uns eingeräumt. Ich begegnete ihm oft, ohne zu ahnen, welche verbrecherische Rolle er später spielen wird. Ich weiß nicht, wurde er von der irdischen Gerechtigkeit ereilt oder konnte er sich, wie viele seinesgleichen, retten?

Am 10. November 1938 früh erschreckte uns ungestümes Pochen an der Tür. Drei Leute, einer in SS-Uniform, zwei in Zivil, kündigten Hausdurchsuchung an und verfügten meine Verhaftung. Ich wurde gezwungen, meine Barmittel, Sparkassenbücher und Dokumente abzugeben, die Möbel wurden durchsucht nach verbotenen Bücher, der Wäschekasten wurde durchwühlt, der Inhalt auf den Boden geworfen. Als meine Frau jammerte wegen meiner Verhaftung, wurde ihr gesagt, daß ich vielleicht schon nachmittags nach Hause käme. Vorsorglich steckte ich ein Butterbrot zu mir – das in den kommenden vierundzwanzig Stunden meine einzige Nahrung bilden sollte.

Vor dem Haustor wartete ein Auto, und da meine Eskorte offenbar unseren Bezirk nicht kannte, wurde ich aufgefordert, den Weg zur nächsten Wachstube zu zeigen. Dort dürfte man meine Internierung abgelehnt haben, denn ich mußte die Führung zum Polizeikommissariat Ausstellungsstraße übernehmen. Nach erfolgter Protokollierung und Registrierung wurde ich in den Arrest gebracht, der sich unter dem Straßenniveau in betonierten Räumen befand. Je mehr der Tag vorrückte, umso zahlreicher wurden die Häftlinge, anfangs kamen nur Männer, später auch Frauen und Mädchen. Um den Grund ihrer Verhaftung befragt, erzählte eine arische Frau, sie habe ihren jüdischen Mann, als er verhaftet wurde, bis zum Gefängnis begleitet und ihm, ehe sie sich verabschiedete, zugerufen: „Oskar, heute dir, morgen mir!" Eine Jüdin, deren Mann bereits verhaftet war, gab ihrem Unmut Ausdruck, daß auch ihr Sohn, ein Universitätshörer, verschleppt wurde, und nach heftigem Protest brachte man sie zu uns. Ein junges Mädchen beobachtete von einem Straßenbahnwagen die Mißhandlungen von Juden, die man rücksichtslos, ob alt oder jung, von dem Wagen, der sie zum Gefängnis brachte, herunterwarf. Sie äußerte sich über diese Brutalitäten abfällig, Nebenstehende zeigten sie den Wachleuten an, und sie wurde zu uns eingesperrt.

In den Nachmittagsstunden wurde von Neuankömmlingen erzählt, daß der Gauleiter von Wien, Bürckel, verfügt habe, alle über sechzig Jahre alten Häftlinge wären freizulassen, und ich hoffte, bald wieder meine Familie zu sehen. Nach Einbruch der Dämmerung hörten wir durch die Mauern furchtbare Schreie, Kommandorufe, Poltern und Rufe durch die angrenzenden Mauern, und wir konnten uns erst erklären, was vorgefallen war, als Tragbahren mit verletzten Menschen zu uns gebracht wurden, welche ein junger Mann begleitete und ihnen Erste Hilfe leistete. Beim Abtransport der Bedauernswerten ersuchte ich den Samariter, unter Berufung auf die Weisung von Bürckel und die Tatsache, daß ich einundsiebzig Jahre alt sei, bei dem an der Tür postierten Beamten meine Freilassung zu befürworten. Dieser wies aber meine Bitte ab, mit der Begründung, ich gehöre nicht zur „Judenaktion", sondern sei „Schutzhäftling". Noch ein zweites- und drittesmal wiederholte sich das eben Geschilderte – immer mit demselben Mißerfolg.

Verschiedene Anzeichen ließen darauf schließen, daß unsere weiblichen Leidensgefährtinnen bald in Freiheit gesetzt werden dürften. Auch hatte ich zufällig erfahren, daß meine Überstellung an die Polizeidirektion Roßauer Lände erfolgen werde, und ich ersuchte, nach der Haftentlassung meine Angehörigen zu verständigen, wo ich mich befinde. Ein Mann unserer Gesellschaft war Christ, er erzählte, er sei Artist, soeben von einer Tour durch Ägypten zurückgekommen, durch die Tempelstraße gegangen und habe den Brand der Synagoge gesehen, den er mit seiner Kamera festhalten wollte, worauf er arretiert wurde. Einem Mädchen, das vor der Entlassung stand, gab ich ein Fünfmarkstück, weil sie kein Geld hatte, mit der Bitte, einen Zettel abzugeben, mit dem ich meine Leute verständigte, daß ich zur Roßauer Lände kommen werde, wobei ich ersuchte, man möge sie belohnen. Das lehnte sie dort ab und gab sogar das Geld zurück.

Am nächsten Tag, am 11. November, wurden wir zur Überstellung in die Roßauer Lände auf die Straße geführt. Im Begriff, das große Überfallauto zu besteigen, hörte ich „Papa" rufen, drehte mich um und bemerkte die Tochter Edith, die mir schnell ein Paket übergab und mir einen Namen zuflüsterte; was das bedeutete, war mir sofort klar. Ich wußte nun, daß für meine Freilassung gearbeitet werde. Später wurde mir erzählt, daß eine der Frauen, die ich gebeten hatte, von mir zu berichten, in der Böcklinstraße war und dort aufforderte, mir Lebensmittel zu bringen. Meine Tochter nahm sich sofort ein Auto und erwischte mich im richtigen Moment. Von den zahlreichen Leuten, welche schadenfroh zuschauten, wie wir alle abtransportiert wurden, mußte Edith ordinäre Schimpfreden über sich ergehen lassen.

Die Aufnahmsformalitäten in der Roßauer Lände dauerten ungewöhnlich lange. Man nahm Fingerabdrücke und fotografierte uns. Diese Prozeduren wurden zum erstenmal an mir vorgenommen; in der Folge sollte sich dies noch oft wiederholen. Mir kam der Gedanke, jetzt komme ich in das Verbrecheralbum! Außer unseren Personaldaten mußten wir die Geburts- und Sterbedaten der Eltern, Groß- und Schwiegereltern angeben. Eigenartig berührte es mich, als ich Mutters Namen Flora bekanntgab und der Beamte sagte: „Ein schöner Name!" Drei Jahre später ergab sich, in welch teuflischer Absicht diese Angaben verlangt wurden.

Das erste Mittagessen nach langem Fasten war der Inhalt von Ediths Paket, den ich redlich mit meinen Zellengenossen teilte. Dann gab es kalte Wassersuppe, die ins Klosett geschüttet wurde. Das kleine Stück Fleisch mußten wir mit den Händen zerreißen, weil wir weder Gabel noch Messer oder Löffel bekamen. Einer der Männer, welcher wegen seiner Vergangenheit kein Neuling im Arrest war, lieh mir einen Löffel, den er im Stiefel versteckt hatte. Den Stiel schärfte er durch intensives Wetzen am Steinboden. Ich war dem Mann dafür dankbar, denn ich hätte das Fleisch wegen meines schlechten Gebisses nicht essen können. Der kostbare Löffel ging im Laufe der Zeit von Hand zu Hand und wurde mit Argusaugen vor der Wache behütet. Jeder Neuankömmling mußte den früher Inhaftierten erzählen, was sich außerhalb der Kerkermauern, den „schwedischen Gardinen", ereignet hatte.

Der Redakteur einer Wiener sozialdemokratischen Sportzeitung wurde am 13. März 1938 nach Dachau verschleppt, später nach Wien überstellt, um als Zeuge in einem Strafprozeß auszusagen. In der Roßauer Lände wurden ihm Schreibrequisiten ausgefolgt, um die ankommenden Häftlinge ebenso wie die abgehenden zu registrieren; auch über die verabreichten Lebensmittel mußte er Buch führen und die Hausordnung den Arrestanten bekanntgeben. Er verkaufte uns Briefpapier, Kuverts und Briefmarken und sagte, daß wir nur dreimal in der Woche Poststücke abgeben dürfen. Aber ich hielt mich nicht an diese Vorschrift und schrieb jeden zweiten Tag – der gute Mann ließ mich gewähren und machte mir keine Schwierigkeiten. Bald nachher wurde der Redakteur zur Rückreise nach Dachau abgeholt. Ich wußte, daß er völlig mittellos war, veranstaltete eine Kollekte und übergab ihm eine Geldsumme und Wäsche, die ich und meine „Kollegen" entbehren konnten. Zum Abschied begleitete ich ihn zur Tür und sah, daß unser Freund sich mit Tränen in den Augen vom Wachinspektor, der ihn abholte, für die gute Behandlung bedankte – auch der Inspektor hatte feuchte Augen.

Einer der Häftlinge war Dr. Brinngs, der zweite Assistenzarzt des Dr. Halban, des Gatten der Hofopernsängerin Selma Kurz. Er wurde, wie alle Frauenärzte, wegen

Verdachtes des § 144 (Abtreibung) verhaftet. Im Laufe der Nacht mußten wir mehrmals unsere Zelle verlassen und in andere übersiedeln. Niemand hatte Schlafbedürfnis, wir sprachen leise miteinander. Da kam eine Gruppe von fünf Leuten in Uniform, eine Hünengestalt mit dem Blutorden (dem höchsten Orden der NSDAP), dem man die Brutalität vom Gesicht ablesen konnte. Er rief einen jungen Mann aus unserer Mitte und schickte ihn hinaus. Nach seiner Rückkehr konnten wir sehen, wie furchtbar der Bedauernswerte mißhandelt worden war. Wir mußten uns mit erhobenen Armen mit dem Gesicht zur Wand stellen, und es wurde befohlen, uns nicht eher vom Platz zu rühren, bevor die Erlaubnis erteilt werde. Stunde um Stunde verrann, es kam niemand, und wir setzten uns wieder zusammen.

Ich war der Älteste in der Zelle, und meine mitfühlenden Kollegen wiesen mir einen Platz an, der weit entfernt von der Tür und für mich von Vorteil war, weil ich auch an Nachmittagen die Matratze zum Ausruhen benützen konnte, was streng verboten war. Wenn der Aufseher zur Kontrolle die Tür öffnete, wurde ich von den Genossen durch Zuruf verständigt, sprang vom Ruhelager auf, und der Inspizierende merkte nichts. Den Frühstückskaffee (schwarzgefärbtes Wasser) tauften wir „Negerschweiß" und schütteten ihn weg. Um über die Ereignisse informiert zu sein, abonnierten wir mehrere Tageszeitungen, auch den „Völkischen Beobachter", das führende Blatt der Nazi. Damit wollten wir den Kontrollorganen eine Konzession machen. Dr. Brinngs las vor, und alle Anwesenden scharten sich um ihn. Wenn der „Völkische Beobachter" Unglaubwürdiges meldete, fügte der Vorleser hinzu: „Schmonzes!" Aus gemeinsamen Mitteln wurde ein Schachbrett mit Figuren gekauft und eifrig gespielt. Brinngs war überaus nett zu mir. Der Mangel an Bewegung hatte zur Folge, daß ich an Verdauungsstörungen litt, und sein ärztlicher Rat half mir darüber hinweg. Wenn er aus seinem Studentenleben, von den Reisen in fremde Länder, den Bergbesteigungen mit seiner Frau und den Festen der Sängerin Selma Kurz, denen er beigewohnt hatte, erzählte, dann war es mäuschenstill im Raume. Eine große Wohltat war für uns das allwöchentliche „Tröpferlbad", zu dem uns Handtuch und Seife beigestellt wurden. Diese Prozedur mußte im Eiltempo vorgenommen werden, damit alle daran teilnehmen konnten – und es waren viele Hunderte von Inhaftierten.

Jeden zweiten Tag wurden wir in den Gefängnishof geführt und ein Rundgang in dem großen Raum veranstaltet. Ich sagte zu meinem Nachbar, Dr. Brinngs: „Jetzt sollten wir auch singen wie die Gefangenen in der Oper „Fidelio"! Mit dem Doktor stand ich an einem stürmischen Tag am Fenster der Zelle und deklamierte wehmütig: „Eilende Wolken, Segler der Lüfte, wer mit euch wandert, wer mit euch schiffte!"

Von der Erlaubnis, mich mit der Außenwelt schriftlich zu verständigen, hatte ich reichlich Gebrauch gemacht. Es vergingen fast zwei Wochen, ehe die erste Nachricht von draußen zu mir kam, aber sie war überraschend und beglückend! Der menschenfreundliche Inspektor überbrachte mir ein Wäschepaket mit den Worten: „Ihre Frau läßt sie grüßen!" Nach der Haftentlassung wurde mir erzählt, daß der Inspektor meine Tochter Edith fragte, ob er dem Übernehmer des Paketes einen Gruß bestellen solle. Seinen Namen habe ich mir gut gemerkt, er hieß Sacher.

Die Tage der Haft wollten kein Ende nehmen, und ich hatte schon ein Gesuch vorbereitet, mit der Bitte um Entlassung, da wurden wir wieder zum Spaziergang in den Gefängnishof kommandiert. In Zweierreihen marschierten wir die Mauerwände entlang, und ich fragte meinen Begleiter: „Wie finden Sie mein Aussehen, würden meine Angehörigen erschrecken, wenn ich jetzt unvermutet nach Hause käme?" Die Antwort war: „Etwas Gefängnisluft sieht man Ihnen schon an!" Im eifrigen Gespräch begriffen, achteten wir nicht darauf, daß unsere Kollegen schon längst den Rückweg angetreten hatten, da hörte ich meinen Namen rufen, und eine Ahnung ließ mich die bevorstehende Entlassung erhoffen. In größter Eile passierte ich die lange Reihe meiner Schicksalsgenossen und erfuhr dann, daß die Stunde meiner Befreiung gekommen war.

Dr. Brinngs zeigte mir einen Brief seiner Gattin, in dem sie ihm aus Berlin schrieb und Andeutungen machte, daß sie dort für seine Freilassung mit Erfolg tätig war. Bei meiner Verabschiedung wurde ich ersucht, den Angehörigen meiner Zellengenossen Nachricht zu geben, was ich natürlich zusicherte. Am 10. November 1938 war ich verhaftet worden, und am 7. Dezember dieses Jahres wurden mir in der Aufnahmskanzlei die mir abgenommenen Sachen mit den restlichen Geldbeträgen ausgefolgt. In das Gebäude wurde ich durchs große Tor eingeliefert, bei der kleinen Tür entlassen, und bezeichnend ist das sonderbare Gefühl, welches ich verspürte, als ich die Straße betrat – ich fürchtete mich vor der Überquerung und der Kollision mit Straßenbahn und Auto –, Platzangst nennt man das, Ursache war die fünfwöchige Isolierung in der Haft.

Ein Taxi brachte mich – natürlich nicht schnell genug für meine Sehnsucht, die Lieben wieder zu sehen – in die Wohnung, und die Begrüßung zu schildern, erlasse ich mir. Ich rief sofort die Familie Brinngs an. Die Gattin suchte mich auf, sie sprach die Hoffnung aus, daß ihr Mann bald in Freiheit käme, und ich erzählte ihr von ihm. Sie erwähnte, daß die sofortige Auswanderung nach den Vereinigten Staaten von Nordamerika vorbereitet sei. Sie brachte mir als Aufmerksamkeit eine Flasche Liqueur, ich mußte ihr sagen, daß mir dies peinlich sei, da ich gewohnt bin, zu geben – und nicht zu nehmen. Am nächsten Tag besuchte mich seine Mutter, und ich erzählte, welch herzensguter Mensch ihr Sohn sei. Ich fügte Nothnagels Ausspruch hinzu: „Nur ein guter Mensch kann ein guter Arzt sein." Die liebe Dame dankte mir mit Tränen in den Augen. Bald nachher rief ich an und fragte, ob ich mit Dr. Brinngs zusammenkommen könnte. Er kam zum Telefon und entschuldigte sich, daß die sofortige Abreise ein Wiedersehen nicht ermögliche, und wir wünschten uns gegenseitig alles Gute. Hoffentlich geht es diesen entzückenden Menschen drüben gut.

Ich hatte mich erst einige Tage der Freiheit erfreut, da wurde ich mit der Nachricht erschreckt, daß in meiner Abwesenheit ein Wachmann erschienen sei, um mir eine Vorladung zur Gestapo einzuhändigen, die ich in der nächsten Wachstube übernehmen müsse. Dort traf ich unseren einstigen Lehrjungen der Schlosserei, Hans Breu, den jüngsten Bruder des Georg, welcher gleichfalls bei uns die Schlosserei erlernte. Hans stellte mich seinem Vorgesetzten vor und sagte: „Die schönste Zeit meines Lebens habe ich als Lehrling in der Werkstätte des Herrn König verlebt!" Hans erkundigte sich dann nach meiner Familie, ich erzählte, daß meine Kinder in Argentinien leben, eine Schwester nach Südafrika fährt und eine Nichte in China ein Asyl gefunden hat und auch wir alle Hebel in Bewegung setzen, damit wir nach Buenos Aires kommen können. Hansls Vorgesetzter hatte unserer Unterhaltung aufmerksam zugehört und bemerkte dann: „Es ist unglaublich, wie die Juden in der Welt zerstreut werden!"

Um über die Familie Breu noch zu erzählen, muß ich einige Jahre überspringen. Mit Freund Ottomar Groß begann ich einen Briefwechsel erst im Jahre 1945 von Buenos Aires aus und begründete mein Stillschweigen damit, daß ich ihm zwischen 1938 und 1945 keine Schwierigkeiten machen wollte. Vielleicht hätte man ihm die Korrespondenz mit einem Juden verübelt. In seiner Antwort billigte er mein Vorgehen. Er zeigte meinen Bericht über Hans Breu seinen Eltern, die sich darüber sehr freuten. Seinen Vater habe ich 1949 bei dem ersten Besuch in Retz nach meiner Rückkunft aus Argentinien nicht mehr angetroffen. Er wurde vorher vom Tode ereilt. Als ich damals Frau Breu begegnete, erzählte sie mir, daß Hans im Zweiten Weltkrieg schwer verwundet, wieder gesund geworden war und es ihm wie auch seinem Bruder Georg gutgehe.

Ich fühlte mich sehr unbehaglich, vor der Geheimen Staatspolizei zu erscheinen, ohne zu wissen, was man von mir wolle. Edith schlug mir vor, sich bei der genannten Stelle zu erkundigen, und ich willigte ein. Meine Tochter ging zum Morzinplatz. Dort wurde ihr gesagt, ich solle kommen, ich hätte nichts zu befürchten und müsse Auskunft geben über einen Darlehensvertrag, dessen Kopie bei den beschlagnahmten Papieren gefunden worden war. Nun konnte ich ohne Herzklopfen in das gefürchtete Hauptquartier der Gestapo am Morzinplatz gehen. Edith ging mit mir in das große Gebäude (welches im Zweiten Weltkrieg vollkommen zerstört wurde) mit der großen Zahl von Büros und führte mich zu dem Beamten, welcher anordnete, daß die Tochter während meiner Einvernahme im Vorzimmer warten solle. Der Beamte hielt mir vor, warum ich ein Darlehen gegeben hatte, ohne für entsprechende Sicherstellung zu sorgen (der Betrag war uneinbringlich und daher dem Zugriff der Gestapo entzogen).

Ich brachte meine Gründe vor, die aber nicht geglaubt wurden, mir wurde strengste Bestrafung angedroht, falls sich meine Angaben als unwahr erweisen sollten. Ich blieb aber bei meiner Verantwortung, und als der Beamte merkte, daß er seinen Zweck nicht erreichen werde, übergab er mir Formulare zur Unterschrift, in denen ich mich verpflichtete, Deutschland raschest zu verlassen und bis zur Ausreise die Landesgesetze nicht zu übertreten. Meine Bitte, ob ich mir eine Frage erlauben dürfe, wurde zustimmend beantwortet, und ich wies darauf hin, ich hätte zu bestätigen, daß mir der Grund meiner Verhaftung am 10. November 1938 bekannt sei – was aber nicht der Fall wäre, ich bitte daher, mir das zu sagen. Seine Antwort war: „Das wissen wir selbst nicht!"

Ehe die Stunde schlug, die meine Frau und mich aus der Hölle führen sollte, vergingen zweieinhalb lange und bange Jahre, in denen wir noch viel Kummer, Sorgen und Aufregungen erleben sollten, aber das unbeschreibliche Glück des Wiedersehens mit unseren Kindern nach der Landung in der Neuen Welt ließ uns alles vergessen.

Ausreisebemühungen –

*Ich verlor den Glauben an die Möglichkeit,
der Hölle in Österreich zu entrinnen*

In den Jahren 1938 bis 1941 war ich unablässig bemüht, uns die Einreise nach Buenos Aires zu beschaffen. Vom Schwiegersohn Fritz erhielt ich Tips, welche meine Absichten erleichtern sollten. Er riet mir, einen Nachweis zu erbringen, daß ich in einer Landwirtschaft tätig war. Es gelang mir, vom Bruder des Cousins Moritz Goldmann (jetzt in Caracas in Venezuela) eine Bestätigung zu bekommen, daß ich einige Jahre als technischer Fachmann im landwirtschaftlichen Betrieb des großen Landwirtes Jacques Weiner in Sadek in Mähren tätig war. Goldmann hatte aus früheren Zeiten noch Briefbögen mit dem Briefkopf des Grußgrundbesitzers vorrätig. Um diesen Beweis zu bekräftigen, ließ ich mir von einem befreundeten Graveur in der Adlergasse eine Kautschukstampiglie anfertigen, welche den Namen Weiners zeigte. Diese Nachweise genügten, Fritz reichte die Schriftstücke beim Landwirtschaftsministerium in Buenos Aires ein, und es wurde mir nach Wien gemeldet, mit welcher Nummer das Gesuch versehen wurde. Monate vergingen, ich sprach öfter bei der Wiener Gesandtschaft vor, leider bemerkte ich einmal, daß an den Tafeln, welche im Vorraum der Gesandtschaft für die Aufnahmesuchenden bereitgestellt wurden, meine Nummer ausgestrichen war. Das bedeutete die Abweisung meines Gesuches.

Ich suchte und fand einen anderen Weg. Ich hatte die Beobachtung gemacht, daß der Portier, wenn er Geld bekam, die Personen auf einer Nebenstiege zum Gesandten führte. Auf der Hauptstiege und auf der Straße staute sich die Menge der Wartenden. Auch merkte ich, daß der Gesandte, wenn er aus seinem Zimmer trat, sich junge Damen wählte, die zuerst ins Allerheiligste treten durften.

Ich veranlaßte meine jüngste Tochter, Edith, mit mir den geschilderten Weg zu machen, und nahm auch Bruder Max mit, der sich gleichfalls mit seiner Familie nach Argentinien retten wollte. Gelungen ist ihm das leider nicht.

Wir drei faßten uns an den Händen, lavierten, alle Chancen ausnützend, bis ins Amtszimmer, und als der Gesandte heraustrat, war meine Tochter die erste, die er sah, und er erlaubte uns einzutreten – und neuerlich erhielten wir die Nummer mit der Einreise-Erlaubnis. Aber die Gestapo warf alles über den Haufen.

Endlich ging die Zeit des Wartens auf die Ausreise zu Ende, und wir erhielten von der Israelitischen Kultusgemeinde die Weisung, uns zur Ausreise bereit zu halten, mit dem strengen Auftrag, nicht mehr als fünfzig Kilo Gepäck per Person mitzunehmen; so lautete der Befehl der NSDAP. Kurz vorher langte hier ein Brief von Herrn Max Weinstein aus Buenos Aires an den Bruder unseres Schwiegersohnes Kämpf ein, mit dem Rat, das doppelte Quantum an Gepäck mitzunehmen, als vorgeschrieben war. Weinstein schrieb, er habe es sehr bedauert, daß er die Vorschrift eingehalten hatte.

Wir kauften drei große Koffer, deren Inhalt – und was wir sonst noch mitnahmen – zeigt die folgende Abschrift. Es besuchte uns ein Herr aus der Partei, um zu prüfen, ob wir nicht verbotene Werte mitzunehmen versuchten. Wir breiteten die vielen Sachen auf mehreren Tischen so gut aus, daß er uns seine Anerkennung aussprach und sagte, eine derart gut vorbereitete Revision sei ihm noch nicht vorgekommen.

Hier die Abschrift der Liste, welche ich vorlegen mußte:

„Koffer Nr. 1, kleine Schrift: 2 Leintücher, 3 Deckenkappen, 6 Handtücher, 4 Polsterüberzüge, 6 Unterhosen, 4 Trikothosen, 2 Leiberl, 2 Tuchenten, 12 Taschentücher, 2 Hosenträger, 3 Nachthemden, 8 Taghemden, 3 Pullover, 1 Bettdecke, 6 Taschentücher, 12 Servietten, 4 Vorhänge, 1 Piqué-

decke, 8 Küchengeräte, 10 Nippfiguren, 1 Halstuch, diverse Medikamente, 1 Thermometer, 1 Abziehriemen, 1 Kopftuch, 4 Damenkittel, 1 Regenmantel, 6 Kleider, 1 Schoß, 1 Jacke.

<u>Großer Koffer Nr. 2</u>*, große Schrift: 4 Bilder, 4 Deckenkappen, 8 Handtücher, 9 Geschirrtücher, 30 Taschentücher, 3 Leintücher, 1 Regenhaut, 8 Milieu, 2 Polsterinlet, 1 Tischdecke, 1 Store, 2 Handarbeitsdecken, 5 Deckerl, 6 Paar Obstbestecke, 12 Mokkalöffel, 3 Wollwesten, 1 Katzerl, 1 Strikkerei, 4 kleine Deckerl, 1 Bild, 1 Katzerl, 3 Hauskittel, 1 Muff, 5 Vorhänge, 1 Tischthermometer, 1 Sardinendose, 1 Handtasche, 3 Schürzen, 1 Paket Modehefte, 2 Damenschirme.*

<u>Brauner Koffer Nr. 3</u>*: 10 Binden, 2 Deckenkappen, 3 Geschirrtücher, 2 Damennachthemden, 1 Weste, 2 Regenhäute, 1 Manikürekassette, 14 Deckerl, 6 Mascherl, 1 Paar Galoschen, 1 Küchengerät, 1 Nachthemd, 1 Wolljacke, 1 Busenhälter, 13 Deckerl, 2 Jacken, 3 Damennachthemden, 4 Blusen, 5 Kittel, 6 Damenkleider, 8 Polsterüberzüge, 1 Marderkatzerl, 10 Handtücher, 3 Taschentücher, 2 Pullover, 3 Handschuhe, 1 Gobelintasche, 1 Medikamententasche, 1 Paar Violinsaiten, 3 Paar Schuhe, 1 Muff mit 6 Zangerl, 2 Puderdosen, 1 Hemd, 1 Damenjacke, 1 Frottierhandtuch, 3 gestrickte Decken, 2 Rockkombinationen, 2 Pyjama-Jakken, 5 Damenkleider, 1 Janker.*

<u>1 Wäschesack, enthaltend:</u>* 2 Daunendecken, 1 Kaffeekrug, 1 Bademantel, 1 Weste, 1 Milchkanne, 2 Paar Schuhe, 1 Paar Galoschen.*

<u>1 Rucksack, enthaltend:</u>* 1 Markensammlung, 1 Plaid, 2 Pölster, Servietten.*

<u>1 Hutkoffer, enthaltend:</u>* 6 Strohhüte, 1 Damenfilzhut, 1 Herrenhut, 6 Krawatten, 3 Paar Handschuhe, 2 Strohhüte, 3 Tücherl, 1 Bügeleisen, 3 Haarnetze, Fußkreme, 2 Brillen, 1 Puderdose, 1 Stützel, 1 Pelzkappe, 2 Gürtel, 2 Gläser, 3 Shawl, 1 Hutbürste, 3 Servietten, 2 Stoffkappen, 1 Dreieckhut, 2 Socken, 3 Strümpfe, 3 Mascherl, 1 Netztasche,*

1 Puder, 1 Lorgnon, 5 Krägen, 1 Kerze, 1 Gummithermophor, 1 Wollpaket, 2 Waschlappen, 1 Bürste, 1 Paket Apothekersachen, 6 Broschen."

In dem bekannten Damenatelier Berta Farnhamer in der Kärntner Straße war Frau Grete Ertl die erste Kraft; sie machte sich selbständig und eröffnete ein Atelier in der Börsegasse. Sie kannte meine Frau aus ihrer früheren Stellung und wollte ihr acht elegante Toiletten überlassen, die sie in ihrer Auslage zur Schau gestellt hatte. Leider wurde mein Ansuchen bei der NSDAP um Erlaubnis zur Mitnahme nach Buenos Aires abgelehnt.

Zwei Tage vor unserer Abreise vollbrachten wir qualvolle Stunden im ehemaligen Palais Rothschild in der Prinz-Eugen-Straße 18, in das wir behufs Registrierung und Ausfolgung des Unbedenklichkeits-Dokumentes vorgeladen wurden. Ich hatte diesen wichtigen Schein, ohne den man die Grenzen nicht passieren durfte, schon in Händen, und um mich zu vergewissern, ob ich vielleicht einen Fehler begehe, wenn ich der Vorladung nicht Folge leisten würde, erkundigte ich mich bei der Israelitischen Kultusgemeinde in der Seitenstettengasse, ob ich ins Rothschildpalais gehen solle. Dort wurde mir geraten, in die Prinz-Eugen-Straße zu gehen. Leider war dieser Rat schlecht. Schon vorher wurde ich aufmerksam gemacht, daß ich alle Dokumente mitnehmen soll, welche eventuell verlangt werden könnten. Um 8 Uhr früh verließen meine Frau und ich mit Schwager Carl Ranzenhofer und dessen Frau die Weyrgasse Nr. 4, und zwar ohne Frühstück, weil die beiden Letztgenannten nervös waren und zur sofortigen Fahrt drängten. In der Prinz-Eugen-Straße waren Hunderte Menschen versammelt, und es dauerte viele Stunden, bis wir zur maßgeblichen Stelle kamen. Als ich aufgefordert wurde, das Vermögensverzeichnis vorzulegen, entdeckte ich zu meinem Schrecken, daß ich es zu Hause vergessen hatte. Ich erbat mir ein Formular, um die Fragen zu Papier zu bringen, füllte es aus dem Gedächtnis mit Ziffern, und zwar mit sogenannten Hausnummern, ohne Rücksicht, ob sie stimmen oder nicht, und gab das Papier ab. Aber das Schicksal sollte uns noch Härteres auferlegen!

Alle Bittsteller und zu Informationen Vorgeladenen wurden dem als brutalen und rücksichtslosen Nationalsozialisten bekannten Brunner II vorgeführt. Als wir an die Reihe kamen, gab ich das erwähnte Formular ab, und Brunner II fragte, wieviel Miete wir für die Wohnung in der Böcklinstraße 53 bezahlt hatten. Darauf war ich nicht vorbereitet und überließ die Beantwortung meiner Frau. Sie verstand den schnell und grob redenden Menschen nicht gleich, und ihre Antwort klang nicht präzis genug. Das erboste Brunner derart, daß er wie ein Besessener brüllte und befahl, daß wir aus der Reihe treten und wieder an letzter Stelle der riesigen Menschenmenge rangieren sollen.

Die Delegierten der Israelitischen Kultusgemeinde waren Zeugen dieses Vorfalles, eilten herbei, und es gelang ihnen, die Bestie zu besänftigen. Endlich, um 4 Uhr nachmittag, konnten wir die Prinz-Eugen-Straße verlassen. Was wir dort an Schrecken und Sorgen erlebten, war unbeschreiblich, und erstmals verlor ich den Glauben an die Möglichkeit, der Hölle in Österreich zu entrinnen. Ich begann mich mit dem Gedanken vertraut zu machen, daß wir nie mehr unsere Kinder sehen werden – und das begab sich unmittelbar vor der Abreise!

Kurze Zeit, ehe wir die Ausreise über Spanien antreten sollten, plante die Israelitische Kultusgemeinde, uns über eine andere Route zu befördern, die NSDAP ebnete die Wege zur Emigration von Juden aus ihren Gebieten im Einverständnis mit den Machthabern von Sowjet-Rußland über Moskau, den Ural, Sibirien, den Baikalsee entlang, durch die Mongolei, China, Japan ging die Reise durch die Südsee, Hinter- und Vorderindien, Cap der Guten Hoffnung, Dakar in Westafrika nach Buenos Aires. Einige Zeit schien es so, als ob wir diese Route werden benützen müssen, aber dann änderte sich die Situation, und der kürzere Weg wurde für uns frei.

Vier Monate nach uns wurden Glaubensgenossen gezwungen, diese Reise anzutreten. In Buenos Aires wurde ich mit Leuten bekannt, welche viele Monate benötigt hatten, um ans Ziel zu kommen. Sie erzählten, mit welcher Freundlichkeit sie in Moskau empfangen wurden. Es wurde ihnen die Stadt mit dem Kreml gezeigt, aber als sie von Japan aus japanische Schiffe benützen mußten, wurden sie elend verpflegt, bekamen nur Reis und litten auch an der miserablen Unterkunft an Bord des schlechten japanischen Dampfers. Einesteils bedauerte ich, daß ich diese Tour nicht machen konnte. Ich hätte eine „Reise um die Erde" machen können und viele Länder und Meere von unsagbarer Schönheit kennengelernt – aber es war doch ein Glück, daß wir den direkten Weg einschlagen konnten.

Emigration –

*Ich bin legal
in dieses glückliche Land gekommen!*

Zur Fahrt nach Bilbao in Spanien war die Route über Berlin vorgeschrieben, damals war die Tschechoslowakei in das Protektorat Böhmen und Schlesien umgewandelt worden. Deshalb durften wir nicht den früher üblichen direkten Weg über Tetschen-Bodenbach benützen. Man ließ uns mit der Nordbahn über Schlesien nach Breslau und Frankfurt an der Oder nach Berlin fahren. Eng aneinandergepreßt erreichten wir nach einer Nachtfahrt am Mittag des folgenden Tages Berlin, und beim Verlassen des Waggons bemerkte ich, wie der greise Herr Heinrich Glücksmann, der berühmte Dramaturg des Deutschen Volkstheaters, mit seiner Gattin sich bemühte, ihr Gepäck die vielen Stufen zur Ringbahn hinaufzutragen. Meine Frau und ich beeilten uns, ihnen zu helfen, obwohl wir selbst viel zu schleppen hatten. An der Ringbahn erwarteten uns junge Burschen, welche von der Kultusgemeinde beauftragt waren, uns in die vorbereiteten Räume zu bringen, wo uns ein Mittagmahl vorgesetzt wurde, für das wir zwar nur vierzig Pfennig per Person bezahlten – es war aber nicht einmal soviel wert. Herr Glücksmann ließ sich sein Künstlerhaar vom anwesenden Friseur kurzschneiden, und ich benützte die Gelegenheit, mich mit ihm bekannt zu machen.

Für die schweren Koffer war unserem Zug in Wien ein Separatwaggon angehängt worden, und die Berliner Gemeinde fand, daß für die mitfahrenden Glaubensgenossen aus Deutschland der Raum für das Wiener Gepäck nicht genüge. Wir erhielten die Weisung, alles zur Rücksendung nach Wien bestimmte, zuviel mitgenommene Reisegepäck bereitzustellen. Das war bitter für mich, und ich begann auf Grund meiner verzeichneten Liste auszusortieren, was den Rückweg nach Wien antreten muß. Da wurde uns die Freudenbotschaft bekanntgegeben, die Reiseleitung habe es durchgesetzt, daß die NSDAP erlaubte, einen zweiten Gepäckswaggon dem Zuge anzuschließen. Aus Wien kamen achtzig Personen, aber in Berlin schlossen sich mehrere hundert an.

In Berlin erwartete mich Willy Weiss, der Bruder meines Schwagers Dozi, den ich vorher von unserem Eintreffen verständigt hatte. Er führte in Berlin mit seiner Frau eine Filiale des Wiener Unternehmens, und er benützte die freie Zeit bis zu unserer Abreise, um mit mir einen Spaziergang durch die Hauptstraßen Berlins bis zum Brandenburger Tor zu machen. Hier habe ich die Schäden gesehen, welche der Krieg verursachte. Die ganze Vorderfront der Großen Oper war bis zum Dach so künstlich mit Brettern verdeckt, daß man die Zerstörung nur ahnen, aber nicht sehen konnte. Ich erinnerte mich wehmütig an die glückliche Zeit im Jahre 1925, als ich mit Schwiegersohn Kämpf und der Tochter Hilda einer Aufführung von „Fidelio" beigewohnt hatte.

In Saarbrücken kreuzten wir die französische Grenze, hier hatten wir einen Teil der deutschen Heeresmacht in voller Kriegsausrüstung gesehen. In Paris kamen wir in einem Bahnhof an, aus dessen Halle wir den Eiffelturm erblickten. Wir fuhren, durch einen besonderen Zufall begünstigt, statt in den Waggons zu übernachten nach einigen Stunden unserem Ziel entgegen. Schon in Breslau und in Frankfurt an der Oder und Frankfurt am Main wurden wir von den Glaubensgenossen auf den Bahnhöfen ausgiebig bewirtet, aber in Paris überboten sich unsere Freunde mit Liebenswürdigkeiten. Wir bekamen große Lebensmittelpakete mit guten Speisen, Wein, Sodawasser und Obst.

Wir fuhren über Lyon zur französisch-spanischen Grenze nach Hendaye, welcher Ort in der Nähe der Pyrenäen liegt. Hier wurden nochmals unsere Papiere geprüft, und ich war sehr erschrocken, als ich im Zollamt von Uniformierten gerufen wurde. Ich mußte Auskunft geben über meine Briefmarkensammlung, wurde aber dann nicht mehr behelligt, da sich ergab, daß die Mitnahme legal war. Die Grenze zwischen Frankreich und Spanien bildet ein kleines Flüßchen, und als wir die Brücke passierten und nach Irún in Spanien kamen, erscholl in unserem Abteil ein furchtbarer Lärm, die Leute brüllten und tobten, beschimpften und verfluchten den Urheber unseres Unglücks. Ich gab mir Mühe, sie zu beruhigen, machte sie aufmerksam, es könnte uns schaden, wenn andere, uns feindlich gesinnte Leute zuhören würden, wir befänden uns doch in einem spanischen Eisenbahnzug!

Es war ein schöner Sonntag, als wir nach San Sebastián fuhren, im Frieden das fashionabelste Seebad in der Bucht von Biscaya. Wir wurden im feinsten Hotel, „Maria Christina", einquartiert, erhielten noble Appartements mit Bad, das wir nach der zweitägigen Fahrt mit großem Vergnügen benützten. Dann speisten wir wie die Herrschaften, welche in den normalen Zeiten hier gewohnt hatten. Auf der Fahrt nach Bilbao hatten wir ein Erlebnis, das mir unvergeßlich geblieben ist. Der herrliche Tag lockte die ländliche Bevölkerung an die Eisenbahnstationen, wir konnten junge Mädchen, ältere Frauen und ebensolche Männer in ihren Nationaltrachten bewundern; sie führten uns auch Tänze vor, welche von Musikanten begleitet wurden.

In Bilbao begann für uns eine überaus angenehme Zeit, wir fühlten uns nach den Schrecknissen der letzten drei Jahre glücklich und geborgen. Unserem Reiseleiter, Dr. Mendelsson, dem ich die Beschwerden der ersten Nacht drastisch schilderte, setzte sich mit dem Hotelier in Verbindung, und dieser verschaffte meiner Frau und mir ein Quartier bei einer Frau. Sie bekam vom Hotelier täglich achtzehn Peseten per Person, ihm wurden vom Joint[1]) zweiundzwanzig Peseten bezahlt, er verdiente also noch vier Peseten. Außerdem stellte er uns noch täglich zwei Flaschen guten spanischen Wein ins Haus, mit dem ich unsere Tischgenossen erfreute und beteilte.

Bei unserer Ankunft in Buenos Aires wurden wir veranlaßt, unsere Pässe vorzulegen, in welche durch die seinerzeitige Verfügung der NSDAP die Beinamen Israel bei männlichen und Sara bei weiblichen Personen beigefügt waren. Der betreffende deutschsprechende Beamte war so nett, diese uns aufgezwungenen Namen in den Legitimationen (Cedulas) wegzulassen und die spanischen Namen Teodoro und Inéz (für Ida) einzutragen. Als ein Jahr später die Tschechoslowakei ein Opfer des Dritten Reiches wurde, änderte sich die Politik des Landes, und wir Österreicher – so dekretierte die Regierung – wären nunmehr Angehörige des Deutschen Reiches. Unsere Cedulas mußten abgeliefert werden, und wir bekamen neue, „Cedula Especial" genannt.

---

1 Abkürzung für American Joint Distribution Committee, in der Zeit des Zweiten Weltkriegs die internationale Zentralorganisation aller jüdischen Wohlfahrtsverbände.

Dann kam das Jahr 1945 mit dem Zusammenbruch, und wir wollten unsere früheren Legitimationen zurückbekommen. Um meinem Schwiegersohn die zeitraubende Arbeit zu ersparen, im Polizeipräsidium die Cedulas abzuholen, ging ich zur genannten Stelle und ersuchte um die Legitimationen, welche wir abgeliefert hatten. Der Beamte sagte: „Sie sind illegal zu uns gekomen, ich kann Ihnen die Cedulas nicht ausfolgen." Ich regte mich darüber auf und erwiderte: „Por favor, he venido legalmente en este hermoso pais!" (Ich bin legal in dieses glückliche Land gekommen!) Der Beamte schmunzelte über meine Schmeichelei und folgte mir die Papiere aus, ich besitze sie noch heute; sie würden mir zur neuerlichen Einreise nach Argentinien verhelfen, wenn ich die Absicht hätte, wieder das Land zu besuchen.

Heimreise –

*Wir entschlossen uns,
die Zelte abzubrechen ...*

Nach achtjährigem Aufenthalt in Buenos Aires entschlossen wir uns, biblisch ausgedrückt, die Zelte abzubrechen, und am 12. März 1948 die Reise nach Wien anzutreten. Die Fahrt mit dem italienischen Motorschiff „Andrea C" erforderte für

Passage	argent. Peso	3.720,–
Einschiffung	argent. Peso	372,–
Ausschiffung	argent. Peso	60,–
		4.152,–

bis Genua, und dieser Betrag entsprach dem damaligen Wert von US Dollar 830,40.

Damit wurde eine Kabine zweiter Klasse mit zwei Betten bezahlt, eins über das andere gelagert. Der Raum war sehr klein, und wenn meine Frau dem Kabinenkoffer etwas entnehmen wollte, mußte ich vor die Tür treten. Aus Rücksicht auf mein Alter bekam ich das untere Bett; um in ihr Bett zu gelangen, benützte sie die kleine Leiter. Unsere Kabine hatte Außenbordfenster, so daß ich das Meer und alle Vorgänge während der Fahrt sehen konnte.

Wir wurden vorzüglich verpflegt, die Passagiere erhielten Platzkarten, und wir bekamen nette Nachbarn, Damen und Herren, welche in Argentinien seßhaft waren und ihre italienischen Verwandten in Mailand, Rom, Venedig und Florenz besuchten. Wir unterhielten uns recht gut mit ihnen, und meine geringen spanischen Sprachkenntnisse genügten, um uns zu verständigen. Der uns bedienende Kellner war stolz auf die paar Brocken Deutsch, die er sprach, und da meine Frau stets auf die Suppe verzichtete, wiederholte er täglich: „Nix Suppe!" Jeder Gast konnte verlangen, daß eine zweite Speise nachserviert wurde, wenn es ihn danach gelüstete. Eine neben mir sitzende, sehr korpulente Dame machte von dieser Begünstigung ausgiebigen Gebrauch. Auch ich war ein dankbarer Abnehmer, aber was die erwähnte Frau leistete, überstieg meine Kräfte.

Am 22. März 1949 kamen wir zum Äquator, alle Schiffe veranstalteten aus diesem Anlaß Festlichkeiten, und unsere Schiffsleitung verteilte Programme, welche von der an Bord befindlichen Druckerei in geschmackvoller Weise hergestellt wurden. Es ist üblich, daß jene Passagiere und Schiffsmannschaften, welche zum erstenmal den Äquator passieren, sich einer Taufe unterziehen müssen, welche darin besteht, daß die Betreffenden in ein Wasserbassin geworfen und untergetaucht werden, ohne Rücksicht, ob sie schwimmen können oder nicht. Das erregt natürlich große Heiterkeit der zahlreichen Zuschauer, artet aber nie aus, weil der Kommandant und die dienstfreien Schiffsoffiziere die Aufsicht führen.

Ich hatte unsere Nichte Gerty Ornstein, welche in Rio de Janeiro als Sekretärin eines großen Unternehmens angestellt war, durch einen Luftpostbrief verständigt, an welchem Tage wir dort ankommen. Wir haben sie mit Hilfe eines Fernglases schon vom fahrenden Schiff am Molo auf uns wartend entdeckt, und die Schiffsbrücke war von den Matrosen noch nicht bereitgestellt, als sie uns schon am Fallreep begrüßte und umarmte. Die beiderseitige Freude war groß, wir hatten sie elf Jahre lang nicht gesehen. Sie wollte uns sofort in die Stadt führen, womit wir nicht einverstanden waren, weil das Mittagessen bereitstand. Sie wurde unser Gast, und es mundete ihr auch gut, denn so gute Sachen konnte sie sich nicht leisten. Gerty leistete uns Gesellschaft, bis der Dampfer am Abend die Anker lichtete. Der Abschied von ihr fiel uns schwer, wußten wir doch nicht, ob wir sie wieder sehen werden, aber ihr lustiges Temperament, das uns schon erheiterte, als sie noch ein Kind war, half uns, den Abschied zu erleichtern.

Besuche in Retz –

Ich fühle mich wie zu Hause!

Nach unserer Rückkehr 1949 aus Buenos Aires folgten meine Frau und ich jährlich den Einladungen des Bruders Josef und seiner Frau, und wir verlebten in meiner Geburtsstadt Retz recht angenehme Tage. Selbstverständlich bin ich dort viel auf den Beinen und freue mich immer, Bekannte aus der guten alten Zeit zu treffen. So begegnete ich einer Frau, die mich herzlich begrüßte, sich nach dem Befinden meiner Frau und unserer Kinder erkundigte, ich gab dankend gute Auskunft. Dann sagte ich zu ihr: „Sind S' nicht bös, aber ich kann mich nicht an

Ihren Namen erinnern!" Sie antwortete: „Aber Herr König, ich bin doch die Marie, war acht Jahre bei Ihnen im Dienst und habe dann den Uhrmacher Hadroschek geheiratet." Nun mußte ich mich entschuldigen, und Lachsalven ertönten, als ich die für mich blamable, aber lustige Geschichte erzählte.

Ganz anders gestaltete sich folgende Begegnung. Ich ging über den Hauptplatz in Retz, eine Frau kam auf mich zu und sagte: „Herr König, kennen Sie mich nicht?" Ich verneinte. – „Aber ich bin doch die Frau X!" sagte sie, und ich ging meiner Wege, ohne sie eines Wortes zu würdigen. – Ich hatte aus bestimmter Quelle erfahren, daß sie im benachbarten Schattau den Staub der Straße geküßt hatte, als ihr Idol, der „Führer", nach dem Fall von Böhmen und Mähren in diesen Ort kam, als jener Mann an ihr vorüberging. Kommentar überflüssig!

1953 sind wir zum fünftenmal der Einladung Bruder Josefs gefolgt, und unsere Freunde im Heim in Wien beneideten uns, als er uns mit seinem schönen Auto in der letzten Augustwoche abholte. Als ich die Schwelle des Hauses Nr. 42 (heute Nr. 4) am Hauptplatz betrat, veranlaßte mich der Gedanke an die zweiundsechzig Jahre, die ich hier als Knabe, Jüngling und Mann verlebte, zur Äußerung: „Ich fühle mich wie zu Hause!" Josef sagte: „Das bist du auch!" Das Wetter war herrlich, ich benützte jeden Tag zu Wanderungen, bei denen ich alten und jungen Freunden beiderlei Geschlechtes begegnete und mit ihnen von alten Zeiten plauderte. Alle meine Schulkollegen traf ich nicht mehr, manche ruhen in Frieden am Gottesacker, den ich besuchte und wegen der Blumenpracht bewunderte, welche der tüchtige Friedhofsgärtner geschafft hatte.

Bruder Josef erzählte mir damals die Erinnerungen an seine Kinderzeit: „Zum Schulschluß 1881 war ich sieben Jahre alt und bewunderte die zweite Volksschulklasse. Ich beobachtete, wie sich die Schülerinnen der dritten Bürgerschulklasse voneinander verabschiedeten. Drei Minuten später kam Schwester Friederike nach Hause und weinte –

in ihrem Zeugnis befand sich die Anmerkung: ‚Friederike König muß die Klasse repetieren'." Sie ist, wie man damals sagte, „sitzengeblieben", und unsere Eltern kränkten sich; aber in den späteren Jahren erwies sich, daß Friederike eine sehr tüchtige und energische Frau wurde und daß „ungenügend" in der Schule nicht die gleiche Bedeutung hat wie im praktischen Leben.

Einen schönen Tag benützte ich in Retz zu einem Gang zum Windmühlberg und kam zum Besitzer der außer Betrieb befindlichen Windmühle. Ich fragte nach dem früheren Eigentümer Stroh und nannte meinen Namen. Die Tochter des Genannten zeigte sich erfreut über meinen Besuch und erzählte, daß ihr Vater schon gestorben sei, aber noch gelebt habe, als Österreich im Jahr 1945 von den Alliierten befreit wurde. Damals, so berichtete sie mir, diente die Windmühle nur als Wohnung, und die hölzerne Bedachung war den Unbilden der Witterung erlegen, und es regnete in die bewohnten Räume. Sie zeigte mir das neue Eisenblechdach, welches mit der Hilfe des Bruders Josef in kleinen Teilzahlungen erworben wurde, und sagte, daß sie nie vergessen werde, welch gutes Werk Josef getan hatte.

Meinen Besuch bei Bruder Josef 1953 in Retz benützte ich an einem schönen Tag zu einem Spaziergang und kam zu einem Weinkeller, in dem ich meinen ersten Rausch gehabt hatte. Dort fragte ich, ob es der Keller sei, der einst dem Gastwirt Enders gehört hatte. Meine Frage konnte von keinem der Männer, welche vor der Kellertür standen, beantwortet werden, aber eine Frau sagte: „Herr König, kommen Sie zu uns in den Keller." Auf meine Frage, wieso sie mich kenne, sagte sie: „Ich habe als junges Mädchen die Milch in Ihre Wohnung in der Wiener Straße getragen." Dann wurde ich aufgefordert, im Kellervorraum Platz zu nehmen, und mußte mit den Versammelten trinken. Die Kostproben häufen sich bei solchen Gelegenheiten, ich mußte mit den zahlreichen Anwesenden Bescheid trinken, und wir unterhielten uns vortrefflich.

Einer der Männer erzählte, daß er als Lehrjunge seines Onkels, des Schmiedmeisters Ploil in Mitterretzbach, oft in unsere Eisenhandlung in Retz gekommen war und sich gut an mich erinnere. Dann begann er seine Lebensgeschichte zu erzählen. Er war Polizeiwachmann (am Schmiedehandwerk fand er kein Vergnügen), und als es zum Zweiten Weltkrieg kam, wurde er Flieger und bei einem Erkundungsflug abgeschossen, gefangengenommen und mußte bis 1945 im Nahen Osten und in Rußland in Konzentrationslagern auf die Befreiung warten, wo er mehrere Fremdsprachen erlernte. Als ich ihm erzählte, daß ich im Altersheim in der Graf-Starhemberg-Gasse wohne, sagte er, er kenne diesen Teil des vierten Bezirkes gut, weil er hier vor 1938 Dienst als Wachmann getan hatte. Er forderte mich auf, seinen Cousin Ploil in der Belvederegasse zu besuchen, welcher dort eine Greißlerei besitze. Als ich diesen Rat befolgte und mit Ploil sprach, waren seine ersten Worte: „Herr König, ich habe Sie sofort erkannt, weil ich als Lehrling meines Vaters, des Wagnermeisters aus Oberhöflein, oft zu Ihnen ins Geschäft geschickt wurde." Ploil erzählte mir, daß er bei der Wagnerei nicht geblieben sei, umgesattelt habe und Greißler geworden wäre, als nach 1945 die Erwerbsverhältnisse sich verschlechterten, das habe er bis heute nicht bereut. Meine Frau deckt ihren Bedarf an Lebensmitteln zuweilen in diesem kleinen Laden, der immer von Kunden gefüllt ist.

3. Februar 1956 –

*Ich wurde gefeiert
wie eine Diva*

Dieser Tag bedeutete für meine liebe Frau, meine Kinder, die Schwester Friederike, den Bruder Josef, meine vielen Freunde und Bekannten einen Gedenktag besonderer Erinnerung, und ich wurde – ohne es verdient zu haben – gefeiert wie eine Diva. Ich muß gestehen, ich kann nichts dafür, achtundachtzig Jahre alt geworden zu sein. Dieses Verdienst ist, wie ich glaube, eher meinen Vorfahren zuzuschreiben. Ihnen verdanke ich, das genannte Alter erreicht zu haben.

Vater Jacob wurde achtzig, Großvater Raphael sechsundachtzig, Urgroßvater Josef siebenundachtzig Jahre alt. Die anderen Voreltern, welche unsere Genealogie bis ins siebzehnte Jahrhundert zurück nachweist, starben in jüngeren Jahren. Fast schäme ich mich, hinweisen zu müssen, daß ich die Altersstufen meiner Familie überschritten habe, aber ich kann zu dieser Tatsache keine Entschuldigung vorbringen; auch ich habe, dem Beispiel meiner Vorväter gemäß, mich bemüht, in der Jugend bis ins spätere Alter zu arbeiten und zu sorgen, wie es meine Eltern und Voreltern mich lehrten.

Karl König
Geboren 1916

Die Vorfahren –

Vater war mit Leib und Seele Handwerker ...

Mein Vater, Josef König, wurde am 20. August 1874 in Retz geboren, und zwar im elterlichen Haus Retz Nr. 42 (heute Hauptplatz 4). Die Volks- und Bürgerschule besuchte er in Retz. Religiösen Unterricht erhielt er kaum, da wegen der geringen Zahl der Juden keine eigene Gemeinde bestand. Mit vierzehn Jahren begann er die Schlosserlehre. Also war er es, der von den drei Brüdern zur Fortsetzung der Familientradition ausersehen war.

Mein Großvater Jacob war ein sehr genauer Handwerker, streng und manchmal jähzornig. So erzählte mein Vater, daß er einmal als Helfer beim Schmieden von seinem Vater den schweren Vorschlaghammer auf die Brust geworfen bekam, als er etwas falsch machte. Die Verhältnisse zu Hause waren die kleiner Handwerker. Drei Söhne und drei Töchter waren zu versorgen. Vaters Mutter, Flora, starb in jungen Jahren an Krebs. Seine Schwester Ida übernahm den Haushalt, bis sie selbst heiratete. Er wurde als Soldat zu den „Neunundneunzigern" einberufen, die in Znaim stationiert waren. In den drei Jahren seines Dienstes war er wiederholt zur Schulung in Bruck an der Leitha und wurde schließlich in seinem Regiment Waffenmeister. Fotos zeigen ihn fesch, mit einem Fahrrad und drei Sternen auf dem Kragen. Er war sehr beliebt bei seinen Freunden, besonders humorvoll, sehr praktisch veranlagt, mit Leib und Seele ein sehr guter Handwerker.

An jeder Technik interessiert, fuhr er noch auf dem Hochrad und hatte schon bald ein Motorrad, auf das er anscheinend sehr stolz war. Jedenfalls wurde er oft mit folgender Geschichte gehänselt: Als das Motorrad einmal streikte – Mechaniker gab es damals weit und breit keine – telegraphierte er an das Werk nach Nordböhmen: „Motorrad geht nicht. Was soll ich tun?" – als könnten sie dort eine Ferndiagnose erstellen. Einige Zeit vor dem Ersten Weltkrieg wurde das erste Automobil angeschafft, ein Opel „Püppchen". Mit diesem rückte im Ersten Weltkrieg mein Onkel Max ein, es wurde aber dann eingezogen.

Nach der Hochzeit der den Haushalt führenden Schwester Ida dürfte mein Vater zu einer baldigen Heirat gedrängt worden sein. Er war oft bei seinen Verwandten in Misslitz und mit diesen in der Umgebung in Südmähren. In einer Gesellschaft sah er die neunzehnjährige Therese Freiberger, welche ihn sehr beeindruckte. Er bat Verwandte, ein Wiedersehen zu vermitteln. Man traf sich, verlobte sich, und am 23. August 1903 wurde geheiratet.

Meine Mutter, Therese Freiberger, war in Oslavan, einem Dorf nahe Eibenschitz in Südmähren, aufgewachsen. Ihr Vater, David Freiberger, war der Dorfgreißler, die Bewohner hauptsächlich Bergleute in den nahen Kohlengruben. Er war nicht gerade der Typ eines Kaufmannes, eher ein Gelehrter. Aus dieser Familie stammen auch Wissenschaftler. So war einer seiner Onkel seinerzeit bekannt durch Veröffentlichungen über das österreichische Steuerrecht. Das einzig erhaltene Bild meines Großvaters vermittelt ebenfalls den Eindruck eines Intellektuellen. Er starb jung und hinterließ fünf Kinder.

Meine Großmutter, Cäcilie Freiberger, geborene Weinberger, mußte sich allein mit dem Geschäft und den Kindern herumschlagen. Sie war praktischer veranlagt und geschäftstüchtiger. Ihr Bruder Alfred, also der Onkel meiner Mutter, war ein genialer Mann. Aus kleinsten Anfängen errichtete er in Znaim eine Lederfabrik nach einem neuen, bahnbrechenden Verfahren und wurde damit der größte Lederfabrikant der Tschechoslowakei.

Seine zweite Frau, die Tante Jenny, geborene Felix, war eine Tante von Dr. Bruno Kreisky.

Meine Mutter war die älteste der vier Schwestern und mußte sich um diese und den letztgeborenen Bruder kümmern. Sie hätte sich gerne weitergebildet, aber dazu gab es keine Möglichkeiten. Nur einige Monate bei Verwandten in Wien zeigten ihr etwas von der großen Welt. Ich hatte nie bemerkt, daß sie aus der Jugend starke religiöse Bindungen mitbekommen hätte. Sie war sehr romantisch veranlagt, war in den Mädchenjahren möglichst in schöngeistigen Studentenkreisen und nahm begierig das Wissen auf, das sie klug verarbeitete. Die frühe Heirat riß sie aus allen Träumen. Die Heirat fand in Wien statt, die Hochzeitsreise ging auf den Semmering. Wäre es heute noch möglich, daß eine fast Zwanzigjährige vollkommen unaufgeklärt bis zur Hochzeitsnacht ist? Meine Mutter erzählte öfter von diesem „schrecklichen Erlebnis".

Meine Mutter übernahm nicht nur den eigenen Haushalt, sondern hatte zum Mittagstisch noch alle Gesellen und Lehrlinge der Werkstätte. 1904 kam meine Schwester Gerta zur Welt. Diese lernte sehr gut und machte in Wien das Gymnasium. In der achten Klasse litt sie an einem Lungenleiden, das damals nur nach über einjährigem Aufenthalt in Luftkurorten geheilt werden konnte. Sie setzte das Gymnasium dann nicht fort, sondern ging an eine Schneiderschule und eröffnete auf dem Petersplatz einen eigenen Salon. Im März 1931 traf meine Familie ein furchtbarer Schlag. Meine Schwester Gerta verunglückte vor unserer Wohnung, auf der Landstraßer Hauptstraße in Wien, tödlich.

Meine Schwester Fritzi wurde 1908 geboren. Sie lernte in Wien Sprachen und heiratete gegen den Willen meiner Eltern. Bei dieser Hochzeit war ich übrigens erstmals in einem Tempel. Die Ehe wurde bald geschieden, meine Schwester lernte bei einer Cousine in Preßburg Eugen Löbl kennen und lieben, später heirateten sie und lebten in Preßburg.

Die Firma nach der Jahrhundertwende –

Mein Vater erbrachte Pionierleistungen ...

Mein Großvater Jacob zog sich mit fünfundsechzig Jahren zurück und übergab die Firma 1905 seinen beiden älteren Söhnen. Die Firma hatte bereits einen schönen Aufschwung genommen. Onkel Theodor, der ältere Bruder, war der Handelsmann. Neben dem Einzelgeschäft hatten die Brüder mit einer Großhandelstätigkeit begonnen. Es wurden Handwerker, kleine und mittlere Gemischtwarenhandlungen und auch reine Eisenhandlungen mit Eisenwaren beliefert. Viermal im Jahr wurden diese besucht, zuerst mit Bahn und Kutsche, später auch mit dem Automobil.

Nach dem Eintritt des jüngsten Bruders, Max, in die Firma wurde diese Tätigkeit sehr verstärkt. Die Kunden reichten über das ganze Wald- und Weinviertel, tief nach Mähren hinein, bis Iglau und vor die Tore von Brünn. Das nördliche Niederösterreich und Südmähren, besonders der deutschsprachige Teil, waren in der Monarchie wirtschaftlich stark zusammengewachsen. Auch die Waren kamen in erster Linie aus den stark und frühzeitig industrialisierten Gebieten Mährens und Böhmens. Die Aufträge der Kunden wurden dann aus den Lagervorräten in Retz kommissioniert, die Waren verpackt und mit der Bahn oder mit den Pferdefuhrwerken der Frächter versendet. Das dauerte seine Zeit, damals hatte man es noch nicht so eilig wie heute.

Mein Vater, Josef König, hatte traditionell die Schlossermeisterprüfung abgelegt und war in erster Linie mit der Leitung der Schlosserei und dem Verkauf von deren Produkten beschäftigt. Er war ein hervorragender Fachmann, ein fester Charakter, überall äußerst beliebt und ging ganz in seiner Tätigkeit auf. Und doch fand er Zeit, zumindest bis in die harten zwanziger Jahre, nach dem

Mittagessen oft ins Nachbarhaus, das Kaffeehaus Süss, zu gehen und dort seine Runde Tarock zu spielen.

Mein Vater erweiterte das Programm der Werkstätte. Er stellte hauptsächlich kleinere Maschinen für die Landwirtschaft her, weiters Gitterzäune aus gekripptem Draht, machte Brunnen und später Hauswasserleitungen. Mein Vater erbrachte Pionierleistungen bei der Modernisierung der Landwirtschaft. Er erkannte die Bedeutung, welche ein vorerst aus den USA importierter Pflug für die Bearbeitung der Weingärten hatte und führte diesen im hiesigen Weinbau ein. In den zwanziger Jahren schloß er ein Abkommen mit dem Elektromotorenwerk Elin in Weiz ab. Er verkaufte viele, viele Hunderte, vielleicht im Laufe der Jahre sogar Tausende „Robax"-Elektromotoren in einem weiten Gebiet.

So kam er in die meisten Bauernhäuser und erwarb die Achtung und oft Freundschaft der Kunden. Er wurde beratend als Fachmann herangezogen, überwand dabei viele Vorurteile rückständiger Bauern gegen das „neuzeitige Zeug", und – nicht zuletzt – half er bei Neuanschaffungen oft mit langfristigen Krediten. Es war bekannt, daß der „Josef", wie er oft freundschaftlich gerufen wurde, keinen Wein trank – auch zu Hause sehr selten –, aber das wurde nicht als Beleidigung aufgenommen. Wenn er kam, ging in vielen Häusern die Bäuerin gleich in den Stall und brachte einen Krug der von ihm sehr geliebten kuhwarmen Milch.

Im Ersten Weltkrieg mußten alle drei Brüder einrükken. Meine Mutter führte den Betrieb sehr umsichtig und wurde mit allen Problemen gut fertig. Mein Vater war zuerst an der Front in Galizien und zeichnete sich dort aus. Später wurde er zurückberufen. Man erkannte seine großen organisatorischen Fähigkeiten und übertrug ihm die Leitung des Versandes in einem wichtigen Militärbahnhof bei Wien. Aus seiner Militärzeit stammten viele enge Freundschaften, so mit dem legendären Julius Herrmann, dem Gründer der neuen Deutschmeister-Kapelle.

Das Kriegsende brachte die Zerstückelung der Monarchie, und damit lag Retz nur vier Kilometer von der neuen tschechoslowakischen Grenze entfernt. Ein großer Teil des Absatzgebietes war damit verloren, die Möglichkeiten geschrumpft. Neue Verbindungen mußten zur Beschaffung der Ware gesucht werden. Eisen und Bleche kamen nicht mehr aus Witkowitz in Böhmen, sondern aus Donawitz und Waidhofen an der Ybbs, der Draht, die Stifte und die Schrauben nicht mehr aus Mähren, sondern aus dem Neunkirchner Gebiet und aus Herzogenburg, die Landmaschinen nicht mehr aus Mährisch-Budweis, sondern aus Wels usw. Das war eine gewaltige Umstellung, aber die tüchtigen und fleißigen Brüder König schafften es, und die Firma Jacob König – der Gründername wurde traditionell beibehalten – wurde im Wirtschaftsleben Österreichs ein Begriff. Zahllose Glückwunschschreiben zum sechzigjährigen Jubiläum im Jahr 1924 bewiesen dies.

Nach Erreichung des fünfundsechzigsten Geburtstages wollte sich der älteste Bruder, Theodor, der drei Töchter hatte, ins Privatleben zurückziehen und einen Schwiegersohn als Nachfolger einbringen. Es gab unliebsame Streitigkeiten, und schließlich wurde er von den verbleibenden Brüdern Josef und Max ausgezahlt. Das war in den harten dreißiger Jahren keine leichte Aufgabe. Es wurde äußerst gespart, auch in den Familienbudgets, noch mehr gearbeitet – aber es wurde geschafft, und die Firma stand wieder sehr gut da. Nur an eine Vermehrung der Privatvermögen konnte nicht gedacht werden, was sich unter Hitler bitter auswirken sollte.

1938 bis 1945 –

... ein Spielball verbrecherischer Menschen

Und dann kam das Jahr 1938 – und Hitler.
Meine Mutter, welche viel politisches Verständnis hatte, warnte immer schon vor der Gefahr, doch meinen Vater traf sie unvorbereitet. Er, der nie zwischen einem Juden und einem Katholiken einen Unterschied gemacht hatte, er, dem selten antisemitische Haltungen widerfahren waren, er, der Frontkämpfer, überall geachtet, er konnte sich nicht vorstellen, vollkommen rechtlos, ein Spielball verbrecherischer Menschen zu werden.
Der 11. März 1938 und die anschließende Zeit war furchtbar. Die ersten Tage in ständiger Todesangst, das Haus in Retz nicht verlassend, gingen vorüber. Der zum ersten Bürgermeister von Retz bestimmte Rechtsanwalt – nicht wirklich Nationalsozialist, sondern ein sogenannter Großdeutscher – war ein alter Freund der Familie. Er ließ wissen, er werde sich für ihren Schutz einsetzen. Das Geschäft blieb offen, doch manche mieden es, geschockt von der Parole: „Kauft nicht bei Juden!"
Die Rechte der Besitzer wurden durch Dekret immer mehr beschnitten, und schließlich wurde ein Mann eingesetzt, der alles zu überwachen hatte. Ich glaube sein Titel war „Kommissarischer Verwalter". Dem Bürgermeister war es gelungen, einen Mann einsetzen zu lassen, der mit uns verbunden war: Herrn Rudolf Klinc. Er war, so nehme ich an, durch jahrelange Arbeitslosigkeit zermürbt, ein SA-Mann geworden, aber grundanständig und hilfsbereit geblieben. Seine Mutter war durch Jahrzehnte unsere Wäscherin und, wegen der außerordentlich sozialen Haltung meiner Mutter, unserer Familie echt verbunden. Unsere Dankbarkeit bewiesen wir Herrn Klinc, indem wir ihn nach unserer Rückkehr sofort wieder in den Betrieb nahmen und ihm nach seiner Pensionierung

eine freiwillige Rente gaben. Von meiner Frau erhielt er zu Weihnachten ein extragroßes Paket. Es tut mir besonders leid, daß sein Leben kürzlich tragisch endete.

Die Bestimmungen wurden bis Sommer 1938 ständig härter. Die Brüder König wurden aufgefordert, den Betrieb zu verkaufen. Noch hatten wir die Hoffnung, jemanden zu finden, der sich mehr als zeitweiliger Verwalter fühlte, um uns unseren Besitz nach Ende des Spukes wieder zurückzugeben. Ich nahm an Gesprächen teil, welche wir mit einem alten Geschäftsfreund, Herrn Kremser aus Weitersfeld, führten. Dieser wäre dazu bereit gewesen, doch da er kein Nazi war, wurde er leider abgelehnt. Verzweifelt gaben die Brüder eine Zeitungsannonce auf, und es meldeten sich viele Interessenten.

So erschien Herr Alois Gasser, Inhaber einer uns bis dahin kaum bekannten „Industrie- und Bergbaubedarfs A.G.". Er erklärte, langjähriges Parteimitglied zu sein, höchste Verbindungen zu haben, die Herren König, die er besonders schätze, bestens zu behandeln und den höchsten Preis zu zahlen. Das mit den höchsten Verbindungen zu herrschenden Nazi-Kreisen stimmte, denn die Herren König mußten bald alle anderen Verhandlungen abbrechen und waren Herrn Gasser ausgeliefert. Dieser erwies sich als Wolf im Schafspelz. Die Vertragsverhandlungen zogen und zogen sich, gezahlt wurde nicht. Laut Erlaß mußten alle noch verbliebenen Juden „Niederdonau" verlassen und nach Wien ziehen. Die Eltern hatten schon vor Jahren zusammen mit einer Nichte eine Vier-Zimmer-Wohnung im ersten Bezirk, Gölsdorfgasse 4, das ist im Kaiviertel, gemietet, und nun zogen sie ganz dort hin. In den Monaten davor waren sie nur in dringenden Fällen in Wien gewesen. Die endgültige Übersiedlung aus dem verhältnismäßig ruhigen Retz in den Hexenkessel Wien war für sie ein schwerer Schlag, denn nun waren sie allem vollkommen schutzlos preisgegeben.

*... betrieben die Eltern nun forciert
Auswanderungspläne*

Im Oktober 1938 brachte die Spedition Zdenko Dworak einen Teil der Möbel aus Retz nach Wien, im Jahr 1939 den Rest. Meine Mutter hatte sich ein großes Verständnis für Kunst erworben, vor allem für Möbel, Porzellan und Teppiche. In der Gegend war bekannt, daß sie sammelte, und so erstand sie oft schöne Gegenstände, insbesondere aus Hinterlassenschaften von ausgestorbenen alten Bürgerfamilien. Dadurch blieben diese in der Heimat. Aber jetzt war alles viel zu viel für die Wiener Wohnung. Die Eltern verteilten den Großteil auf „arische" Wiener Freunde, die den Eltern damit gerne behilflich sein wollten. Nach dem Krieg sagten diese Freunde einhellig, diese Stücke seien für sie ein Talisman gewesen: Ihre Wohnungen überstanden unversehrt die Bomben, das Feuer und alle Kriegs- und Nachkriegswirren, und die Eltern konnten wieder alles dankbar zurücknehmen.

Nachdem vorher alle Versuche, mit mir gemeinsam die Heimat zu verlassen und irgendwo Unterschlupf zu finden, nichts gebracht hatten, betrieben die Eltern nun forciert Auswanderungspläne. Sie versuchten über verschiedene schon dort befindliche Verwandte nach den USA zu kommen, auch alte Bekannte boten sich an. Ich erinnere mich dankbar an ein vor Jahren aus Platt bei Retz nach New York ausgewandertes christliches Ehepaar, welches dort eine Tankstelle betrieb und alle Versuche unternahm, den Eltern durch Gutstehen das so heiß ersehnte Affidavit zu verschaffen. Doch immer wieder reichten für die strengen, unbarmherzigen Vorschriften der Amerikaner diese Bürgschaften nicht aus.

Die finanzielle Lage der Eltern wurde immer verzweifelter. Gasser zeigte sein wahres Gesicht. Nach jeder die Juden bedrohenden Hitlerrede erklärte er, er zahle nunmehr weniger. Tatsächlich zahlte er fast nichts. Die Eltern griffen nach jedem Strohhalm. Im Palästinaamt wurden sie mit einem Mann bekannt gemacht, der seine Aus- und Einreisepapiere nach Palästina – damals britisches Mandatsgebiet mit sehr harten Einwanderungskontingenten – beisammen hatte. Dieser erklärte den Eltern, er wolle dort eine Fabrik für Thermosflaschen errichten und meinen Vater als Werkmeister anstellen. Damit würden die Eltern die Einreise bewilligt bekommen. Meine Eltern waren von dem Gedanken begeistert, mit mir zusammen zu sein. Sie gaben dem Mann buchstäblich ihr letztes Geld. Der Mann schrieb noch aus Antwerpen, es sei alles in Ordnung. – Von da an hörten sie nichts mehr. Es gelang mir zwar, diesen Verbrecher in Tel Aviv ausfindig zu machen, doch er stritt alles ab. Ich bat die jüdischen Behörden um Hilfe, man hörte mich an, tat aber nichts. Was war ich schon, der arme Student, gegen diesen gefinkelten, reichen Mann!

Ich war verzweifelt, war mir bewußt, daß meine Eltern um unseres Zusammenlebens willen dieses Risiko eingegangen waren. Denn nun gab es keinen legalen Weg mehr, der Vernichtung zu entgehen. Die Eltern hatten nicht mehr die Mittel, die bei Auswanderung vorgeschriebene Reichsfluchtsteuer zu bezahlen.

Ähnlich erging es dem Gesellschafter meines Vaters, seinem Bruder Max König, seiner Frau, seinen Kindern – siebzehn und fünfzehn Jahre alt. Meine Mutter bekniete diese buchstäblich: „Schickt doch eure Kinder hinaus!" Denn es gab für Schüler noch 1938 die Möglichkeit, nach England zu kommen. Die Familie vertraute auf eine erteilte Einreisebewilligung nach Argentinien, wo ein Schwager lebte. Diese war befristet. Die Nazi-Stellen verzögerten die Verkaufs- und Steuerabwicklungen so lange, bis die Bewilligung abgelaufen war. Verzweifelt und verarmt flüchtete die ganze Familie Max' illegal über die jugoslawische Grenze, Hitlers Armee kam wenige Wochen danach, und alle wurden interniert. Es verloren sich die Spuren. Es heißt, als letzter sei mein junger Vetter Hans im Jahr 1944 in einem Lager der kroatischen Faschisten erschlagen worden.

Nur meinem Onkel Theodor gelang es, nach seinem Ausscheiden aus der Firma finanziell unabhängiger, rechtzeitig mit seiner Familie nach Buenos Aires auszureisen. Seine Tochter Edith emigrierte nach England. Meiner Tante, Ida Weiss, geborene König, gelang es nicht. Ihr Leben endete in einem polnischen Vernichtungslager. Tante Ricka Kořatek, geborene König, war schon vor Hitler zu ihrer Tochter Hedi Machlup nach Johannesburg gezogen.

Die Wohnung meiner Eltern in der Gölsdorfgasse lag glücklicherweise in dem Gebiet, das für die in Wien verbliebenen Juden gestattet war. Nach und nach kamen Verwandte und Freunde, aus ihren Wohnungen ausgesiedelt, in diese vier Räume, und einige Zeit waren etwa vierzig Personen dort zusammengepfercht! Doch es wurden bald weniger, die SS oder Gestapo kam abholen und verschleppen. Von allen diesen Leuten haben nur meine Eltern Hitler überlebt.

Mein Vater, Josef König, hatte von der Israelitischen Kultusgemeinde einen Spezialauftrag zugeteilt bekommen: Er hatte als Schlossermeister in Begleitung der SS Wohnungen aufzusperren, welche von den jüdischen Besitzern verlassen worden waren. Das war nicht gefahrlos, denn er wurde Zeuge, wie SS-Leute im Besitz dieser Menschen herumwühlten und oft Schätze davontrugen. Andererseits wurde er benötigt, und das verlängerte das Bleiben in Wien. Christliche Freunde unterstützten die Eltern mit Lebensmitteln, welche diese zum Teil von Retzern zur Weiterleitung erhalten hatten.

... und sandten sie mit einem Transport
nach Theresienstadt

Am 28. September 1942 schlug – als letzte Bewohner der Wohnung in der Gölsdorfgasse – auch für meine Eltern die Stunde. Gestapoleute hoben sie aus, hielten sie einige Tage in einem Sammellager in der Sperlschule im zweiten Bezirk fest und sandten sie mit einem Transport nach Theresienstadt.

Sie wurden dort auf dem Dachboden eines Hauses mit Dutzenden anderen untergebracht, primitivst, unbeheizt. Viele überlebten die ersten Wochen nicht, waren weder physisch noch psychisch stark genug für diese Strapazen, dem ständigen unmenschlichen Druck nicht gewachsen. Meine Eltern waren gewohnt zu arbeiten, sie lebten immer bescheiden und genügsam, ihren geraden Weg nie verlassend, ihren Charakter behauptend. So waren sie auch dort angesehen und setzten sich gegen miese Kreaturen durch – wie zum Beispiel gegen den als Hausverantwortlichen Eingesetzten.

Das Leben in Theresienstadt ist eingehend von Überlebenden geschildert worden. Dreimal erhielten meine Eltern die Verständigung, sich für den Weitertransport bereitzuhalten. Jedesmal wurden sie im letzten Moment von dem Zug nach Auschwitz zurückgestellt. Das letztemal über Einspruch der SS: „Den König, den brauchen wir!" Wofür? Mein Vater stand, mit seinen siebzig Jahren, vollkommen unterernährt, am Amboß und schmiedete in diesem Winter 1944/1945 Gitter für den Rittersaal der SS. Das rettete den Eltern das Leben.

Meine Mutter in ihrem tiefen Gerechtigkeitssinn protestierte und schrie: „Wie kommen andere dazu, verschickt zu werden!" Denn die geforderte Gesamtzahl der Verschickten mußte gleich bleiben. Mein Vater aber hielt sie zurück: „Wir haben die Pflicht, uns für unsere Kinder zu erhalten." Es war der letzte Transport nach Auschwitz.

Nach der Rettung durch die Rote Armee mußten die Eltern noch im Lager bleiben. Sie überlebten – meine Mutter wog nur noch dreißig Kilogramm – auch eine Epidemie (ich glaube es war Cholera), an der viele noch starben. Mein Schwager, Eugen Löbl, der in London der tschechoslowakischen Exilregierung Beneš als einer der kommunistischen Repräsentanten beigetreten war, konnte bald nach Kriegsende nach Prag einfliegen. Er besuchte sofort meine Eltern und brachte ihnen die frohe Nachricht, daß ihre Kinder, Fritzi mit Sohn Iwan und ich, leben. Nachdem die Eltern die Erlaubnis der tschechoslowakischen Behörden erhalten hatten, reisten sie nach Retz nach Hause. Sie fuhren zu unserem Nachbarhaus, dem Hotel Leber. Mit Windeseile verbreitete sich die Nachricht ihrer Rückkehr. Viele kamen zu ihrer Begrüßung, der Bürgermeister, der Kommandant der sowjetischen Besatzung. Herr Gasser, der noch in unserem Haus wohnte, ergriff die Flucht. Die Eltern kehrten in ihr Haus zurück, trotz ihres Alters gewillt, ihre Arbeit wie früher fortzusetzen, in der Hoffnung auf meine Rückkehr und damit auf eine Fortführung der Familientradition.

Doch es ging nicht so rasch, wie sie gehofft hatten. Meine Rückkehr verzögerte sich, und gegen jede Rechtmäßigkeit, den erklärten Zielen der Wiederherstellung Österreichs hohnsprechend, mußten meine Eltern, später dann ich mit ihnen, einen schweren Kampf um die Rückgewinnung unseres Eigentums ausfechten.

Ansprache des Präsidenten der Israelitischen Kultusgemeinde anläßlich der Trauerfeier für Josef König am 14. März 1967 in Retz

„Wenn vor der Bühne des Lebens, auf der jeder Mensch der einzige Darsteller seines Daseins war, der Vorhang niedergegangen ist, um sich nie mehr zu heben, dann glauben wir noch einmal, gleichsam von der Schwelle des Diesseits zum Jenseits, die Stimme des Heimgegangenen zu hören, der an die Nachwelt, die nunmehr über sein abgeschlossenes Leben ein Werturteil abgeben soll, die

Frage richtet: ‚Habe ich in meinem Leben immer meine Pflicht erfüllt, habe ich mich würdig erwiesen, den Ehrentitel Mensch zu führen?'

Diese Frage unseres verewigten Freundes Josef König will ich an seiner Bahre beantworten. In diesem Hause, in dem wir von ihm Abschied nehmen, wurde er vor dreiundneunzig Jahren geboren. In diesem Hause hat er für immer seine Augen geschlossen. In diesem Hause hat er bei seinem Vater das Schlosserhandwerk gelernt, auf das er Zeit seines Lebens so stolz war. Trotzdem er auf der Stufenleiter des wirtschaftlichen Erfolges immer höher stieg, blieb er der einfache Arbeiter, der Arbeiter, der sich mit den übrigen Arbeitern seines Unternehmens verbunden fühlte, der Arbeiter, der sich in das Fühlen, Denken und Wollen seiner Arbeiter hineinlebte, der Arbeiter, der niemals zum Unternehmer wurde, sondern immer der Vorarbeiter seiner Mitarbeiter war, der Arbeiter, der davon überzeugt war, daß die Arbeiterschaft in ihrer Gesamtheit das Fundament des wirtschaftlichen Wohlstandes sei. Es war nur selbstverständlich, daß ihn seine Angestellten stets verehrten und liebten.

Josef König war aber auch stolz darauf, daß seine Ahnen vor Tausenden von Jahren auf dem Berg Sinai die Heilige Schrift und die Zehn Gebote erhielten, jenes Alte Testament, das vom Sinai den Siegeszug zu allen Kulturvölkern und monotheistischen Religionen der Erde angetreten hat. Er vergaß nie, daß Gott nur *einen* Menschen schuf, sodaß sich niemand in der Welt darauf berufen kann, daß er sich durch seine Rassenzugehörigkeit, durch seine Nationalität, durch seine Abstammung oder durch seinen Glauben von den anderen unterscheide. Er war immer davon überzeugt, daß der Mensch zu seinem Mitmenschen gehöre, daß der andere derselbe Mensch sei wie er und daß die Würde, die ihn zum Menschen macht, auch die Menschenwürde des anderen sei.

Als er im Jahre 1938 deshalb, weil er daran glaubte, daß man die Freiheit nie besiegen könne, von Haus und Hof vertrieben, der Menschenrechte und der Menschenwürde entkleidet, zum Paria gestempelt, seine Heimatgemeinde verlassen mußte, verzweifelte er nicht, sondern er trat gemeinsam mit seiner geliebten Frau den Weg ins Konzentrationslager an. Dort, wo ich gemeinsam mit ihm Jahre der Haft verbracht habe, beugte er sich nicht dem Willen der SS, sondern auch dort hielt er den Hammer des Schlossers fest in seiner Hand, immer in dem Glauben, daß die Stunde kommen müsse, zu der er wieder ein freier Mensch sein werde.

Und als im Jahre 1945 die Drahtverhaue des Konzentrationslagers fielen, kehrte er in seine Heimatstadt Retz zurück, um hier dort fortzusetzen, wo er im Jahre 1938 aufhören mußte. Ihn verband das Wissen um die Gleichheit aller Menschen mit den Bürgern dieser Stadt, von denen ihm so viele in der schwersten Zeit die Treue gehalten hatten. In seinem letzten Willen verfügte er, daß hier in seinem Hause eine Trauerandacht stattfinde, damit die Bürger von Retz von ihm Abschied nehmen können, wenn er für immer von dieser Welt scheiden müsse. Es ist mir, als dem Präsidenten der Israelitischen Kultusgemeinde Wien, zu deren Sprengel auch das Land Niederösterreich gehört, eine große Ehre, dem Heimgegangenen Worte des Gedenkens widmen zu dürfen.

Was an ihm sterblich war, wird im Grabe seines geliebten Kindes auf dem Zentralfriedhof in Wien zur letzten Ruhe bestattet werden. Aber hier in diesem Hause wird ein ewiges Licht der Erinnerung an ihn brennen, vor dem sich in Ehrfurcht alle neigen werden, die diesen treuen Bürger und treuen Arbeiter gekannt haben. Das Bekenntnis zur Freiheit und zur Gleichheit aller Menschen, das für ihn sein Glaubensbekenntnis war, bleibt unsterblich; und unsterblich bleibt er durch seinen Glauben an dieses Bekenntnis."

Stammbaum der Familie König

JACOB IRITZ
†1712

WOLF JACOB IRITZ
*1699, †1784
G. Babette Bas Eleasar

SARA G. N. Frankl	MINA G. Markus Österreicher	GOLDE G. Hermann Lewi Herzog

KATI
G. Joachim Goldmann

JACOB SCHÄFER   SALOMON KÖNIG   ISAAK SCHÄFER
*1739?, †1824   *1753, †1820
                 1. G. Sali Herzog
                 2. G. Pessl Böhm

{
(1) JOSEF   WOLF   GOLDE   KATHI   CHAJE   GRASSEL   LENI   MINA   (2) LAZAR
*1768, †1854   †1832   G. Moses Kramer   G. Salomon Hofmann   G. Bernhard Grünwald   G. Meier Stern   G. Ahron Fischer   G. Jacob Deutsch   G. Joel Senski
G. Theresia Beer G. Hanna Stignitz
                    †1841

{
GABRIEL   WOLF   RAPHAEL   MICHAEL   DANIEL   ISRAEL   BETTI   FANI   KATTI
*1795, †1855   †1833   *1808, †1894   *1810, †1833   *1814, †1891   †1879   †1855   †1856   †1888
G. Rebekka Löwenstein   1. G. Johanna Nejedl   G. Julie Jokl   G. Fanni Bruckner   G. Joachim Lindner   G. Karl Weininger   G. Wolf Kramer
                                  *1811, †1866
                               2. G. Theresia Fleischer
                                  *1817, †1867
                               3. G. Henriette Fleckeles
                                  †1893

318

RAPHAEL KÖNIG
*1808, †1894
1. G. Johanna Nejedl
*1811, †1866
2. G. Theresia Fleischer
*1817, †1867
3. G. Henriette Fleckeles
†1893

HERMINE	SALI	JACOB	SALOMON	MICHAEL	PAULINE	ROSA	KATHI	JOSEFINE
*1837, †1913	G. Johann Pollenz	*1841, †1921	G. Fanny Kann		G. Jakob Bader	*1845	*1850	*1852, †1871
G. Israel Schmidl		G. Flora Schmeidler				G. Sandor Steiner	G. Josef Winkler	
		*1845, † 1893						

THEODOR	FRIEDERIKE	HERMINE	JOSEF	IDA	MAX
*1868, †1957	*1871, †1894	*1872, †1905	*1874, †1967	*1879, †1942	*1883, †1941/4
G. Ida Ornstein	G. Philip Kořatek	G. Hermann Laufer	G. Therese Freiberger	G. Theodor Weiß	G. Stefanie Kämpf
*1879, †1976			*1883, †1974		*1889, †1941/4

FLORA	HILDA	EDITH	GERTA	FRITZI	KARL	HANS	TRUDE
*1901	*1906	*1911	*1904, †1931	*1908	*1916	*1922, †1941/4	*1924, †1941/4
G. Fritz Kämpf		1. G. Gaston Belf		1. G. Egon Mosberger	G. Vilma Straka		
		2. G. Josef Markus		2. G. Eugen Löbl	geb. Maier		

PETER	EVA	ELISABETH
*1949	*1950	*1953
1. G. Ilse Benesch	G. Georg Riedl	G. Ernst Bauer
2. G. Irmgard Schärtl		

PHILIP CARL
*1979

Die Reihe „Damit es nicht verlorengeht..." will darauf aufmerksam machen, wie wichtig es ist, alltägliche Lebensverhältnisse früherer Zeiten zu überliefern. Dies gilt insbesondere für Bevölkerungsgruppen und Themenbereiche, die bisher in der Geschichtswissenschaft wenig Beachtung gefunden haben. Die Reihe will damit dazu anregen, lebensgeschichtliche Erinnerungen niederzuschreiben. Freilich wird es der Ausnahmefall sein, daß solche Aufzeichnungen auch gedruckt werden können. Unveröffentlichte Autobiographien werden in erster Linie für die eigene Familie wertvoll sein. An diesen Kreis ist daher bei der Abfassung wohl primär zu denken.

Darüber hinaus sind aber gerade solche für einen privaten Kreis niedergeschriebene Lebenserinnerungen auch für die Wissenschaft von großem Wert. Im Rahmen einer neuen alltagsgeschichtlich orientierten Sozialgeschichtsforschung gewinnen sie zunehmend an Bedeutung. Aus diesem Grund wurde am Institut für Wirtschafts- und Sozialgeschichte der Universität Wien (1010 Wien, Dr.-Karl-Lueger-Ring 1) im Rahmen eines Forschungsprojekts zur Sozialgeschichte der Familie mit einer Sammlung unveröffentlichter Autobiographien begonnen.

Die Leser des vorliegenden Bandes sind eingeladen, zu dieser Sammlung dadurch beizutragen, daß sie auf private lebensgeschichtliche Aufzeichnungen aus jüdischen Familien aufmerksam machen. Gemeinsam mit dem Leo-Baeck-Institut in New York, das bereits über einen reichen Fundus von Erinnerungsschriften jüdischer Autoren verfügt, möchte die „Dokumentation lebensgeschichtlicher Aufzeichnungen" die Sammlung solcher Quellen intensivieren. Eine wissenschaftliche Auswertung des gesammelten Materials ist im Rahmen verschiedener Forschungsprojekte geplant. Einer dieser Forschungsschwerpunkte betrifft das Thema „Religion in Lebensgeschichten". Gerade die biographischen Zeugnisse aus der Frühzeit der in diesem Band dokumentierten Epoche könnten dazu anregen, historische Quellen zu sammeln, damit die „Welt des Raphael König" nicht in Vergessenheit gerät.